Ulfrid Kleinert
Das Rätsel der Königin von Saba

Geschichte und Mythos

Ulfrid Kleinert

Das Rätsel der Königin von Saba

Geschichte und Mythos

Philipp von Zabern

Die Deutsche Nationalbibliothek verzeichnet diese Publikation
in der Deutschen Nationalbibliografie;
detaillierte bibliografische Daten sind im Internet über
http://dnb.dnb.de abrufbar.

Das Werk ist in allen seinen Teilen urheberrechtlich geschützt.
Jede Verwertung ist ohne Zustimmung des Verlages unzulässig.
Das gilt insbesondere für Vervielfältigungen,
Übersetzungen, Mikroverfilmungen und die Einspeicherung in
und Verarbeitung durch elektronische Systeme.

Der Zabern Verlag ist ein Imprint der WBG.
(Wissenschaftliche Buchgesellschaft), Darmstadt
Die Herausgabe des Werkes wurde durch die Vereinsmitglieder
der WBG ermöglicht.
© 2015 by WBG (Wissenschaftliche Buchgesellschaft), Darmstadt
Redaktion: Tobias Gabel, Göttingen
Gestaltung und Satz: Anja Harms, Oberursel
Gedruckt auf säurefreiem und alterungsbeständigem Papier
Printed in Germany

Besuchen Sie uns im Internet: www.wbg-wissenverbindet.de

ISBN 978-3-8053-4713-6

Elektronisch sind folgende Ausgaben erhältlich:
eBook (PDF): 978-3-534-73966-0
eBook (epub): 978-3-534-73967-7

Inhaltsverzeichnis

Die Geschichte von Salomo und der Königin von Saba:
Eine Übersetzung von 1. Könige 10,1–13 __8
Vorwort __10
Spurensuche. Eine Einführung __12

I. Am Ursprung der Geschichte __20
*Fünf Beobachtungen zur Entstehung der alttestamentlichen Geschichte
von König Salomo und der Königin von Saba im 1. Jahrtausend v. Chr.*

1. Zur Entstehung der Geschichte nach Salomos Lebzeiten
   (nach dem 10. Jh. v. Chr.) __22
2. Zur Entstehung der Geschichte vor dem Abschluss des deuteronomistischen
   Geschichtswerks (vor dem 4. Jh. v. Chr.) __23
3. Zur Entstehung der Geschichte in einer Zeit großer Horizonterweiterung Israels
   (Mitte des 1. Jahrtausends v. Chr.) __24
4. Zu einer älteren Sammlung von Salomogeschichte (SG),
   die dem 1. Königsbuch bereits vorlag (zwischen 720 und 610 v. Chr.) __28
5. Zu den wechselnden Rollen Sabas und der Sabäer
   im Alten Testament (8.–4. Jahrhundert) __30
   Beispiel 1: Im Buch Genesis werden die Stammbäume Sabas überliefert (8.–6.Jh.) __31
   Beispiel 2: Im Buch Jeremia wird Sabas Reichtum wertlos (7. Jahrhundert v.Chr.) __31
   Beispiel 3: Im Buch Jesaja kommt Israel frei – und Saba zahlt die Zeche
   (Deuterojesaja, 6. Jahrhundert v. Chr.) __32
   Beispiel 4: In Psalm 72 mehrt Sabas Gold Salomos Ansehen (6. Jahrhundert v. Chr.) __32
   Beispiel 5: Wiederum im Buch Jesaja kommt es zu einer Zukunftsvision
   sabäischer Pracht (Tritojesaja, 6./5. Jahrhundert v. Chr.) __34
   Beispiel 6: Im Buch Ezechiel treten Sabas Händler als Geschädigte
   und als Ankläger auf __35
   Beispiel 7: Im Buch Hiob begegnen die Sabäer als Wüstenräuber und als
   Wassersucher (5./4. Jahrhundert v. Chr.) __36
   Beispiel 8: In den Chronikbüchern besucht die Königin von Saba einen makellosen
   Salomo (4. Jahrhundert v. Chr.) __37
6. Notate zum Entstehungsprozess und zum Profil der Geschichte –
   eine Zwischenbilanz __37

*Exkurs: Das Königspaar und das Hohelied der Liebe oder:
gendergerechte Begegnung der Geschlechter __40*

II. Lernen von der Königin __44
Was im Neuen Testament Jesus von der Königin von Saba sagt und inwiefern Matthäus sie mit den Weisen aus dem Morgenland verbindet

1. Sabas Königin als Vorbild für Jesu Zeitgenossen __44
2. Sabas Königin als Folie für die Weisen aus dem Morgenland __46

Exkurs Bildbeschreibungen: Nikolaus von Verdun schmiedet die schwarze Madonna (um 1181), Die Königin von Saba im Chorgestühl des Bamberger Doms (ca. 1370), Die Königin von Saba mit dem Wiedehopf, Salomo und Bilquis mit ihrem gelähmten Kind __50

III. Die Geschichte verzweigt sich __58
Die Erzählung von Salomo und der Königin von Saba in Darstellungen jüdischer, christlicher und islamischer Tradition

Beispiel 1: Salomo trifft Nikaule, Königin von Ägypten und Äthiopien: aus den Jüdischen Altertümern des Flavius Josephus (93/94 n. Chr.) __59
Beispiel 2: Die ‚Hexe Saba' finanziert Salomos Tempelbau: das christliche Testament Salomos (4. Jahrhundert n. Chr.) __61
Beispiel 3: Die Königin wird von Salomo zum Islam bekehrt: die Koransure 27 (7./8. Jahrhundert n. Chr.) __63
Beispiel 4: Salomo der Weltenherrscher: Machtspiele aus 1001 Nacht im jüdischen Targum Scheni zum Buch Esther (7./8. Jahrhundert n. Chr.) __68
Beispiel 5: Rate, damit wir uns erkennen: Weibliche Weltklugheit und Sabäischer Rätselspaß in Judentum, Christentum und Islam (7.–18. Jahrhundert n. Chr.) __75
Beispiel 6: Salomo, Adam und ihre außergewöhnlichen Frauen: die rabbinisch-jüdische Tradition von Sabas Königin als Lilith im Alphabet des Ben Sira (11. Jahrhundert n. Chr.) __85
Beispiel 7: Sie heißt jetzt Bilqis – eine „Biografie" mit arabischen, persischen und türkischen Variationen (10.–13. Jahrhundert n. Chr.) __95
Beispiel 8: Von Saba nach Sachsen: Eine heidnische Königin als christliche Kathedralskulptur in Freiberg, Chartres, Amiens (13. Jahrhundert n. Chr.) __100
Beispiel 9: Reisen nach Jerusalem und Bethlehem: die Bibelfenster im Kölner Dom (13. Jahrhundert n. Chr.) __110
Beispiel 10: Sabas Königin als Prophetin des Kreuzes und als christliche Sibylle: nicht nur eine goldene Legende (9.-13. Jahrhundert n. Chr.) __118
Beispiel 11: Makeda, Menelik und die Bundeslade: Äthiopiens christliches Nationalepos Kebra Negast und seine Verbindungen zum Judentum (13. Jahrhundert n. Chr.) __121

Exkurs: Vom Geschick der Bundeslade __128

Beispiel 12: Allahs gekröntes Liebespaar: Salomo und die Königin von Saba in safawidischen Miniaturen (15./16. Jahrhundert n. Chr.) __130

Beispiel 13: Glaube, Liebe, Macht und Schönheit: vom Heiligen Land nach Hollywood (1959 n. Chr.) __132

Exkurs Bildbeschreibungen: Raffael – Salomo empfängt die Königin von Saba (um 1519), Hans Holbein – Die Königin von Saba vor Salomo alias Heinrich VIII. (1535), Kirschkauer Gobelin zu zwei Rätseln der Königin (1566), Die äthiopische Geschichte über die Königin von Saba namens Makeda __136

IV. Archäologische Spuren der Sabäer im Jemen und in Nordäthiopien __144

V. Fazit __149

Was drei Religionen verbindet und was sie unterscheidet, aber nicht trennt – und warum nicht alle Rätsel gelöst sind

Anhang __153

Textdokumente __154
1. 1. Könige 10, 1–13 __154
2. Flavius Josephus, Jüdische Altertümer __155
3. Testament Salomos __157
4. Sure 27, 14–44 __159
5. Targum Scheni __162
6. Midrasch Mischle __166
7. Heinrich von Freiberg (?), Legende vom Heiligen Kreuz __167
8. Kebra Negast __168

Verzeichnis der Abbildungen __170
Verzeichnis der Abkürzungen und Siglen __171
Literatur __172
Anmerkungen __177

Übersetzung von 1. Könige 10, 1–13: Die Königin von Saba besucht König Salomo

In der folgenden Übersetzung des ältesten Textes, der die Geschichte der Königin von Saba erzählt, habe ich die Schichten der Entstehung des Textes optisch sichtbar zu machen versucht. (Eine ‚bereinigte' Lesefassung des Textes findet sich im Anhang am Ende des Buches!)

- **Fett** ist der älteste Text geschrieben.
- Die Verse 11 und 12 sind fortgelassen, weil sie nicht zur Geschichte der Königin von Saba gehören.
- *Kursiv* gesetzt ist eine Ergänzung des Textes durch den Deuteronomisten, der den Text in seinem Sinne interpretiert.[1]
- Im Kleindruck stehen spätere Zusätze zum Text. Durch sie wurde das Thema der Weisheit Salomos ausdrücklich mit seinem Reichtum verbunden.

1 Die Königin von Saba hörte von Salomos Ruf und kam, um ihn mit
Rätselfragen auf die Probe zu stellen.
2 Sie kam nach Jerusalem mit sehr gewichtigem Aufgebot: mit Kamelen,
die Balsamöle transportierten und sehr viel Gold und kostbare Steine.
Sie kam zu Salomo und sagte ihm alles, was sie sich vorgenommen hatte.
3 Und Salomo gab ihren Worten Antwort. Nichts blieb dem König verborgen,
alle ihre Fragen konnte er lösen.
4 Als nun die Königin von Saba all die Weisheit Salomos sah,
und das Haus, das er gebaut hatte,
5 und die Speisen auf seinem Tisch, und die Art, wie seine Untergebenen saßen
und wie seine Diener standen, und deren Gewänder, und seine Getränke, und sein
Brandopfer, das er im Hause Jahwes darbrachte,
da stockte ihr der Atem
6 und sie sprach zum König: Wahr ist es, was ich in meinem Land über dich und
deine Weisheit gehört habe.
7 Ich habe es nicht glauben wollen bis ich hergekommen bin und es mit
eigenen Augen sehe. Nicht mal die Hälfte davon ist mir mitgeteilt worden.
Deine Weisheit und dein Reichtum **übertrifft** alles, was ich gehört habe.
8 **Wie glücklich sind deine Frauen[2] zu preisen!**
Glücklich all diese deine Diener, die dich umgeben und deine Weisheit hören!
9 Jahwe, dein Gott, sei gepriesen, der an dir Wohlgefallen hat, weil er dich auf
den Thron Israels gesetzt hat, weil Jahwe (darin) seine Liebe zu Israel zeigt.
Er hat dich als König eingesetzt, damit du Recht und Gerechtigkeit verwirklichst.
10 Und sie schenkte dem König 120 Talente Gold und sehr viel Balsamöl und
kostbare Steine. Niemals mehr kam soviel Balsamöl (nach Israel) wie es die
Königin von Saba König Salomo schenkte…
13 König Salomo aber gab der Königin von Saba alles, was sie begehrte und erbat,
dazu auch, was er ihr schenkte wie ein König zu schenken pflegt.
Danach kehrte sie um und zog in ihr Land mitsamt ihrem Gefolge.

Vorwort

In der biblischen Erzählung von der Begegnung der Königin von Saba mit König Salomo am Hof in Jerusalem gibt nicht nur die Königin dem König Rätsel auf, sondern auch dem heutigen Leser, der der Geschichte und ihrer Vor- und Nachgeschichte auf die Spur kommen will.

Das vorliegende Buch versucht, von diesen Rätseln zu erzählen und sie, soweit das heute wissenschaftlich möglich ist, zu lösen oder näher zu bestimmen. Dazu gehören Fragen
- nach der Vor- und Entstehungsgeschichte der biblischen Geschichte,
- nach den Motiven und Intentionen, mit denen Jesus von Nazareth die Königin zum Vorbild für seine Zeitgenossen erklärt,
- nach dem Grund, aus dem man in der Königin und Salomo das Liebespaar erkannte, das im Hohenlied Salomos von Sehnsucht und Erfüllung singt,
- danach, wie die Geschichte in jüdischen, christlichen und muslimischen Texten weiter erzählt und dabei die Königin sowohl zur Leitfigur als auch zur Dämonin wurde,
- nach der Gestaltung der Geschichte in jüdischen, christlichen und muslimischen Kunstwerken
- nach den Stein und Volksepos gewordenen Zeugnissen des sabäischen Reiches in Äthiopien und im Jemen
- und schließlich auch danach, was denn die Rätsel waren, die die Königin Salomo zur Prüfung seiner Weisheit stellte.

Nicht jedes Rätsel wird gelöst, nicht jeder Schleier gelüftet. Die Königin selbst bleibt ein Geheimnis – wie auch ihre Darstellung in der Geschichte bis heute vieles über die Begegnung der Geschlechter, der Völker und Religionen nicht nur verrät, sondern auch verschlüsselt. Immerhin findet eine Begegnung statt, in der auch die Menschheit Verbindendes aufscheint und viel Stoff für das Gespräch zwischen Religionen, Völkern und Geschlechtern offenbar wird.

Ich wünsche der geneigten Leserin und dem geschätzten Leser, dass sie und er mit Gewinn in dieses Gespräch eintreten können. Und danke den Vielen, die mich bei der Vorbereitung dieses Gesprächs unterstützt haben; unter ihnen möchte ich stellvertretend nennen: meine Frau Angelika Franz (Psychologie), die in kontroversen Diskussionen die Entstehung des Buches begleitet hat und der ich das Buch widme, die Radebeuler Friedenskirchengemeinde, in der ich die Geschichte zuerst erzählt und erläutert habe, und Jens Kuhbandner, in dessen Notschriftenverlag mein erstes Büchlein zur Königin erschien, sowie den Kolleginnen und Kollegen Angelika Neuwirth (Islamwissenschaft), Peter Busch (frühchristliche Theologiegeschichte), Gerhard Begrich (Orientalistik) und Iris Gerlach (Archäologie).

Radebeul, Sommer 2014

Spurensuche. Eine Einführung

Es geht mir oft so bei Entdeckungsreisen: am Anfang steht eine Geschichte. In diesem Fall die biblische Geschichte von der Begegnung zwischen König Salomo von Jerusalem und der anonymen Königin von Saba aus dem 10. Kapitel des 1. Buchs der Könige. In ihr ergreift die Frau die Initiative: sie hat von Salomos Ruf als großem Weisen gehört und will ihn mit Rätseln prüfen. Mit imponierendem Aufgebot kommt sie nach Jerusalem, stellt ihre Fragen und erhält auf alle eine Antwort, so dass ihr der Atem stockt und sie feststellen muss, dass Salomos Weisheit alles übertrifft, was sie gehört hat. Daraufhin preist sie die Menschen glücklich, die in Salomos Nähe leben. Am Ende ihrer Begegnung steht der Gabentausch: Salomo erhält große Mengen der reichen Schätze Sabas und seines Handels an Gold, Spezerei und Edelsteinen; und er selbst schenkt der Königin alles, was sie – unausgesprochen? – begehrte, was sie – ausdrücklich – erbat, und was zu schenken eines Königs würdig ist. Die Heimkehr der Königin in ihr Land beschließt die Episode.

Etwas vom Zauber des Orients hat mich an ihr berührt. Da wird erzählt einerseits an den für die innere Dynamik der Begegnung wichtigsten Stellen in knapper Form und mancherlei Andeutungen, die der Phantasie viel Spielraum lassen – und sogar ganz schweigend da, wo man es gern genauer hätte (wie bei den Rätseln, die die Königin dem König aufgab). Andererseits wird ausgeschmückt und übertrieben in der Schilderung des äußeren Rahmens: der viele Tonnen schweren wertvollen Geschenke, die die Karawane durch die Wüste ins Land Salomos schleppt, und des Hofstaats, der die Königin beim Empfang erwartet und der von ihr glücklich gepriesen wird wegen seiner Nähe zum gro-

Almaqah-Tempel von Sirwah im heutigen Jemen, einem großen religiösen Zentrum der Sabäer. Die Bauzeit des Tempels reicht bis auf wenige Jahrzehnte in die salomonische Zeit zurück. Der Blick geht vom 1. Propylon über den Vorhof zum 2. Propylon (Pfeilereingang). Der eigentliche Tempel dahinter war nicht überdacht und mit einer ovalen Mauer umgeben. Der Turm stammt aus islamischer Zeit.

14 Spurensuche. Eine Einführung

Noch berühmter als Sirwah war in der Antike das 40 km östlich gelegene Marib. Die Einheimischen nennen den dortigen, vom DAI ausgegrabenen Bar'an-Tempel nach dem islamischen Namen der Königin von Saba „Thron der Bilqis". Auch seine ältesten Bauteile reichen nahe an die Salomozeit heran. In der Mitte des Fotos ist unten im Vorhof der Anlage ein Opferaltar zu sehen, zu dem drei Stufen führen.

Das kleine Foto zeigt den Opferaltar des Bar'an Tempels von den Stufen aus, die zu den 6 Pfeilern und damit ins Tempelinnere führen. Deutlich zu erkennen sind an der Seite des Altars ein Becken mit Abfluss und Trog, in dem möglicherweise das Blut des Opfers gesammelt werden konnte.

Wer heute den Bar'an-Tempel besucht, findet auf dem erhöhten Platz hinter den sechs Pfeilern diesen schön verzierten Altarstein; ganz oben ist er von einer sabäischen Inschrift umgeben. Es handelt sich um die Widmungsinschrift an eine sabäische Gottheit, vermutlich an Almaqa. Der Altarstein wird auf ca. 6. Jh. v.Chr. datiert und stand vermutlich ursprünglich auf der Galerie des Vorhofs.

ßen König. Zu ihm zu gelangen lohnt offensichtlich auch die beschwerlichste Reise.

Eine faszinierende Geschichte nicht nur für den aufmerksamen Leser von heute, sondern seit zweieinhalb Jahrtausenden für viele Menschen beiderlei Geschlechts, dreier Religionen und vieler Völker. Sie wird schon in der Bibel selbst in Worten Jesu und in der Weihnachtsgeschichte des Matthäus als bekannt vorausgesetzt. In mittelalterlichen jüdischen Überlieferungen, in einer Sure des Koran aus Mohammeds Zeit in Mekka, in zarten persischen Miniaturen der Safawidenzeit und in fabulierenden muslimischen Texten, auch in der Geschichte der Königsdynastien Äthiopiens wird sie auf anrührende Weise, manchmal auch in abenteuerlichsten Variationen weitererzählt. Mit hoher Kunst finden wir sie durch die Jahrhunderte hindurch gestaltet und neu entworfen in mancherlei Büchern, Skulpturen, Gemälden, Glasfenstern, Oratorien und Filmen.

Ich wollte der Geschichte auf den Grund gehen und habe dazu nicht nur die Zeugnisse der Religions-, der Literatur- und der Kunstgeschichte studiert. Ich habe auch versucht, der Entstehung dieser Geschichte auf die Spur zu kommen: wie sah sie am Anfang aus, aus welchem Anlass wurde sie erzählt, was für eine Botschaft hatte sie? Ich bin dazu in den Jemen und nach Äthiopien gereist, um die Orte zu sehen, an denen einst Könige und Königinnen der Sabäer regiert haben sollen, und um zu prüfen, was dort historisch nachgewiesen werden kann. Ich war da, wo die erste große Etappe der Weihrauchstraße entlangführt,[3] wo in und bei der alten Sabäerhauptstadt Marib amerikanische und deutsche Archäologen die Tempel des sabäischen Hauptgottes Almaqua

Abbildung oben: Die den Staudamm von Marib begrenzende südliche Schleusenanlage, über die das Wasser in das Maribs Gärten bewässernde Kanalsystem weitergeleitet wurde, ist noch heute gut zu erkennen; sie geht auf sabäische Zeit zurück; auf ihrem Mauerwerk finden sich zahlreiche u.a. sabäische Inschriften.

Abbildung Mitte: Der Staudamm zwischen den beiden Schleusenanlagen ist nicht mehr erhalten. Er wurde im 6. Jahrhundert n. Chr. endgültig zerstört. Er war 680 m breit und reichte vom Podest der Südschleuse (im Vordergrund rechts) bis zur Nordschleuse (im mittleren Hintergrund des Fotos halblinks). Mit diesem Damm sicherten die Sabäer, dass das Wasser der Regenzeiten nicht unkontrolliert ins Tal ablief und statt dauerhaften Nutzen für die Gärten nur Zerstörung brachte.

Abbildung unten: Auch die Mauern des ebenfalls aus sabäischer Zeit stammenden nördlichen Schleusenwerks sind noch heute gut erhalten und 11 km südwestlich von Neumarib zu sehen.

Der sabäische Tempel von Yeha im Nordwesten Äthiopiens, dessen erhaltene Grundmauern bis ins 7. vorchristliche Jahrhundert zu datieren sind, ist so gut erhalten, weil in seinen Mauern ca. 1000 Jahre später eine christliche Kirche Platz fand. Heute steht hier eine äthiopisch-orthodoxe Kirche ein paar Dutzend Meter östlich davon. Vor dem Hauptkorpus des Tempels gab es ein Propylon, dessen Pfeiler nicht erhalten sind. Durch ihn betraten Priester bzw. Kultteilnehmer in der Regel nur einzeln, hintereinander durch die Tür schreitend, den Tempel.

ausgegraben haben und noch ausgraben. Unumstritten sabäischen Ursprungs sind auch Tempel und Paläste in Yeha in Äthiopiens Norden, während über den sabäischen Ursprung von Ausgrabungen unter einem frühchristlichen Palast in Äthiopiens ebenfalls im Norden gelegener alter Metropole Axum gestritten wird.

Schon Jahre zuvor und heute erneut besuchte ich auf den Spuren der alten Könige Israels auch Jerusalem, das Ziel der weiten Reise von Sabas Königin. In Jerusalem können aus Pietät gegenüber dem Islam und der Al-Aksa-Moschee keine Reste des Palastes Salomos ausgegraben werden, wohl aber sind nicht weit entfernt davon einfache Grabhöhlen zu sehen, in denen König David, sein Sohn Salomo und beider spätere Nachfolger bestattet worden sein sollen.

Gefunden habe ich Erkenntnisse zur Geschichte der Völker, der Religionen, der Geschlechter, der mittelalterlichen und neuzeitlichen europäischen und islamischen Kunst. Aber auch neue Fragen stellen sich ein – vor allem zu den Überlieferungen der Äthiopier und zur Entstehung der Texte des Alten Testaments in neuassyrischer, neubabylonischer, persischer und hellenistischer Zeit. An beiden, an Erkenntnissen und an offenen Fragen möchte ich den geneigten Leser, die geneigte Leserin teilhaben lassen. Dabei setze ich darauf, dass die Geschichte ihren Zauber durch ihre genaue Analyse nicht nur nicht verliert, sondern angesichts des Reichtums ihrer vielfältigen Interpretationen neu entfaltet und dazu anregt, sie sich auf neue Weise anzueignen und weiter zu erzählen.

Unter dem Palast des christlichen Königs Dongur aus dem 6./7. Jh n.Chr. hat der inzwischen verstorbene Hamburger Archäologe Helmut Ziegert im Frühjahr 2008 diese Mauerstrukturen ausgegraben, die seiner Meinung nach bis ins 10. Jh. v. Chr. reichen. Weil er dort zahlreiche Spuren von Schaf- und Rinderopfern gefunden habe, außerdem zwei Basaltsäulen, die den Bau in Richtung des zum Sothiskult gehörenden Sirius-Sterns ausrichten (ein Säulenstumpf ist in der Mitte des Fotos zu erkennen), vermutete er hier einen Tempel des Menelik, den dieser über einem Palast der Königin von Saba gebaut habe, dessen Überreste wiederum unterhalb des Tempels (im Vordergrund des Bildes) lägen. Die deutlich älteren Mauerstrukturen, der bearbeitete Basaltstein und die Knochenfunde unter dem Dongurpalast weisen tatsächlich auf eine alte bedeutende Stätte hin, an der Tiere geschlachtet wurden. Nichts außer den mündlichen Erzählungen der Bauernfamilien aus der Umgebung legt aber nahe, dass es sich um sabäisches Mauerwerk (vgl. dazu die viel weiter entwickelte sabäische Mauertechnik S. 13–16 und 18) oder gar um Gebäude der sagenumwobenen Königin von Saba oder ihres und Salomos mutmaßlichen Sohnes Menelik handelt.

I. Am Ursprung der Geschichte.

Fünf Beobachtungen zur Entstehung der alttestamentlichen Geschichte von König Salomo und der Königin von Saba im 1. Jahrtausend v. Chr.

Wer die vielen Facetten der Wirkung dieser Geschichte darstellen will, sollte zuerst nach ihrer Entstehung fragen.[1] Schon ein vorläufiger literarkritischer Blick auf die in 1. Könige 10 wiedergegebene Erzählung vom Besuch der Königin von Saba bei König Salomo in Jerusalem zeigt uns verschiedene Stufen ihrer Entwicklung. In meiner Übersetzung des Textes aus dem Hebräischen habe ich das optisch zu zeigen versucht:

Da ist in fetter Schrift die älteste uns erkennbare schriftliche Fassung der Geschichte wiedergegeben. In ihr geht es um Salomos Weisheit: sie wird geprüft, bewährt, in höchsten Tönen gelobt; um sie herum gruppiert sich das übliche, hier ins Monumentale gesteigerte höfisch-diplomatische Zeremoniell des Gabentausches.

In diese Geschichte ist einerseits, im Kleindruck deutlich gemacht, die Beschreibung von Salomos Reichtum und seiner Hofhaltung eingefügt. Reichtum und Wohlergehen wurde zwar damals oft als Folge von Weisheit gesehen, dennoch stören die Bemerkungen dazu den Erzählfluss; sie erweisen sich so als später hinzugekommen.

In dem *kursiv* gesetzten Vers 9 hören wir eine ganz andere Sprache und andere Töne. In diesem Vers kommt Gott ins Spiel, von dem sonst nicht die Rede ist. Er wird von der Königin gelobt, weil er einen solch weisen und gerechten Mann wie Salomo für Israel als König eingesetzt hat. Zwar kann auch hier gesagt werden: Weisheit zeigt sich in der Verwirklichung von Recht und Gerechtigkeit; daran haben die Götter Wohlgefallen.[2] Und das Lob des Gottes der Gastgeber gehört zur internationalen Diplomatie im Orient.[3] Hier aber wirkt der Vers angehängt, isoliert im Erzählzusammenhang und erscheint vor allem in einer fast liturgischen Sprache, die der volkstümlichen Erzählung sonst fehlt.[4]

In ihr ging es ursprünglich um die durch des Königs Ruf und das entschlossene Handeln der Königin möglich gewordene Begegnung zweier gleichberechtigter, gleich kluger und gleich reicher Herrscherpersönlichkeiten, eines Mannes und einer Frau, eines im Süden und eines im Norden der arabischen Halbinsel siedelnden Volkes, die, wie eine Ergänzung deutlich macht, verschiedenen Religionen angehörten. Zwischen ihnen spielt sich ein dynamisches Geschehen ab, in dem zuerst die Königin aktiv ist (Vers 1 und 2), dann der König souverän reagiert (Vers 3), daraufhin die Königin den König in höchsten Tönen preist und reich beschenkt (Verse 4–10, mit den späteren Ergänzungen, die diesen Akzent verstärken) und schließlich der König die Gaben in dreifacher Weise erwidert, wobei – anders als bei den Geschenken der Königin – nichts konkret gesagt, aber viel Phantasien Weckendes angedeutet wird (Vers 13). Am Ende wird mit dem lakonischen Hinweis auf die Rückkehr der Königin ausgedrückt, dass es sich um eine außergewöhnliche und einmalige Begegnung gehandelt hat – eine schöne Episode im Leben der beiden sagenhaften Herrscherpersönlichkeiten.

Die Unterscheidung der verschiedenen literarischen Schichten des Textes klärt nun freilich noch nicht die Geschichte seiner Entstehung. Seiner soeben vorgestellten schriftlichen Fixierung im 1. Buch der Könige ging vermutlich ein längerer Prozess mündlicher und schriftlicher Überlieferung voraus. Von diesem Prozess können wir Spuren erkennen, zeitliche Eingrenzungen vornehmen, Bezüge herstellen. Das soll im Folgenden aufgezeigt werden. Dabei wird deutlich, dass nicht erst die Wirkungsgeschichte der Erzählung, sondern schon ihr Entstehungsprozess unseren Blick öffnen kann für historische politische, religiöse und kulturelle Entwicklungen.

Zeitlich begeben wir uns dazu in das erste vorchristliche Jahrtausend, örtlich in den Raum zwischen unterem Nil und oberem Euphrat und Tigris, und zwar an die Stelle, an der für wenige Jahrhunderte die kleinen Staatswesen von Juda und Israel lagen.

Wir beginnen mit den zeitlichen Grenzen, nämlich mit dem frühesten und dem spätesten Datum, zwischen denen der Text entstanden sein muss.

Unter den kritischen Forschern, die seit der Aufklärung bis heute der Geschichte von Salomo und der Königin von Saba nachgegangen sind, gibt es im Detail manche Kontroverse. Aber in zweierlei Hinsicht sind sie sich weitgehend einig. Ihre Einigkeit betrifft 1. den terminus a quo, also die Zeit, ab der frühestens die Erzählung von der Begegnung Salomos mit der Königin von Saba bekannt ist, und 2. den terminus ad quem, also die Zeit, zu der spätestens unsere Geschichte aufgeschrieben wurde. Nachdem ich im Folgenden in Übereinstimmung mit der Forschung 1. und 2. den Zeitrahmen abgesteckt habe, versuche ich 3. und 4. den Zeitraum dazwischen einzugrenzen und werde 5. davon berichten, wo, wann und wie ansonsten – außerhalb der Königsbücher – im Alten Testament[5] von Saba und den Sabäern die Rede ist. Zunächst also zum frühesten Datum der Entstehung der Geschichte:

1. Zur Entstehung der Geschichte nach Salomos Lebzeiten (nach dem 10. Jh. v. Chr.)

Obwohl es dafür bisher keine archäologischen Beweise gibt, gehe ich mit den meisten Historikern davon aus, dass Salomo im 10. Jahrhundert gelebt hat und als Nachfolger Davids in Jerusalem Israels König war.[6] Freilich werden sein Reich und seine Macht, seine Bautätigkeit und seine Weisheit längst nicht die Ausmaße gehabt haben, in denen sie später beschrieben werden. Zu Lebzeiten Salomos im 10. Jahrhundert gab es vielleicht schon ein sabäisches Reich,[7] aber – nach allem, was wir bis heute wissen – keine sabäische Königin.[8] Also ist mit hoher Wahrscheinlichkeit davon auszugehen, dass die Begegnung zwischen Salomo und Sabas Königin kein historisches Ereignis, sondern eine historisch entstandene und wirkende Erzählung ist, deren Geschichte und Sinn wir nachgehen.

Diese Erkenntnis wird durch Beobachtungen am Text der Geschichte bestätigt. Im zweiten Teil des 10. Verses heißt es nämlich, dass niemals mehr soviel Balsamöl nach Israel kam wie damals von Sabas Königin zu Salomo. Ein solches Urteil setzt voraus, dass seit Salomo eine lange Zeit vergangen ist, also zwischen der Geschichte und Salomo selbst ein großer historischer Abstand besteht. Auch fällt auf, dass zwar Salomo beim Namen genannt wird, die Königin von Saba aber namenlos bleibt; das aber wäre in einem Bericht über ein historisches Ereignis mit nahezu weltpolitischen Ausmaßen ganz und gar ungewöhnlich.[9]

Eine persönliche Begegnung zwischen einer Königin von Saba und einem König Salomo in Jerusalem hat es also mit großer Wahrscheinlichkeit nicht gegeben. Historisch ist nicht ihre Begegnung selbst, sondern der Bericht von einer solchen Begegnung. Um ihn als ein literarisches Ereignis geht es in diesem Buch. Wie wir sehen werden, ist das nicht weniger politisch, als wenn die beiden, über die berichtet wird, sich tatsächlich im 10. Jahrhundert begegnet wären. Die Erzählung verliert nicht ihre Bedeutung, weil ihre Protagonisten sich nicht zuvor kennen gelernt haben: sie lernen sich sozusagen erst durch die Erzählung kennen. Und sie üben jeweils aktuell zur Zeit der Überlieferung der Geschichte ihre „Herrschaft" aus.

Wir müssen also weiter fragen: wann und wie ist der Bericht entstanden? Was sagt er über seine Entstehungszeit aus? Und was bedeutete seine Entstehung? Wie bei jedem Schritt in diesem Buch, so müssen wir schon von Anfang an danach fragen, was die Geschichte in ihrer jeweiligen Gestalt als – künstlerisches! – Ereignis zu ihrer Zeit ausdrückt, beeinflusst, verstärkt, verändert.

Zunächst halten wir nur so viel fest: wenn V. 10b zum Kern der Geschichte gehört hat, dann war es auf jeden Fall nach dem 9. vorchristlichen Jahrhundert, also mehrere Generationen nach Salomo, als die Geschichte zum ersten Mal erzählt wurde.

Wie über diesen terminus a quo (den frühesten Entstehungszeitpunkt), so besteht in der Forschung auch ein Konsens in der Frage, bis wann die Erzählung in der im 1. Buch der Könige vorliegenden Form abgeschlossen war:

2. Zur Entstehung der Geschichte vor dem Abschluss des deuteronomistischen Geschichtswerkes (vor dem 4. Jh. v. Chr.)

Im Anschluss an eine ganze Forschergeneration (zuerst Martin Noth 1942) hat Walter Dietrich[10] nachgewiesen, dass das 1. Königsbuch Teil eines großen Geschichtswerkes ist, das wir im Alten Testament aufgezeichnet finden. Dieses Geschichtswerk reicht vom 5. Buch Mose über das Josua- und Richterbuch und die beiden Samuelbücher bis zum Ende des 2. Buchs der Könige. In der Forschung heißt es „deuteronomistisches Geschichtswerk", weil es mit dem 5. Buch Mose (Deuteronomium) und seinen ethisch-religiösen Maßstäben beginnt und, vereinfacht gesagt, diese Maßstäbe an die Deutung der Geschichte anlegt. Dietrich vermutet, dass es in mehreren Phasen während und nach dem babylonischen Exil, also zwischen 6. und 4. Jahrhundert v. Chr. entstanden ist.[11]

3. Zur Entstehung der Geschichte in einer Zeit großer Horizonterweiterung Israels (Mitte des 1. Jahrtausends v. Chr.)

In diesem weit bemessenen Zeitraum ab dem 6. Jahrhundert v. Chr. muss sich der Horizont Israels deutlich erweitert haben. Orientalische Welt-, Kultur- und Handelspolitik kommt für die unfreiwillig in die Welthauptstadt Babylon Emigrierten in den Blick. Ein solcher Horizont ist für unsere Erzählung charakteristisch. Jedenfalls spiegelt sie eine Zeit, in der Israel weitreichende Kenntnisse hatte und offen war für Wahrnehmung und offensichtlich auch für Wertschätzung fremder Länder und Menschen.

Fragen wir genauer, welche geschichtlichen Situationen dafür infrage kommen, so gibt es ein ganzes Spektrum von Antworten.

Ich stelle zunächst – vor einer Abwägung anderer möglicher Entstehungszeiten – ein relativ junges Datum vor, nämlich die Zeit vor und seit dem Beginn der zweiten Hälfte des 1. Jahrtausends vor Christi Geburt.[12]

Damals war gerade die zweite Gefangenschaftszeit für das Volk Israel vorbei. Der Perserkönig Kyros der Große hatte 539 v. Chr. Babylon erobert und den dort im Exil lebenden Israeliten Religions- und Reisefreiheit gewährt.[13] Die Familien der Exilierten durften also nach 50, 60 Jahren in der Fremde zurück in ihre Heimat ziehen; dort und wo immer sie sonst waren, konnten sie ihren Glauben jetzt ungehindert leben.

Es war eine Zeit der Neuorientierung sowohl für die Juden im Exil als auch für die im Land Gebliebenen. Die Geschichte auch der Vergangenheit wurde neu geschrieben und Israels Verhältnis zu anderen Völkern neu bestimmt.[14]

Diese Neubestimmung drückte sich erzählerisch in unterschiedlichen Formen aus. Ich nenne vier Beispiele, die zeigen, wie damals das Verhältnis Israels zu den Völkern positiv bestimmt wurde.

*Beispiel 1: Die Ur-Geschichte bezieht
die ganze Menschheit ein (Genesis 1–11)*

Die Israeliten haben ihren Namen von einem Enkel Abrahams und Saras, einem Sohn Isaaks und Rebeccas. Er heißt ursprünglich Jakob. Später soll er, nach einem nächtlichen Ringen mit Gott beim Überqueren eines Flusses, den Namen Israel erhalten haben, d.h. „der mit Gott ringt".[15] Sein Großvater Abraham war der Vater vieler Völker und ist bis heute der Ahnherr dreier Religionen: der Juden, der Christen[16] und der Muslime.[17] Zu den Völkern, die von ihm abstammen sollen, gehören die Edomiter[18] und die Ismaeliter.[19] Sie galten als Feinde Israels. Eine Verbundenheit zu ihnen und zu allen Völkern der Erde entsteht erst in und nach dem babylonischen Exil.[20] Ein neuer Geschichts- und Welthorizont tut sich jetzt auf und gewinnt Gestalt durch ein neues theologisches Konzept. Das zeigt sich uns heute am Anfang der Bibel: *vor* den Geschichten der Ahnen, die mit Abraham, Sara und Hagar in Genesis 12 beginnen, werden nun, schriftlich in Genesis 1–11 platziert, Weltschöpfungs- und Menschheitsgeschichten insgesamt erzählt und aufgeschrieben;[21] sie nehmen positiv und kritisch Motive aus babylonisch-mesopotamischen, persischen und ägyptischen Schöpfungstraditionen auf. Dadurch wird der Horizont der Geschichten Israels universal erweitert: alle Menschen kommen gleichermaßen in den Blick. Eine Ur-Geschichte der Menschheit wird der realen Geschichte, nämlich der Volksgeschichte, die mit Abraham beginnt, vorangestellt. Adam und Eva sind in dieser Ur-Geschichte nicht einfach historisch der erste Mann und die erste Frau, sondern sie stehen schlechthin für Mann und Frau und deren Verhältnis zueinander überall und zu aller Zeit. Hinter Kain und Abel und ihrer Geschichte erscheinen die zwei Kulturen, die die Menschheit vor der Entwicklung der Stadtgründungen prägen, nämlich die des sesshaften Bauern und die des Viehzucht treibenden Nomaden. Und Lamech und Noah gelten als Erfinder aller Technik einschließlich des Weinbaus. Adam und Eva, Kain und Abel, Lamech und Noah sind Ahnen sämtlicher Völker. Ihnen voraus geht am Anfang der Ur-Geschichte in Genesis 1 und 2 die Erschaffung von Raum und Zeit und die Begründung des Verhältnisses der Erde (sie heißt hebräisch *adamah*) zum Menschen (hebräisch *adam*). An ihrem Ende stehen in Genesis 11 die Möglichkeiten und Grenzen des Menschen im Einsatz der Technik („Turmbau zu Babel").

Beispiel 2: Der Perserkönig Kyros als ‚Messias' im Deuterojesaja

Im zweiten Beispiel geht es um den sogenannten zweiten Jesaja (im Folgenden: Deuterojesaja). Seine Texte finden wir im Jesajabuch Kapitel 40–55. Er war ein Zeitgenosse Kyros' des Großen und lebte im Exil in Babylon. Als der König der Perser 539 v. Chr. Babylon eroberte und damit das babylonische Reich besiegte, gewährte er den Exilierten nicht nur Religionsfreiheit, sondern auch die Möglichkeit der Rückkehr in ihr „gelobtes Land". Dieser auf solche Weise befreiend wirkende Perserkönig Kyros wird von Deuterojesaja als von Israels Gott Jahwe Gesalbter (hebräisch: als „Messias", griechisch: als „Christus")[22] bezeichnet[23] – ein Titel, der ansonsten nur einem Nachkommen aus dem Hause David, einem „Sohn Davids" zusteht. Deuterojesaja drückt auf diese Weise aus, dass Israels Gott auch durch einen fremden Herrscher handeln kann, weil er der Gott und Schöpfer aller Menschen ist.[24]

Beispiel 3: Die Jona-Novelle:
Versöhnung mit der Großmacht Assyrien

Auch in der Jona-Novelle zeigt sich eine neue Sicht der Ausländer und ihrer Machthaber.[25] Das den Persern und den Neubabyloniern vorangegangene, längst vergangene neuassyrische Reich mit seiner Hauptstadt Ninive erscheint in dieser Novelle in einem neuen Licht. Ausgerechnet Assur, das 721 vor Christus den Nordstaat Israel mit brutaler Gewalt ausgelöscht hatte, wird jetzt von einer positiven Seite her beschrieben! Im Jonabuch ordnet nämlich der assyrische König nach einer Gerichtspredigt des Propheten Jona eine landesweite Buße an. Wegen dieser Landesbuße bleibt dann – zum Ärger des Propheten Jona! – Assurs Hauptstadt Ninive vor dem Untergang bewahrt (Jona 3,6–4,1). Das Jonabuch konstituiert damit die zur Entstehungszeit des Buches längst zerstörte Stadt Ninive neu. Sie wird nun zum Symbol für eine andere Sicht auf Fremde. In der Erzählung erhält sie eine Zukunft, weil Gott sich auch dort in der fernen, fremden, als ungläubig und unmoralisch geltenden Stadt um Mensch und Vieh sorgt (Jona 4,10f.). In Jonas Geschichte wird durch Gottes Handeln in idealtypischer Weise eine andere Sicht Israels gegenüber dem einst so feindlichen fremden Volk zum Ausdruck gebracht – gegen Jonas eigene Haltung; er ist nämlich noch der alten Sicht verbunden und ärgert sich zunächst darüber, dass Ninive bewahrt wird. Die neue, andere Haltung der

Akzeptanz und der Versöhnlichkeit gegenüber Fremden ist die Wirklichkeit, um die es im Jonabuch geht.

Das Buch endet mit der – rhetorischen! – Frage Gottes an Jona: „Mich sollte nicht jammern Ninive, eine so große Stadt, in der mehr als 120 000 Menschen sind … dazu auch viele Tiere?" Israels Gott geht es jetzt um die ganze Menschheit und alle Kreatur!

Beispiel 4: Eine Völkerwallfahrt nach Zion (Triojesaja und Psalm 72)

Unserer Erzählung von der Königin von Saba am nächsten kommt der sogenannte dritte Jesaja (Tritojesaja).[26] Er bezieht in die freundliche Sicht auf fremde Länder ausdrücklich auch Saba ein. Im Zentrum seiner Worte steht eine Aufforderung. Der Anfang dieser Aufforderung ist manchen von uns aus der Adventszeit bekannt: „Mache dich auf, werde Licht, denn dein Licht kommt …", heißt es in Jesaja 60 Vers 1. Aufmachen sollen sich nach diesem Wort alle Völker zu einer Prozession zum Zion nach Jerusalem. Tritojesaja schildert dann, wie aus aller Welt Völker und Könige tatsächlich zum Zion kommen (V. 3). Unter ihnen befindet sich eine Karawane aus Saba, beladen mit Gold und Weihrauch (V. 6). Sie gehört zu der großen Vision des Propheten, in der Jerusalem mit den Völkern der Fremde verbunden wird.[27]

Genug der Beispiele. Wir haben uns in einen größeren Zeitraum um das Jahr 500 v. Chr. herum begeben und aus dieser Zeit Texte entdeckt, die eine gleiche Weltoffenheit und freundliche Sicht auf Fremde zeigen wie unsere Geschichte von der Königin von Saba. Wir haben sogar zuletzt einen visionären Text gefunden, der direkt von einer königlichen Prozession nach Jerusalem berichtet, zu der auch eine Karawane aus Saba gehört, mit Gold und Weihrauch beladen. Wir erkennen in diesen Zeugnissen manche konkreten Züge, vor allem aber die geistige Grundhaltung unserer Geschichte wieder.

Diese Erkenntnisse erklären aber noch nicht, weshalb eine Königin aus Saba und König Salomo die Hauptakteure dieser Geschichte sind.

Versuchen wir, uns hineinzuversetzen in Menschen aus Israel, die in dieser bewegten, durch die obigen Beispiele charakterisierten Zeit gelebt haben. Den Menschen damals ist vermutlich schon seit Generationen ein Land in Arabien bekannt, in dem Frauen das Sagen gehabt haben sollen. Dass es dort Königinnen gebe, hat nämlich schon im 8. Jahrhundert Tiglat-Pileser III. berichtet. Aus seinen wahrscheinlich in der ganzen damals von Assur beherrschten Welt verbreiteten Annalen kennen wir sichere Zeugnisse von solchen Königinnen.[28] Eine nun dieser Königinnen aus der Fremde[29] kann in der Phantasie der Israeliten[30] damals eine der Karawanen, nämlich die aus Saba, angeführt haben, von der Tritojesaja in seiner Vision berichtet. Eine solche Königin galt wie ihr durch eigene Ressourcen (Weihrauch) und durch Handel wohlhabendes Land als sehr reich und, zumindest diplomatisch, als klug.

Nun muss für eine solche Königin ein angemessener Gastgeber und Partner unter den Königen, die in Jerusalem regiert haben, gefunden werden. Geht man die Reihe der Könige und ihr Image durch, dann kommt nur Salomo für diese Rolle infrage; denn um Salomo hat sich, je später desto mehr, ein ganzer Sagenkranz gebildet, der von seiner Weisheit und seinem Reichtum handelt, von seiner Zuneigung zu Frauen aus aller Welt und von seiner Weltgewandtheit.[31]

Wir brauchen die beiden Linien von Sabas Prozession nach Jerusalem und der (nord-)arabischen Königinnentradition einerseits und von der Weisheit Salomos andererseits nur zusammenzuführen und schon ist mit ihrer Verbindung erzählerisch-literarisch ein großes Königspaar geboren – nicht nur für die alttestamentliche Überlieferung, sondern auch für die gesamte Kunst- und Literaturgeschichte.

Freilich: die so entstandene Skizze zum weltgeschichtlichen und literarischen Hintergrund unserer Erzählung ist noch sehr allgemein, der Zeitraum ihrer Entstehung weit bemessen.

Fachleute für die Literaturgeschichte der hebräischen Bibel haben noch genauere Konturen und Daten ausgemacht und dabei auch eine frühere Epoche der Geschichte Israels ins Spiel gebracht. Es ist an der Zeit, ihre Überlegungen nun vorzustellen.

4. Zu einer älteren Sammlung von Salomogeschichten (SG), die dem 1. Buch der Könige bereits vorlag (zwischen 720 und 610 v. Chr.)

Die uns in 1. Könige 10 vorliegende Fassung unserer Erzählung hat uns bis in die Zeit der persischen (achämenidischen) Weltherrschaft geführt. Sie hat aber eine Vorgeschichte, die uns nun beschäftigen soll. 1. Könige 11,41 weist selbst auf ein „Buch der Worte/Geschichte Salomos" hin, in dem noch mehr über Salomo stehe als das, was ins Buch der Könige Eingang gefunden habe. Dieses

Buch der Salomogeschichte hat offensichtlich dem Verfasser des 1. Königsbuch als schriftliche Quelle für seine Darstellung vorgelegen. Rekonstruiert man diese Quelle, wie es zuletzt vor 15 Jahren in der Dissertation von Stefan Wälchli an der Universität Bern versucht worden ist, so gibt sich eine vorexilische Salomogeschichte zu erkennen. Ich nenne sie im Folgenden mit Wälchli SG. Zum Grundbestand der SG gehören neben der Geschichte von der Königin von Saba auch weitere Texte, die von Salomos Weisheit handeln – wie die berühmte Episode vom salomonischen Urteil (1. Könige 3,16–28).[32] Nach Wälchlis Überlegungen stammt SG wahrscheinlich aus der Zeit des Königs Hiskia (725–697 v. Chr.) SG stelle Salomo dar als Ideal eines weisen Königs – ein Ideal, das auch sonst in Ägypten und im Alten Orient über populäre Könige beziehungsweise von ihnen selbst gezeichnet wird. Einem solchen Ideal entsprechend „ist der König von der Gottheit mit Weisheit begabt, sorgt durch seine Weisheit für Recht und Gerechtigkeit, baut Tempel und Städte, besitzt umfassende Kenntnis auf den verschiedensten Gebieten, genießt internationale Berühmtheit und sichert seinem Volk Frieden und Wohlstand. Wenn ... in der Zeit Hiskias weisheitlich geprägte Verfasser einen solchen König in der Geschichte Judas suchten, konnte fast nur Salomo in Frage kommen."[33] Dem Verfasser der Salomogeschichte wird nach Wälchli für eine solche Darstellung Salomos vor allem eine in 1. Könige 3,4–15 vorliegende ältere Notiz als Anknüpfungspunkt gedient haben. Darin heißt es, Salomo habe sich – möglicherweise im Zusammenhang der Thronbesteigungsriten – Weisheit gewünscht. Die Salomogeschichte malt nun das Bild eines weisen Königs, wie es auch für die Gegenwart (und Zukunft?) gelten kann; dabei greift SG – wie im Fall der Geschichte der Königin von Saba – weisheitliches Gut aus der volkstümlichen Überlieferung auf.[34]

Die von Wälchli vorgenommene Datierung der Salomogeschichte (SG) in die Zeit Hiskias ist nicht unumstritten. Für andere stammt das in den Königsbüchern gezeichnete Bild Salomos aus der Zeit der Hiskia folgenden Könige Manasse (Finkelstein)[35] oder Joschia (Knauf). In jedem Fall gehört es in den vorexilischen Zeitraum zwischen 720 und 610. Ernst Axel Knauf meint sogar, es ziemlich genau zu wissen. Er hat jüngst einen assyrischen Text aus den Annalen Tiglat-Pilesers identifiziert, der zu Ereignissen der Jahre 734–732 v. Chr. Stellung nimmt; aus diesem Text könnte „die ‚Königin von Saba' mit gutem Grund stammen" oder, genauer gesagt, abgeleitet werden; denn derartige Texte sind nach Knaufs Meinung „nicht nur in Keilschrift auf den Wänden des (assyrischen, U. K.) Palastes verewigt", sondern waren in aramäischer Übersetzung „zweifellos an den Palastschulen der Vasallen, im 7. Jahrhundert v. Chr. also auch in Jerusalem, Pflichtlektüre".[36] So lässt sich nach Knauf „die Hypothese aufstellen, dass sich die Redaktoren der Salomogeschichte in der Joschiazeit bei diesem assyrischen Text zur Ausschmückung ihres Salomobildes bedient haben"[37] Der assyrische Text enthält nämlich verblüffender Weise „den gesamten Wortlaut von 1. Könige 10,1–2a in der gleichen Reihenfolge".[38]

Damit haben wir den Zeitraum der uns zugänglichen ersten schriftlichen Fixierung unserer Geschichte, die den Verfassern der Königsbücher bereits vorlag, in einer vorexilischen Geschichte Salomos[39] so genau wie möglich eingegrenzt.

Es bleibt zu prüfen, ob und inwiefern uns in Büchern des Alten Testaments weitere Aussagen zu Saba und den Sabäern andere Dimensionen unserer Geschichte zugänglich machen. Bei dieser Prüfung stoßen wir auch auf ein alttestamentliches Buch, in dem die Geschichte der Königin von Saba erneut und in einem leicht veränderten Zusammenhang erzählt wird.

5. Zu den wechselnden Rollen Sabas und der Sabäer im Alten Testament (8.–4. Jahrhundert)

Von Saba ist im Alten Testament außer im 1. Königsbuch noch an 15 anderen Stellen die Rede. Sie handeln vor allem von Sabas Reichtum und seinen Händlern, vereinzelt aber auch von seiner beduinischen Herkunft. Die Texte stammen aus verschiedenen Zeiten, zum kleineren Teil aus dem Zeitraum der Entstehungsgeschichte unserer Erzählung, zum größeren Teil aber aus späterer Zeit. Da sich eine systematische Gliederung nicht anbietet, beginne ich in der folgenden Darstellung bei den ältesten Überlieferungen und ende bei den jüngsten.

Eine Sichtung dieser Stellen eröffnet verschiedene Perspektiven, in denen das historische Saba in den Blick kommt und der Hintergrund unserer Geschichte verdeutlicht wird.

*Beispiel 1: Im Buch Genesis werden die Stammbäume
Sabas überliefert (8.–6. Jahrhundert)*

Im 8. bis 6. vorchristliche Jahrhundert entstanden die Völkerlisten, die in der Genesis aufgezeichnet sind.[40] In Genesis 10,7 gehört Saba zusammen mit Deban zu den Urenkeln Chams, zu den Enkeln von Kusch und zu den Söhnen Ragmas; Saba wird hier als zum kuschitischen Stamm gehörig eingestuft. Eine andere Liste in Genesis 10, 28 rechnet Saba zu den Nachkommen Sems; er ist dort einer von 13 Söhnen Joktans; Saba gilt hier als semitisch. In einer spezifischen Mischung beider Genealogien sieht ein Stammbaum Abrahams in Genesis 25,3 Saba neben Dedan als Sohn Joksans[41] sowie als Enkel Abrahams und seiner späteren Frau Ketura. Insgesamt lässt sich feststellen: Saba ist eine bekannte Größe. Seine genealogische Einordnung aber wird nicht eindeutig bestimmt.

*Beispiel 2: Im Buch Jeremia wird Sabas Reichtum wertlos
(7. Jahrhundert v. Chr.)*

Der Prophet Jeremia ist u. a. bekannt geworden durch seine große Tempelrede, in der er im 7. vorchristlichen Jahrhundert den Opferkult in Jerusalem kritisiert, weil Juda sich weigert, den „Weg des Guten" nach Jahwes Weisung zu gehen.[42] Jeremia 6,19–21 ist gleichsam eine Ouvertüre dieser Tempelrede. Jeremia nimmt die Kritik an Opfer- und Kultpraxis auf, die schon die Propheten Amos (5,1ff.), Hosea (2,13; 3,4; 6,6 u. a.) und Jesaja (1,10ff.) geübt haben; sie begründeten ihre Kritik damit, dass dort, wo gerechtes soziales Handeln fehlt, alles Opfern vergeblich ist. In Jeremia 6, 20 heißt es deshalb: „Was soll mir der Weihrauch aus Saba, das Würzrohr aus fernem Land? Eure Brandopfer gefallen mir nicht, und eure Schlachtopfer sind mir nicht angenehm." Jeremia weist also darauf hin, wie sinnlos selbst der kostbare Weihrauch aus Saba zur Gottesverehrung ist, wenn der rechte Weg nicht gegangen wird.[43] Mit Saba verbunden wird die Herkunft besonders kostbarer Duftstoffe zur Verehrung Gottes; zugleich wird es als Prototyp für ein „fernes Land" angesehen. Sein in 1. Könige 10 großzügig verschenkter und beeindruckend geschilderter Reichtum wird wertlos, wenn das soziale Handeln im Land der Empfänger fehlt.

*Beispiel 3: Im Buch Jesaja kommt Israel frei – und Saba zahlt die Zeche
(Deuterojesaja, 6. Jahrhundert v. Chr.)*

Dass das persische Weltreich ein Instrument des Gottes Israel ist, hat Deuterojesaja schon dadurch gezeigt, dass er seinen großen König Kyros als den Gesalbten Jahwes, als Messias angesehen hat.[44] In Jesaja 43,3 deutet er nun vermutlich auch den Ägyptenfeldzug des Perserkönigs Kambyses aus dem Jahr 524 v. Chr. als Gottes Handeln zugunsten Israels. Da lässt Deuterojesaja Gott selbst zu Israel sagen: „Ich gebe Ägypten als Lösegeld für dich, Kusch und Saba an deiner Statt." Die Unterwerfung der Ägypter, der Kuschiten und der Sabäer durch den persischen König wird als „Lösegeld" für die Freilassung Israels aus babylonischer Gefangenschaft interpretiert. Das ist eine kühne Deutung der Weltgeschichte, die sicher schon damals ungewöhnlich war und bis heute mit gutem Recht keine ungeteilte Zustimmung findet.[45]

Saba wird in einer Reihenfolge hinter Ägypten und Kusch genannt; es wird also davon ausgegangen, dass Saba auf der westlichen Seite des Roten Meeres liegt – im Bereich des heutigen Äthiopien![46] Kambyses hat diese Länder 524 v. Chr. unterworfen. Männer aus Israel wurden dort als Besatzungssoldaten für das persische Reich tätig.[47] Ob die Truppen des Kambyses allerdings bis Äthiopien gelangten, ist historisch nicht gesichert; es kann aber als eine Erklärung für die Herkunft jüdischer Bevölkerungsgruppen[48] und Gebräuche in Nordäthiopien dienen. Die Unterdrückung Sabas und anderer Völker als Lösegeld für Israels Befreiung aus babylonischer Gefangenschaft zu verstehen, diese Völker zugunsten von Israel zu instrumentalisieren – und sei es von Gott persönlich –, zeugt nicht gerade von Respekt diesen Ländern gegenüber; die Erzählung von Sabas Königin hat da eine andere Haltung.

*Beispiel 4: In Psalm 72 mehrt Sabas Gold
Salomos Ansehen (7. Jahrhundert v. Chr.)*

In Psalm 72 unterscheidet man zwischen einem Grundpsalm (Verse 1–17a)[49] aus vorexilischer Zeit[50] und späteren Nachträgen. Die uns besonders interessierenden, auf Saba bezogenen Verse 8–11 zählt Erich Zenger nun – neben V. 15 und 17b – mit guten Gründen zu einer nachexilischen Bearbeitung des Grundpsalms; denn sie verlassen mit der Einbeziehung der Völker den im Übrigen auf Israel[51] und den Kosmos[52] bezogenen Rahmen.[53]

Schauen wir uns den Psalm genauer an, so wird er durch die Überschrift (V. 1a) als Gebet Davids für seinen Sohn Salomo eingeführt. Liest man den Psalm unter dieser Überschrift, so erscheint er wie ein Testament, in dem der alte Vater David für seinen Sohn Salomo bittet; er entwirft dabei implizit für ihn ein kleines Regierungsprogramm. Der Psalm und die Geschichte Salomos, wie sie 1. Könige 3–10 beschrieben wird, passen so gut zueinander, dass sie sich gegenseitig interpretieren können.[54]

Wie sieht nun das in ein Gebet gekleidete fiktive Testament Davids für seinen Sohn im Einzelnen aus? Ich möchte vier Abschnitte des Psalms unterscheiden. Im ersten Abschnitt V. 2–5 und V. 12–14 geht es – und zwar an erster und wichtigster Stelle! – um Gerechtigkeit und Frieden, um den Schutz der Armen, die Rettung „der Kinder der Besitzlosen" und um Befreiung von Unterdrückung und Gewalt. Im zweiten Abschnitt V. 6f. und 16 sorgt der König für die Fruchtbarkeit des Landes. In alle diese auf seine Tätigkeit in Israel bezogenen Wünsche, Erwartungen und Aufgaben für den König sind nun im dritten Abschnitt in V. 8–11.15 und 17b auf die ganze Welt bezogene universalistische Aufforderungen eingefügt; in diesen Versen ist der König nicht wie zuvor in den auf Israel bezogenen Teilen der Aktive, Gebende, sondern er wird im universellen Kontext zumeist als Empfangender gesehen. Aus aller Welt kommen sie zu ihm: vom Meer und vom Euphrat, aus der Wüste, von den Enden der Erde und den Inseln des Meeres bringen sie ihm Geschenke. Sie alle, die ihn glücklich preisen, sollen in ihm Segen finden (V. 17b). Der Besuch der Königin von Saba erscheint wie ein anschauliches Beispiel für das, was hier gesagt ist! Das Land Saba wird dann auch ausdrücklich im Psalm selbst genannt, und zwar in V. 15a ganz im Sinne unserer Erzählung: „man gebe ihm Gold aus Saba".[55]

Allerdings ist diese Gabe nach V. 10 nicht ganz freiwillig. Da heißt es zwar, dass die Könige von Tarschisch (ein mythischer Ort, der am Ende des Meeres und der Welt liegt) und von den Inseln „Geschenke bringen", aber im parallel strukturierten Nachsatz dieses Verses, im sogenannten *parallelismus membrorum* der hebräischen Dichtung, wird von den Königen von Saba und Seba gesagt, dass sie „Tribut entrichten" sollen. Salomo erscheint hier eher wie ein mächtiger Achämenidenkönig, der die „Geschenke" der Welt als ihm zustehender Tribut in Empfang nimmt. Wie das aussieht, wenn z. B. die Völker der Welt zum Fest des neuen Jahres dem Achämenidenkönig Darius ihre „Geschenke" alias ihren Tribut darbringen, kann man noch heute am monumentalen

Treppenaufgang zum königlichen Empfangssaal in der alten persischen Hauptstadt Persepolis in Stein gehauen sehen!

Beispiel 5: Wiederum im Buch Jesaja kommt es zu einer Zukunftsvision sabäischer Pracht (Tritojesaja, 6./5. Jahrhundert v. Chr.)

Eine Völkerwallfahrt nach Jerusalem mit sabäischer Beteiligung findet auch laut Jesaja 60,1–11 statt. Von ihr war schon die Rede.[56]

Die Darstellung dieser Zukunftsvision lässt sich eng mit den Aussagen von Psalm 72 verbinden. Wie die Sonne die Finsternis der Nacht vertreibt, so erscheint der Gott Israels am Morgen in seiner Stadt Jerusalem. Er lockt mit seinem Lichtglanz nicht nur die Israeliten aus Babylon herbei, sondern auch alle Völker und ihre Könige an (V. 1–3).

Wir befinden uns in der Zeit zwischen der Fertigstellung des Tempelneubaus (515 v. Chr.) und dem noch ausstehenden Bau der Mauer Jerusalems (445 v. Chr.).[57] Historisch ist folgender Hintergrund zu beachten: Es hat sich gezeigt, dass die Familien der nach Babylon Exilierten nach dem Erlass des Kyros von 539 v. Chr. zwar zurück ins gelobte Land durften, aber nur ein kleiner Teil von dieser Möglichkeit Gebrauch machte. In Jerusalem aber fehlten sie; dort ging es nur mühsam voran mit dem Wiederaufbau.

In dieser Situation beschreibt Tritojesaja in verlockenden Tönen eine großartige, und im Unterschied zum Psalm 72 ganz und gar friedliche Vision, in der die Völker aus eigenem Antrieb handeln: Bezaubert vom Licht Gottes kommen sie von allen Himmelsrichtungen in die offene Stadt und bringen Israels Söhne und Töchter aus dem Exil gleich mit; Töchter, denen der lange Weg sonst vielleicht zu schwer wird, werden sogar, sich auf der Hüfte ihrer Träger abstützend, auf Armen getragen (V. 4). Da gibt es nur strahlende Gesichter und vor Freude bebende Herzen (V. 5a).

Mitten zwischen den „Reichtümern des Meeres" und den „Schätzen der Völker", den Kamelen und Dromedaren, die den Weg der Weihrauchstraße aus Midian und Efa nach Jerusalem gegangen sind, zwischen den Schafen und Widdern und den Schiffen aus dem fernen Tarschisch kommen auch „alle von Saba, bringen Weihrauch und Gold und verkünden die ruhmreichen Taten des Herrn" (V. 6).[58] Unter diese Wallfahrer gemischt könnte man sich auch Sabas Königin selbst gut vorstellen, wenn sie nicht als spezieller Gast des Königs hervorgehoben und einer eigenen Geschichte gewürdigt werden müsste.

*Beispiel 6: Im Buch Ezechiel treten Sabas
Händler als Geschädigte und als Ankläger auf
(6.–4. Jahrhundert v.Chr.)*

Aus der Zeit des Exils ist uns über die berühmte Hafen- und Handelsstadt Tyrus in Ezechiel 27 eine lange Klage überliefert, deren Versmaß im Metrum von Leichenliedern gehalten ist.[59] Und in der Tat: die prächtige Stadt, beschrieben als ein *Titanic*-gleicher Luxusliner (V. 3b–11.32b–33), hat zwar Händler aus aller Welt mit den kostbarsten Waren an Bord (V. 12–23). Aber sie alle müssen angesichts des Untergangs der Stadt beziehungsweise ihres Schiffbruchs auf hoher See vor Entsetzen schreien, wütend brüllen, sich in Asche wälzen und Staub auf ihr Haupt streuen, sich die Haare raufen und mit Sacktuch sich gürten und bitter weinen; oder sie wenden sich mit Abscheu ab und pfeifen Tyrus aus (V. 26–32a.35f.). Bei der Lektüre von Ezechiel 27 ist man versucht, an die Eroberung der Stadt durch Alexander den Großen zu denken,[60] an seine wütende Zerstörung der Stadt 332 vor Christus nach sieben Monaten langer Belagerung.[61]

Wichtig für uns ist dieses Leichenlied auf Tyrus deshalb, weil sich auch „Krämer von Saba und Ragma" an Bord des Schiffes befinden; sie führen „erstklassige Duftstoffe und alle möglichen Sorten Edelsteine und Gold" für den Export mit sich (V. 22). Es sind Waren, die typisch für Saba sind und die Sabas Königin in unserer Erzählung Salomo als Geschenke mitbrachte![62]

Erwähnt das Buch Ezechiel in 27,22 neben Saba das uns bis heute unbekannte Ragma[63], so sind es in 38,13 wie in Genesis 25, 3 Saba und Dedan[64], die beiden Ketura-Söhne, die nebeneinander genannt werden. Saba und Dedan spotten in Ezechiel 38,13 zusammen mit den „Aufkäufern von Tarschisch und all ihren Händlern" über den aus dem Norden kommenden sagenumwobenen Großfürsten Gog. Dessen Macht und Ende werden in Ezechiel 38f. nicht weniger gewaltig ausgemalt als in Ezechiel 27 Glanz und Elend Ninives. Die „böse Gier des Räubers Gog"[65] machen Sabas spöttisch-bittere Fragen an das dem Untergang geweihte Land deutlich: „Kommst du, um Raub zu errauben? Hast du deinen Haufen aufgeboten, um Beute zu erbeuten, um Silber und Gold davonzutragen, um Vieh und Habe wegzunehmen?" Ezechiel 38,13 benennt, was Saba u. a. zu bieten hat und was ihm vom Moloch Gog geraubt werden kann: Silber und Gold, Vieh und Habe.

Beispiel 7: Im Buch Hiob begegnen die Sabäer als Wüstenräuber und als Wassersuchende (5./4. Jahrhundert v. Chr.)

Zwei andere Züge Sabas tauchen im Buch Hiob auf. Dieses aus dem 5./4. Jahrhundert v. Chr.[66] stammende Buch stellt die alte weisheitliche Ordnung des Tun-Ergehen-Zusammenhangs in Frage.[67] Im Hiobbuch gilt nun für Saba selbst, was es an Gog kritisiert hatte; die Leute aus Saba treten nämlich in Hiob 1,15 als Räuberbande auf. Sie rauben Hiobs Familie ihre Rinder und Esel und ermorden die, die das Vieh beschützen. Mit diesen Worten wird Saba für die erste Hiobsbotschaft verantwortlich gemacht: mitten in ein großes Familien-Festmahl im Haus des ältesten Hiobsohns überbringt der einzige Überlebende des Raubüberfalls die Schreckensmeldung an Hiob und seine Familie. Saba verhält sich hier nicht anders als manche Beduinenstämme bis heute[68]: Raub ist eine ihrer Lebensgrundlagen. Für Hiob aber ist Sabas Handeln der Anfang seines eigenen ungerechten Leidens.[69]

Ob „Saba" hier als nord- oder als südarabisches Volk gedacht ist, ist nicht eindeutig erkennbar.[70] Ein Kommentator sagt zu recht: „Der den Sabäern hier zugedachte räuberische Charakter ist sonst nicht belegt. Entweder handelt es sich um eine Anspielung auf eine bestimmte Überlieferung eines räuberischen Feldzuges oder die „Sabäer" stehen als Chiffre für Beduinen, die man grundsätzlich mit räuberischen Zügen in Verbindung bringt."[71]

Im Fortgang des Hiobbuches haben die Sabäer dann wieder eine sympathische Rolle, die nicht mit ihrer ersten Rolle im Hiobbuch in Einklang steht. Hiob selbst identifiziert sich in Kapitel 6,19 mit ihnen. In seiner ersten Rede gegen die problematischen Leiderklärungsversuche seiner Freunde spricht er von ihnen, um seine eigene Situation zu beschreiben. Zunächst charakterisiert er die Sabäer als Beduinen (die „Wanderzüge aus Saba" stehen parallel zu den „Karawanen von Tema"). Danach vergleicht Hiob sie beispielhaft mit der Rolle, in der er sich seinen Freunden gegenüber sieht. So wie „die aus Saba" nach langer regenloser Zeit in den trockenen Wadis der Wüste vergeblich nach Wasser suchen, so nämlich hat sich Hiob in seinem Leid vergeblich Tröstung durch seine Freunde erhofft.[72]

Beispiel 8: In den Chronikbüchern besucht die Königin von Saba einen makellosen Salomo (4. Jahrhundert v. Chr.)

Die zu Beginn der hellenistischen Zeit verfassten beiden Chronikbücher fassen auf ihre eigene Weise die Welt- und Menschheitsgeschichte zusammen. Sie reicht von Adam (er wird hier als erster Mensch verstanden) bis zu Kyros (mit ihm ist für Israel ein zukunftsweisender neuer Anfang gegeben). Dem Verfasser der beiden Chronikbücher sind die Samuel- und Königsbücher bekannt; er legt sie seinem Werk zugrunde. Spezifisch für seine Darstellung ist, dass er die Zeit der Könige David und Salomo als Höhepunkt der Geschichte Israels, als goldenes Zeitalter, gestaltet. Deshalb entfallen in den Chronikbüchern fast alle Themen, die einen Schatten auf David und Salomo werfen könnten, und Stoffe werden hinzugefügt oder ausgebaut, die das Bild der beiden Könige weiter glorifizieren.[73]

Saba kommt in den Chronikbüchern am Anfang des 1. Buches und in Kapitel 9 des 2. Buches vor. 1. Chronik 1 nennt Saba in Anlehnung an die Genealogien der Genesis im Rahmen seiner Stammbaumreihen gleich dreimal als Teil der Weltbevölkerung.[74]

In 2. Chronik 9 finden wir eine zweite Fassung der Geschichte von der Königin von Saba. Sie ist in großen Teilen wortgetreu von 1. Könige 10 übernommen und enthält nur wenige Veränderungen.[75] Geändert hat sich allerdings ihr Kontext. Denn 2. Chronik 9,23f. kommt nicht mehr „alle Welt" zu Salomo, um seine Weisheit zu hören, und nicht „jedermann" bringt ihm jährlich Geschenke wie in 1. Könige 10,24f., sondern jetzt sind es in 2. Chronik 9,23f. „alle Könige auf Erden", die ihn jährlich beschenken. Der Besuch der Königin von Saba wird durch diese Änderung zur „Illustration des in V. 23 (und V. 24, U. K.) allgemeiner angesprochenen Phänomens".[76] In den Chronikbüchern fällt insgesamt nirgends ein Schatten auf Salomos Idealbild. Sie haben alle negativen Aspekte aus seiner Regierungszeit, wie sie in 1. Könige 1–2 und 11,1–40 nachzulesen sind, getilgt.[77] [78]

6. Notate zum Entstehungsprozess und Profil der Geschichte - eine Zwischenbilanz

Die Geschichte vom Besuch der Königin von Saba ist eine volkstümliche Erzählung. Sie führt zwei sagenumwobene Erzählstränge zusammen, nämlich einerseits die zunehmende Idealisierung König Salomos und seiner Weisheit, unter Einbeziehung seiner im Laufe der Überlieferung wachsenden internationalen Anerkennung, möglicherweise auch seiner Wertschätzung von Frauen, und andererseits die Geschichten vom fernen Saba mit seinen (Handels-)Schätzen an Gold, Edelsteinen und Gewürzen sowie von einflussreichen Frauen auf arabischen Königsthronen. Sie wird erst mehrere Generationen nach Salomo entstanden sein.[79] In einer vordeuteronomistischen Fassung ist sie wohl bereits im 8. Jahrhundert erstmals schriftlich in Anlehnung an assyrische Vorbilder fixiert worden.[80] Sie ist vermutlich spätestens im 7. Jahrhundert Teil einer „Geschichte Salomos" geworden, die ein ideales Bild des Davidssohnes als weiser, international anerkannter, reicher und mächtiger Friedensstifter entwarf.[81] Zusammen mit anderen Texten aus dem Buch der Geschichte Salomos ist sie dann im 6. oder 5. Jahrhundert im Rahmen des 1. Buchs der Könige in das deuteronomistische Geschichtswerk aufgenommen worden. Spätestens dabei wird V. 9 der Geschichte in 1. Könige 10 hinzugefügt. Zu ihrem Kontext gehören bis in diese Zeit auch Überlieferungen, die Salomo kritisch sehen. Diese entfallen im 4. Jh in den Büchern der Chronik: Salomo wird dort zum makellosen Ideal eines goldenen Zeitalters, dem alle Welt huldigt. Die Tendenz, Fremde in ihrer Eigenständigkeit und Wertigkeit wahrzunehmen, verliert zusehends an Bedeutung.

Das Bild Sabas wird nicht idealisiert. Es trägt unterschiedliche Züge. Saba bleibt zwar fast durchweg das ferne, reiche Land und das international bekannte Händlervolk, dem Gold und Silber, Edelsteine und kostbare Duftstoffe in großem Umfang zur Verfügung stehen und das damit Handel treibt oder Tribut zahlt oder Geschenke macht. Es gehört zu den Völkern der Welt, die alle seit Adam und Abraham von Gott geschaffen sind. Im Buch Hiob ist Saba einerseits negativ als Unglück bringende Räuberbande dargestellt, andererseits positiv empathisch-identifikatorisch als vergeblich nach Wasser in der Wüste suchendes Nomadenvolk. Inwieweit es eine Verbindung zwischen dem vielfach bezeugten, im heutigen Jemen liegenden südarabischen Saba und den in assyrischen Quellen genannten Königinnen Nordarabiens gab, lässt sich bisher nicht sicher feststellen.

Blicken wir auf dem Hintergrund dieses Fazits erneut auf 1. Könige 10, so seien hier abschließend einige Beobachtungen festgehalten:

Was in 1. Könige 10 berichtet wird, war ursprünglich eine profane, märchenhaft schöne Geschichte, die im Umkreis des Königshofs erzählt worden sein dürfte. Sie transportiert zwar eine Hochachtung vor Salomo, seiner Weisheit und – möglicherweise in ihrer Ergänzung – auch vor seinem reichen Hofstaat. Dennoch steht die Königin von Saba in ihrem Mittelpunkt: sie ergreift die Initiative, sie kommt mit großem Gefolge, sie stellt Salomo auf die Probe, sie hält die Rede im Zentrum des Textes (V. 6–8 beziehungsweise 9), sie teilt reichlich Geschenke aus, erhält was sie will und kehrt dann in ihr Land zurück.

Es ist die Geschichte der Königin von Saba. Mehr als das, was dort steht, erfahren wir von ihr im Alten Testament nicht.

Gerade, dass es eine Frau war und eine Fremde von weither, und dass soviel Rätselhaftes offen bleibt, hat von Anfang an die Faszination dieser Geschichte ausgemacht. Wir erfahren nichts
· von ihren Rätseln, die wir zu gern kennen würden,
   um mitraten zu können,
· nichts von den Fragen, die sie sonst noch stellt,
· nichts davon, was sich V. 1f. hinter ihrem eindringlichen
   dreifachen „Kommen" verbirgt,
· nichts von dem, was sie mit Salomo zu besprechen sich vorgenommen hat,
· nichts auch davon, was sie von Salomo begehrte und erbat,
· auch nichts von den Geschenken, die sie vom König erhielt und
   das ihr zu geben sich für ihn „ziemte".

Nur was sie selber schenkte und ungeheure Ausmaße annahm, das wissen wir – fast – genau: 120 Talente Gold heißt viele Tonnen von diesem Edelmetall;[82] und Balsamöl, soviel wie Israel niemals vorher und nachher gesehen hat![83]

In der auf die beschriebene Weise entstandenen Erzählung von König Salomo und der Königin von Saba hat ihre Begegnung drei Dimensionen:

Erstens begegnen sich zwei Völker: das eine aus dem Norden, das andere aus dem Süden Arabiens.[84] Zweitens begegnen sich zwei Religionen: die Verehrung des aus Abhängigkeit befreienden bildlosen Gottes Israels einerseits und der (Gestirn- oder Fruchtbarkeits-)Gottheit(en) Sabas andererseits. Schließlich begegnen sich drittens auch zwei Geschlechter: ein Mann und eine Frau.

Alle drei Dimensionen werden uns ausführlich beschäftigen.

Als ein erster Beitrag zur Begegnung von Salomo und der Sabakönigin als Mann und Frau wird seit alter Zeit das Hohelied Salomos angesehen, das wir im Alten Testament finden. Davon soll jetzt die Rede sein.

Exkurs: Das Königspaar und das Hohelied der Liebe oder: gendergerechte Begegnung der Geschlechter

Die königliche Frau aus Saba kommt zum königlichen Mann nach Jerusalem. Das eindrückliche dreifache „Kommen" am Anfang der Geschichte aus dem 1. Buch der Könige Kapitel 10 (Vers 2) lässt sich auch auf eine sexuelle Begegnung beziehen.[85] Für einige Interpreten korrespondiert solches Kommen mit den letzten Worten des Textes (Vers 13): „König Salomo aber gab der Königin von Saba alles, was sie begehrte und erbat, dazu auch, was er ihr schenkte wie ein König zu schenken pflegt." So gedeutet, bezieht die Begegnung der beiden alle Dimensionen der Kommunikation zwischen zwei Menschen ein. Sie werden zu einem Liebes- oder Ehepaar. Das ist der Ausgangspunkt für spätere Interpretationen, vor allem jüdische und äthiopische, die davon berichten, dass die Begegnung auch physische Folgen gehabt habe: die Königin von Saba wird schwanger und bekommt einen Sohn.[86]

Nun gibt es im Alten Testament eine Sammlung von Liebesliedern, die König Salomo zugeschrieben werden. Salomo stand in der Überlieferung nämlich zunehmend im Ruf, ein begehrter Mann und ein Liebhaber für viele Frauen, darunter auch solche aus königlichem Haus, gewesen zu sein.[87] Selbst Pharao soll ihm seine Tochter zur Gemahlin gegeben haben.[88] Außerdem galt er als Mann der Weisheit und der Poesie, der 1005 Lieder gedichtet habe.[89]

Was lag also näher, als nicht nur das Buch der Sprüche, des Predigers und der Weisheit, sondern auch die Sammlung der schönsten Liebeslieder Israels ihm zuzuschreiben – dies umso mehr, als in diesen Liedern der Geliebte beziehungsweise der Bräutigam gelegentlich ausdrücklich als Salomo angeredet wird.[90] In dem begehrenden und liebestrunkenen Mann dieser Lieder spreche

Salomo selbst, heißt es. Und seine gleichfalls verliebte Partnerin könne Sabas Königin (gewesen) sein.[91] Darauf weist zum Beispiel die Selbstbeschreibung der Braut hin. Sie, die Liebende, rühmt sich vor den Frauen Jerusalems mit Worten, die auf ihre dunkle Hautfarbe hinweisen und in denen das Bild der Zelte von Beduinen gebraucht wird: „Schwarz bin ich, doch anmutig, Töchter Jerusalems, wie die Zelte Kedars, wie die Zeltdecken Schalmas" (Hoheslied 1,5).[92] Noch genauer passt auf Sabas Königin, was im Rahmen einer Prozession, möglicherweise vor dem Anstimmen eines alten Hochzeitslieds[93] im Hohenlied 3,6 fragend zur Braut gerufen wird: „Wer ist sie, die da kommt von der Wüste her, rauchsäulengleich, umweht von Myrrhe und Weihrauch, von allem Gewürzstaub der Händler?"[94] Yair Zakovitch übersetzt den Schluss der letzten Frage mit „von jeglichem Pulver des Gewürzhändlers"; er hält den ganzen Vers für einen sekundären Einschub und findet hier eindeutige Hinweise auf Salomo und die Sabakönigin. Dabei verweist er darauf, dass die folgenden Verse 3,7–11 „von Salomo" handeln „und auf Details aus seinem Leben sowie auf seinen ... bekannten Reichtum" anspielen; deshalb „könnte ein Bearbeiter des Textes V. 6 mit seiner Erwähnung einer von allerlei Düften umwehten jungen Frau auf die Königin von Saba und deren Besuch bei Salomo" Bezug genommen haben; „in 1. Könige 10,10 sind unter den Geschenken, welche die Königin mitbrachte, ausdrücklich große Mengen von Spezereien erwähnt, und ein Vers wie Ezechiel 27,22, wo die „Gewürzhändler von Saba" genannt sind, ist dazu angetan, die Beziehung der Königin von Saba zu ‚jeglichem Pulver des Gewürzhändlers' in unserem Vers zu verstärken."[95]

So gilt, was Mann und Frau einander im Hohenlied sagen, nun für die Begegnung Salomos mit der dunkelhäutigen Königin aus dem Süden. In dreifacher zeitlicher Bedeutung begegnen sich nach dieser Interpretation Mann und Frau. Im Blick auf die Vergangenheit haben sie literarisch u. a.[96] die Gestalt von Salomo und Sabas Königin angenommen, im Blick auf die Gegenwart ist es das Brautpaar, das im Hochzeitsspiel ihre Rollen einnimmt, im Blick auf die Zukunft sind es die Liebenden, denen das erzählerisch geschaffene Paar Salomo und Sabas Königin als Vorbild dient.

Die Liebenden des Hohenliedes auf die beiden zu beziehen, passt in vieler Hinsicht auch, wenn man die Struktur der Beziehung der beiden in den Liedern mit der in 1. Könige 10 vergleicht. Es handelt sich um eine erstaunlich partnerschaftliche Beziehung in einer Gesellschaft, die ansonsten patriarchalisch geprägt ist. Sehen wir uns dazu einzelne Lieder genauer an:

In Hoheslied 1,7 – 2,3 finden wir Dialoge, in die Bewunderungslieder[97] eingebaut sind: in 1,7f. fragt sie und er antwortet, in 1,9–17 bewundern er und sie ganz und gar gleichberechtigt dreimal hintereinander abwechselnd sich gegenseitig, bevor in 2,1–3 sie sich erst selbst beschreibt, dann sie von ihm bewundert wird und anschließend er von ihr.

Es gibt eine Reihe von Sehnsuchtsliedern von ihr (1,2–4; 2,4–7; 2,8–9; 4,16; 5,8; 7,12–14; 8,1–3) und von ihm (2,10–14), hier also mit einem deutlichen Übergewicht bei ihr. Genau umgekehrt ist es bei den fremd und schön anmutenden Beschreibungsliedern: Er beschreibt sie in 4,1–7; 4,9–11; 6,4–7; 7,2–10 und sie beschreibt ihn in 5,10–16. Von der Erfüllung ihrer Liebe singt sowohl sie 2,16; 6,3 als auch er 5,1; 6,11.[98] Die besonders leidenschaftlichen Worte von 8,6–8 aber können sowohl von ihr als auch von ihm oder von beiden gemeinsam gesprochen sein.[99]

In den Liedern kommen zwei gleichermaßen glücklich Liebende[100] zu Wort. Als solche dienen sie Braut- und Königspaaren späterer Zeiten als Vorbild: Hochzeitspaare erhalten zum Fest ihrer Eheschließung Truhen und Teller, auf denen Salomo und Sabas Königin abgebildet sind.[101] Auf persischen Miniaturen thronen sie als König und Königin nebeneinander.[102]

Die zunächst anonymen Rätsel, die Salomo aufgegeben waren und die viel Phantasie darüber geweckt haben, wie sie wohl lauteten, können in einem erweiterten Sinn als Teil des Liebesspiels verstanden werden. Denn in einem Überlieferungsstrang handelt es sich um Rätsel, die mit Liebe, Geschlecht und

Hochzeitstablett mit Abbildung des Brautpaares als Salomo und Königin von Saba (2. Hälfte 15. Jh. Umbrien)

Bildfenster in der Elisabethkirche in Marburg, Die Schlange bietet Eva die verbotene Frucht an; ob ihr weiblicher Kopf den der Lilith darstellen soll, ist umstritten.

Initiation zu tun haben.[103] In all diesen Darstellungen stehen sich Mann und Frau prinzipiell gleichberechtigt gegenüber.

Das ändert sich mit zunehmender Rigidität einer gesellschaftlich bestimmten hierarchischen geschlechtsspezifischen Rollenzuweisung. Diese Veränderungen beginnen reizvoll und harmlos; Sabas Königin erscheint als die verführerisch Schöne.[104]

Das könnte noch zum Duktus des Hohenliedes passen. Und selbst die muslimische Spezifizierung der Begehrlichkeiten muss nicht hierarchisch verstanden werden: Salomo will Reichtum, Sabas Königin Liebe.[105] Eindeutig wird es aber da, wo die verführerisch schöne Königin dämonisiert wird.[106] Ihre Rolle als Verführerin dämonischer Herkunft macht sie schließlich zur Lilith, der verführerischen Schlange.[107]

In dieselbe Richtung gehen die Schilderungen eines französischen Romanciers aus unseren Tagen: Gustave Flaubert schildert, wie Sabas Königin als Dämonin der Lust den asketisch lebenden und in seiner Wüste allen irdischen Anfechtungen ausgesetzten heiligen Mönch Antonius zu verführen sucht und an dessen Standhaftigkeit scheitert.[108] Dazu passt endlich die Besetzung der Rolle der Königin durch Gina Lollobrigida (und die des Salomo durch Yul Brynner) in Edward Smalls Hollywoodfilm von 1959.[109]

So ist die einst in jeder Hinsicht als Partnerin begehrenswerte Frau zur auf ihre sexuellen Reize reduzierten Verführerin geworden, die je nach Standort des Erzählers deshalb verteufelt oder vergöttlicht, verachtet oder verehrt wird.[110]

II. Lernen von der Königin

Was im Neuen Testament Jesus von ihr sagt und inwiefern Matthäus sie mit den Weisen aus dem Morgenland verbindet

Auch im Neuen Testament ist die Königin von Saba keine Unbekannte. Einerseits stellt Jesus in den Evangelien des Lukas (11,31) und des Matthäus (12,42) sie seinen Zeitgenossen direkt als Vorbild hin. Andererseits hat christliche Tradition und Kunst – in den Glasfenstern der Dome und den Bibliae Pauperum des Mittelalters, in Gemälden und Skulpturen – sie immer wieder mit den Weisen aus dem Morgenland (Matthäus 2, 1–12) in Verbindung gebracht. Sehen wir uns genauer an, welche Rolle die Königin hier spielt.

1. Sabas Königin als Vorbild für Jesu Zeitgenossen

Als eine gesicherte Erkenntnis historisch-kritischer Erforschung biblischer Texte gilt, dass den Redakteuren des Matthäus- und des Lukasevangeliums bei der Fertigstellung ihres Buches über Jesus u. a. eine schriftliche Quelle vorlag, in der „Worte Jesu" gesammelt waren. In dieser Spruchquelle – sie wird in der Forschung abgekürzt „Q" genannt – spricht Jesus von Nazareth einen bemerkenswerten Satz, der auf die Königin von Saba Bezug nimmt. Ich zitiere ihn nach dem Lukasevangelium: „Die Königin des Südlands wird im Gericht gegen die Männer dieses Geschlechts aufstehen und wird sie verurteilen; denn sie kam von den Enden der Erde, um Salomos Weisheit zu hören, und siehe: hier ist mehr als Salomo".[1]

Jesus redet hier über Männer beziehungsweise Menschen aus dem Volk Israel, die sich von dem, was er sagt und tut, nicht ansprechen lassen. Sie glauben ihm, seinen Worten und Taten nicht und fordern ein besonderes „Zeichen" für Jesu Vollmacht vom Himmel.[2] Ihnen stellt Jesus die „Königin des Südens" als Vorbild vor Augen; er sieht sie mit der Vollmacht ausgestattet, in einem Gericht[3] über Jesu Zeitgenossen Urteile fällen beziehungsweise diese Urteile mitbestimmen zu können. Dass sie im Gericht „aufsteht", weist sie als Zeugin aus im Prozess gegen die, die sich von Jesus nicht überzeugen lassen. Als Zeugin wird sie dazu beitragen, dass die, die jetzt Jesus ablehnen oder ihm gleichgültig gegenüber stehen, wegen ihrer Engstirnigkeit und Engherzigkeit verurteilt werden, meint Jesus.

Prüfen wir genauer, ob beziehungsweise inwiefern von Jesus die Königin zu recht als geeignete Zeugin für das Versagen derer, die sich Jesus und seiner Botschaft von Gottes Reich verweigern, ins Spiel gebracht wird.

Dagegen spricht auf den ersten Blick, dass auch die Königin von Salomo wie Jesu Zeitgenossen von Jesus „Zeichen" gefordert hat. Denn Salomo musste sich ihr gegenüber erst ausweisen, indem er ihre Rätsel löste. Sieht man genauer hin, bemerkt man aber: Anders als die Personen, denen Jesus gegenüber steht, hat die Königin von Salomo kein unzumutbares „Zeichen vom Himmel" erwartet, sondern nur den Ausweis seiner Weisheit. Und Jesus hat sich seinen Zeitgenossen gegenüber genauso ausgewiesen wie Salomo der Königin gegenüber: durch sein Reden und Handeln; in beidem machte er für Sehende und Hörende deutlich, dass und wie „Gott(es Reich) mitten unter euch" ist.[4]

Worin besteht nun das Vorbildliche der Königin? Da ist zunächst ihre unbefangene Neugier zu nennen; sie ist so stark, dass sie große Entfernungen und viele Grenzen überwindet. Sie zeigt sich offen für das, was ihr in Jerusalem begegnet. Sie kam, heißt es bei Jesus, „von den Enden der Erde",[5] ging also den weitest möglichen und riskantesten Weg, um von Salomos Weisheit zu hören und zu lernen. Die Männer aus Israel aber brauchen keine lange beschwerliche Reise, um Jesus begegnen zu können. An ihr, der Frau und Heidin aus fernem Land, können sie sich ein Beispiel nehmen;[6] denn Sabas Königin hat sich auf die Begegnung mit Salomo eingelassen, ohne überirdische Extra-Bestätigungen dafür zu fordern.

Man kann sagen, dass Jesus auch insofern auf unsere Geschichte ausdrücklich Bezug nimmt, als er das Wort der Königin vom „Mehr"-Wert aufzunehmen scheint. Die Königin erlebte in der Begegnung mit Salomo, dass ihr „nicht mal die Hälfte" von Salomos tatsächlicher Weisheit mitgeteilt worden sei; „deine Weisheit übertrifft alles, was ich gehört habe" (1. Könige 10,7). Jesus sagt nun: „hier ist mehr als Salomo": er meint damit die Weisheit Gottes, für die er selbst steht und in der es nicht nur um höfisches Rätselraten geht.[7]

Diese Interpretation wird durch das in Formulierung und Inhalt parallele Wort Jesu von den Niniviten (wiedergegeben in Lukas 11,32 und Matthäus 12,41) bestätigt. Dort sind es die heidnischen Menschen aus Ninive, die auf die Worte des Propheten Jona gehört und Buße getan haben; auch in ihrem Fall gilt, dass in Jesus seinen Zeitgenossen „mehr als Jona" begegnet.[8]

Jesus kennt die Geschichte der Königin von Saba und setzt sie bei seinen Hörern als bekannt voraus. Er gibt sie aber nicht einfach wieder, sondern er interpretiert sie neu für seine Zeit. Die Königin wird Männern beziehungsweise Menschen aus Israel wegen ihrer Neugier und ihrer Hör- und Lernbereitschaft als Vorbild hingestellt. Und sie tritt als kritische Zeugin „im Gericht" auf, also da, wo ein Leben bilanziert wird und auch verpasste Gelegenheiten beim Namen genannt werden.

2. Sabas Königin als Folie für die Weisen aus dem Morgenland

Sowohl für Jesus als auch für seine Hörer als auch für die Verfasser und Leser der alten Sammlung der Sprüche Jesu[9] als auch für Matthäus und für die Gemeinde, an die sein Evangelium adressiert war, gilt: jeder wusste, was gemeint war, wenn von der Königin des Südens, die zu Salomo kam, erzählt wurde. Während Jesus direkt auf die Geschichte Bezug nimmt, gibt es eine andere neutestamentliche Überlieferung, in der sie nur indirekt, als Hintergrund, eine Rolle zu spielen scheint.

Diese Überlieferung findet sich nur in den Vorgeschichten des Matthäusevangeliums. „Vorgeschichten" werden jene Überlieferungen genannt, die den Berichten vom erwachsenen Jesus vorgeschaltet sind. Sie finden sich nur im Matthäus- und Lukasevangelium und stehen dort jeweils in den ersten beiden

Kapiteln des Evangeliums. Ihr Thema ist – in deutlich voneinander unterschiedener Weise – die Geburt Jesu sowie deren Vor- und Nachgeschichte. Bei Lukas findet die Geburt während eines Aufenthalts von Maria und Josef, die beide aus Nazareth stammen, anlässlich einer Volkszählung in Bethlehem statt. Bei Matthäus hingegen sind Maria und Josef in Bethlehem zu Hause, müssen aber nach der Geburt Jesu nach Ägypten fliehen und bei ihrer Rückkehr Bethlehem meiden; sie finden nach der Rückkehr aus Ägypten in Nazareth ein neues Zuhause.

In Matthäus 2,1–12 nun findet sich, als Vorgeschichte, die Überlieferung von den Weisen aus dem Morgenland. Die Weisen kommen wie die Königin von Saba von weither. Sie werden zwar nicht von der Kunde der Weisheit eines fernen Königs, aber doch von einem Stern, der seine Geburt ankündigt, wie magisch angelockt, ins weit entfernte Israel zu kommen. Wie die Königin führt sie ihr Weg nach Jerusalem, der Stadt des großen Königs Salomo und seines Vaters David. Dort können und wollen sie den neugeborenen König zwar nicht mit Rätselfragen prüfen, um ihn nach bestandener Prüfung in höchsten Tönen zu loben. Aber sie können und wollen dort das Kind „anbeten". Und sie bringen Geschenke mit, die sich sehen lassen können. Diese Geschenke sind nicht prinzipiell andere als die, welche die Königin zu Salomo brachte; denn es sind Gold, Weihrauch und Myrrhe.[10]

Weil es sich bei den Weisen – wie bei der Königin – um drei verschiedene Gaben handelt, hat man darauf geschlossen, dass es „drei" Weise gewesen sein müssten.[11] Und weil die Geschenke so prächtig waren, wurden aus den Weisen Könige, die damit auch ihrem Stand nach Sabas Königin nahe kommen.[12] Und noch etwas verbindet beide Geschichten. Wir haben im vorigen Kapitel gesehen, dass die Königin von Saba als eine Vorläuferin und ein Exempel für die Wallfahrt der Völker zum Zion angesehen werden kann. In Psalm 72 und in Jesaja 60 kommen Heiden aus aller Welt nach Jerusalem – im Psalm, um dem König Israels zu huldigen, beim Propheten Tritojesaja, um den Gott Israels anzubeten. Diese Wallfahrt zum Zion schwingt mit in der Erzählung von den Weisen aus dem Morgenland; denn auch für die Weisen ist es eine Pilgerreise mit dem Ziel, anbetend dem vom Sternenhimmel angekündigten neugeborenen König zu huldigen.[13]

Soviel zu den Hinweisen auf die Verwandtschaft der beiden Geschichten, der einen aus dem Alten Testament und der anderen aus dem Neuen Testament. Diese Verwandtschaft ist in der christlichen Theologie- und Kunstgeschichte immer wieder zum Ausdruck gekommen.[14] Sie drückt ein bis in unsere Tage herrschendes Muster der Bestimmung des Verhältnisses der beiden Teile der Bibel – des Alten und Neuen Testaments – zueinander aus. Man meinte, in Geschichten des Alten Testaments sei vorgebildet, was im Neuen Testament in Jesus Christus in Erfüllung gegangen ist. Entsprechend wird Sabas Königin zum Vor-Bild und zur Vorläuferin der Weisen aus dem Morgenland.

Trotz allem Verbindenden dürfen aber die Unterschiede zwischen beiden Erzählungen nicht übersehen werden. Ich möchte sie deutlich markieren. Ein entscheidender Unterschied liegt schon im spezifischen Interesse von Matthäus 2. Matthäus geht es nämlich im Zusammenhang seines Evangeliums anders als in der Erzählung von den Weisen selbst nicht so sehr um die Königin von Saba als Folie für die Weisen, sondern ihn interessiert vor allem König Herodes als Gegenbild zu Jesus, dem kommenden Messias. Matthäus stellt in der von ihm überlieferten Erzählung mit großem Geschick zwei völlig verschiedene Könige einander gegenüber: den herrschsüchtigen und grausamen erwachsenen Herodes und das königliche Friedenskind Jesus. Jesus wird in der Konzeption des Matthäusevangeliums auch nicht mit Salomo verglichen, sondern mit Moses. Ist Jesus dem Mose zu vergleichen, so Herodes dem Pharao. Moses und Jesus waren beide von Geburt an bedroht, der eine durch Pharao, der andere durch Herodes. Beide wären als Kinder der herrschenden Macht zum Opfer gefallen, wenn ihnen nicht Gott auf wundersame Weise beigestanden hätte. Moses wurde als Neugeborener vor den pharaonischen Mördern aller männlichen neugebornen Israeliten versteckt und im Schilf des Nil ausgesetzt; dort fand ihn, wie von Gott gesandt, ausgerechnet Pharaos eigene Tochter, nahm ihn als Kind auf und zog ihn mit Hilfe einer Amme, die seine eigene Mutter war, groß.[15] Das neugeborene Jesuskind wurde vor den herodianischen Kindermördern durch das entschlossene Handeln von Männern gerettet, die ihren ihnen von Gott gesandten Traumbotschaften folgten. Die einen, nämlich die Weisen, mieden auf ihrem Rückweg Jerusalem, so dass Herodes Mörder zu spät kamen; der andere, nämlich Josef, nahm seinen Sohn Jesus und seine Frau Maria und floh mit ihnen, bevor Herodes Mörder zuschlagen konnten; er floh ausgerechnet nach Ägypten, so dass Jesus im Matthäusevangelium wie Moses aus Ägypten kommt, bevor er wie dieser in Gottes Namen öffentlich auftritt.[16]

Matthäus ist also in der Geschichte von den Weisen aus dem Morgenland mehr an der Parallele des Gegensatzes zwischen Jesus und Moses einerseits und Herodes und Pharao andererseits, weniger aber an der Parallele zwischen der Königin von Saba und den Weisen aus dem Morgenland interessiert.

Andere Unterschiede zwischen Jesus- und Sabageschichte lassen sich aber auch als bewusster Kontrast zu ihr interpretieren. Denn anders als die Königin sind die Weisen nicht in der Hauptstadt Jerusalem, am Sitz des herrschenden Königs, an ihrem Ziel; sie müssen diese Stadt auf ihrem Rückweg sogar ausdrücklich meiden. Die Weisen suchen auch eine andere Weisheit als die eines Rätsel lösenden Salomo. Jesu Weisheit ist nicht mit Reichtum und Pracht verbunden wie bei Salomo. Von Schriftgelehrten erfahren sie, ihr Ziel könne nicht die Hauptstadt Jerusalem, sondern müsse der zu Unrecht als klein und als unbedeutend geltende Ort Bethlehem sein; auch der Stern zeigt es ihnen: er führt sie nach Bethlehem zum Haus der Maria und des Josef und bleibt über dem Kindlein stehen.[17]

Und noch ein dritter Unterschied muss genannt werden. Er legt nahe, dass die Weisen wohl nicht als aus Saba kommend gedacht sind. Von Jesus haben wir gehört, dass Sabas Königin die „Königin des Südens" genannt wird. Und in der Tat: das sabäische Reich liegt weit südlich von Israel. Die Weisen aber kommen aus dem „Morgenland"; und das „Morgenland", in dem morgens die Sonne aufgeht, liegt im Osten. Die „Weisen" heißen griechisch *magoi*, also Magier. Sie sind antiker Tradition gemäß üblicherweise in Persien zu Hause.[18] Sie verstehen viel von Astrologie und wissen die Sternzeichen zu deuten. Sie mögen also viel mit der Königin von Saba gemein haben, nicht aber ihre Herkunft und nicht ihr Ziel.

Am Ende der Geschichte der Weisen zeigt sich auch, dass sie nichts mit einer Macht zu tun haben wollen, die in Herrscherhäusern gilt. Deshalb meiden sie bei ihrer Heimkehr Herodes' Palast; sie ziehen „auf einem anderen Weg wieder in ihr Land".[19] Das hatte Sabas Königin nicht nötig.

Exkurs Bildbeschreibungen

Nikolaus von Verdun schmiedet die schwarze Madonna (um 1181)

Auf dem großen emaillierten Altar, den Nikolaus von Verdun um 1181 für die in der Nähe von Wien gelegene Klosterneuburger Stiftskirche geschmiedet hat, verbindet er nicht nur Sabas Königin mit den drei Königen, deren Schrein im Dom zu Köln in seinen Längsseiten anschließend sein Werk wurde. Er soll auch der erste gewesen sein, der sie als schwarze Madonna gestaltete.[20] Ministranten gleich umgeben sie zwei Diener, die in schwarzen Kästen die (kultischen?) Gaben der Königin präsentieren. Die drei bilden ein analoges Trio zu den Königen über ihnen.[21] Salomo auf seinem Thron entspricht dem über ihm in der Krippe liegenden Christuskind. So ist schon im Alten Testament vorab gebildet, was im Neuen Testament erfüllt ist,[22] mehr noch: das Alte Testament weist über das Neue Testament hinaus auch auf die Zeit der Kirche, in der in der Gestalt der Saba=Maria=Kirche[23] Salomo=Christus gehuldigt und ihm Gaben gegeben werden.

Dass die schwarze Frau und der weiße Mann gleich groß und auf einer Ebene nebeneinander dargestellt werden, zeichnet ihr biblisch begründetes gleichberechtigtes Verhältnis zueinander angemessen nach. Die rechten Hände von Saba und Salomo sind gestaltet mit gestrecktem Zeigefinger und entgegengestreckter offener Hand, sie sind wie Herausforderung und Annahme, wie Frage und Antwort aufeinander bezogen. Die Königin gibt die Rätsel auf und der König löst sie.

Die lateinische Umschrift der Szene lässt aber noch weitere Deutungen zu. Während die Übersetzung des ersten Wortes („misticat"), während also die

Bedeutung des Verbs der Umschrift strittig ist, sind die anderen Worte eindeutig: „in donis regina fidem salomonis" meint: „… mit Geschenken die Königin den Glauben Salomos". Wir müssen also klären, was die Königin mit ihren Geschenken im Blick auf Salomos Glauben macht. Prüft sie ihn, stellt ihn auf die Probe?[24] Oder deutet sie mit ihren Gaben hin auf den Glauben Salomos?[25] Mir scheint die zweite Übersetzung („misticat" übersetzt als „darauf hindeuten") die naheliegendere zu sein, wobei ich den Glauben Salomos als seinen Glauben an den wahren Gott, den Saba am Ende der Geschichte übernehmen wird, verstehe. Ein solches Verständnis legt sich auch dem nahe, der die beiden Stichworte in den Zwickeln des Bildes als vergeistigte Formen der Gaben versteht, die die Königin mitbringt: sie trägt in ihren Schatzkästchen misericordia=Barmherzigkeit[26] und timor=Ehrfurcht[27] dem König entgegen; es sind Tugenden, die auf den Glauben hinweisen.

Königin von Saba im Chorgestühl des Bamberger Doms (ca. 1370)

Seit dem letzten Drittel des 14. Jahrhunderts thronen sechs Personen auf dem schweren Eichenholzgestühl, das erhöht hinter dem Lettner im Chor den Domherren von Bamberg Platz bot. Sie sind halb lebensgroß, fugenlos aus dem Holz der Seitenwangen herausgearbeitet. Nur zwei der Figuren sind bis heute eindeutig zu bestimmen, nämlich König David mit seiner Harfe am Nordwestende und der mit dem Löwen kämpfende Simson im Südwesten ihm gegenüber. Am Nordostende sitzt lässig-anmutig eine elegant und körperbetont gekleidete schlanke schöne Frau mit sinnlich vollen Lippen, auf ihrem Haupt über einer hohen Stirn eine stattliche Krone. Ihr linker Arm mündet in einer unproportional großen Hand, die schwer auf ihrem Schoß liegt, der Armrücken von einer reibeisenartig im Holz markierten Leiste begrenzt, als sei das Werk des Künstlers an dieser Stelle noch nicht vollendet.[28] Die untere Hälfte des rechten Arms fehlt seit Anfang des 20. Jahrhunderts.[29] Geht man an ihr vorbei und schaut ihr nach, ist man fasziniert von weichen Schultern, einem stolz aufgerichteten nackt scheinenden und doch bekleideten Rücken[30] und vor allem dem dichten vollen langen Haar, das sorgfältig in zwei Zöpfen geflochten den Rücken hinunterfällt und nach rechts geschwungen am Po vorbei auf dem Thron verschwindet.

Der Kundige denkt sofort an die verführerische Lilith oder an die Sulamit des Hohen Liedes Salomos, von der der Verliebte schwärmt: „Das Haar auf deinem Haupt ist wie Purpur, ein König liegt in deinen Locken gefangen." (Hhld 7,6)

Das nicht züchtig bedeckt getragene, sondern offen gezeigte, wenn auch geflochtene Haar zeigt, dass es sich nicht um eine königliche Ehefrau handelt, sondern um eine ledige oder verlobte Königin. Deshalb spricht viel dafür, dass der Künstler, als er diese Frau aus dem Chorgestühlholz schnitzte und insgesamt sechs alttestamentliche Personen darstellte, tatsächlich an die Königin von Saba gedacht hat. Die wiederholt erwogene andere Deutung, die in ihr Davids Frau und Salomos Mutter Bathseba erkennt, müsste davon ausgehen, dass Bathseba sich hier noch im Status der Badenden befindet, die David vom Dach des Königshauses beobachtet; aber auch da war sie nicht mehr ledig oder nur verlobt, sondern die Frau des Uria – und noch keine Königin.[31]

Die Königin von Saba mit dem Wiedehopf
(Ende des 16. Jh.)

Sie hat nicht nur zarte beige und braune, graue und grüne, auch rote und blaue Farben. Die safawidische Zeichnung der Königin von Saba mit dem Wiedehopf nimmt auch auf zarte Weise eine Szene der islamischen Vorgeschichte zur Begegnung zwischen Salomo und der Königin auf. Sie könnte mitten im 28. Vers der 27. Sure des Koran spielen[32]: der Wiedehopf ist bei der Königin angekommen und wirft ihr den Brief nicht einfach zu, sondern verweilt mit seiner Botschaft im Schnabel auf einem Baumstumpf, der zu beiden Seiten frisch ergrünte Zweige treibt. Die Königin, ohne Krone, aber edel gekleidet und unter dem Schatten eines in seinen Spitzen ebenfalls beschnittenen Baumes auf feinen Polstern liegend, schaut zu ihm herüber, mehr versonnen als erwartungsvoll, in sich ruhend, doch durch einen schmalen Wasserlauf, der beider Bäume tränkt, mit dem Wiedehopf verbunden. Eine leise Spannung liegt so über dem Bild, in dessen Mitte über den Kniekehlen der ausgestreckten Beine der Frau einem Bukett gleich ein roter Blumenstrauß wächst. Und, aus der Perspektive des Betrachters, links davon eine Lilie, uns sonst aus den Bildern der Maria vertraut, als Erzengel Gabriel zu ihr kam, die Geburt des Erlösers zu künden.

Was erwartet die vornehme Frau in dem Brief, den der Vogel ihr zeigt? Wird sie ihre Ruhe bewahren, wenn sie des Briefes Inhalt kennt und schließlich bei König Salomo einem Mann begegnet, der ihren Glauben verändert, für den sie aber immer auch die Fremde sein wird?

Vieles noch lässt sich entdecken in dem Bild,[33] das einer der berühmtesten Zeichner am Hof von Schah Abbas in seinen letzten Lebensjahren in Quazvin, der alten Hauptstadt im Norden Persiens, gemalt hat. Er soll Bibliotheksdirektor des Schahs gewesen sein.[34] Und auch sein Name ist bekannt, obwohl es nicht der als spätere Zutat in die rechte obere Ecke der Zeichnung eingekritzelte ist: er heißt Sadiq, ist 1533 geboren und gegen Ende des 16. Jh. gestorben. In seinem Bild hat er wohl eine Hofdame porträtiert, die vielleicht so wie einst Sabas Königin durch eine Botschaft angestoßen aus ihrer träumerischen

Versonnenheit, aus ihrer ruhigen Picknickwelt zwischen Blumen, Bäumen und Bächlein herausgehen, den Sender der Botschaft besuchen und ihm so begegnen wird, dass beider Leben ein anderes wird.

Man wünscht sich, dass die schöne Frau dabei den Zauber bewahrt, der sie in diesem Bild umgibt.

Salomo und Bilquis mit ihrem gelähmten Kind

Der Anfang des 13. Jahrhunderts gestorbene persische Dichter Nizami hat in der zweiten seiner „sieben Geschichten der sieben Prinzessinnen" unserer Kenntnis nach zum ersten Mal davon erzählt.[35] Die Buchmalerei aus Yazd vom Jahre 1444, geprägt vom timuridischen Hofstil der über 100 km entfernten Dichterstadt Shiraz im Südosten Persiens, hat die Szene aufgegriffen.[36] Sie handelt nicht von der Pracht der Königshäuser und der Weisheit der Herrscher, sondern vom – nicht nur persischen – Familienalltag. Salomo und Bilqis haben einen gelähmten Sohn. Er liegt mit seinem holzschnitzartig gebildeten kranken Körper vor ihnen auf dem Tisch, die gelähmten Arme und Beine von sich gestreckt. Zugleich liebevoll und besorgt schauen seine Eltern zu ihm herab.

Was nicht auf dem Bild zu sehen, aber bei Nizami nachzulesen ist: sie suchen ein Heilmittel für die Leiden ihres Sohnes. Dem Hinweis seiner Frau folgend fragt Salomo deshalb den Erzengel Gabriel, der Allahs Propheten von Zeit zu Zeit besucht, um seinen guten Rat. Gabriel holt den Rat vom Schöpfer persönlich ein. Der Schöpfer kannte die Weisheit kluger Psychologen von heute schon damals: was Kinder lähmen und sehr krank machen kann, sind Familiengeheimnisse. Zwei „in dieser Welt recht seltene und kostbare" Dinge seien zur Heilung erforderlich. Es müsse „der Mann der Frau und die Frau dem Mann die Wahrheit bekennen." In Bilqis und Salomos Fall sieht das so aus, dass sie gesteht, schon einmal Leidenschaft für einen anderen Mann empfunden zu haben.[37] Kaum ist die Wahrheit heraus, streckt ihr Sohn ihr sein bisher gelähmtes Händchen entgegen. Salomo nimmt ihre Wahrheit an.[38] Er offenbart, befragt nach seiner Gier, auch seine Wahrheit: „Kein Mensch besaß je solche Schätze und soviel Macht zwischen Himmel und Erde wie ich. Und dennoch bin ich begierig nach noch mehr und blicke heimlich nach den Händen derer, die mich besuchen, um zu sehen, was sie mir mitbringen an Geschenken." Kaum sind seine Worte verklungen, „als schon das Leben einströmte in die Beinchen des Kleinen und er vergnügt zu strampeln und zu krabbeln begann." Die Geschichte endet mit der tiefen Weisheit, von der alle Eltern aller Zeiten wissen sollten: „Durch die Gnade Gottes war er gesund geworden, weil seine Eltern einander die Wahrheit über sich selbst nicht verschwiegen hatten."[39]

III. Die Geschichte verzweigt sich

Die Erzählung von Salomo und der Königin von Saba in Darstellungen jüdischer, christlicher und islamischer Tradition

Wie die biblische Erzählung von der Königin von Saba in Literatur und Kunst der zweitausend Jahre unserer Zeitrechnung (also nach Christus) sich im nachbiblischen Kontext entwickelt hat, ist nicht so ohne Weiteres entsprechend den Strängen der drei großen monotheistischen Weltreligionen zu unterscheiden. Vielmehr gibt es zumindest für das erste Jahrtausend eine interreligiös eng verwobene Überlieferungs- und Deutungsgeschichte, so dass jüdische und christliche und diese beiden wiederum mit den islamischen Traditionen sich vermischen und gegenseitig interpretieren können. Zwar lässt sich feststellen, dass in der jüdischen Tradition zusehends eine Festlegung auf die „Dämonisierung" der Königin erfolgt,[1] während in den anderen beiden Religionen die Königin nicht nur als Dämonin, sondern auch als Vorbild erscheint. In diesen beiden Religionen gibt es ebenfalls spezifische Interpretationen: christlich wird die Königin Vorbild zur Unterstützung des Baus der Jerusalemer Grabeskirche und Prophetin des Kreuzes Christi; der Islam macht sie zur vorbildlichen, allein an Allah glaubenden Herrscherin. Für eine systematische Gliederung scheint dennoch eher als eine Unterscheidung nach Religionen die nach Interpretationssträngen geeignet zu sein. Dabei lässt sich vor allem ihr Status gegenüber Salomo unterscheiden

- als Andersgläubige beziehungsweise Heidin gegenüber dem im jüdischen, christlichen oder islamischen Sinn Rechtgläubigen (Begegnung der Religionen)
- als Frau gegenüber dem Mann (Begegnung der Geschlechter)
- als Fremde beziehungsweise Ausländerin gegenüber dem einheimischen Herrscher (Begegnung der Völker)

In allen drei Bereichen kann danach differenziert werden, ob und inwiefern eine gegenseitige Anerkennung beziehungsweise Wertschätzung oder Gleichwertigkeit („Begegnung auf Augenhöhe" zwischen Salomo und der Königin) vorliegt oder ob mit der Rolle der Königin eine Diskriminierung verbunden ist.[2]

Vor einem solchen systematisierenden Schritt scheint es nötig, zunächst die einzelnen Überlieferungen aus der Zeit vom 1. bis 20. Jahrhundert n. Chr. in möglichst chronologischer Reihenfolge an ausgewählten Beispielen in ihrem jeweiligen Zusammenhang vorzustellen. Dabei wähle ich besonders markante Zeugnisse aus.[3] Ich beginne in später neutestamentlicher Zeit mit dem griechisch geschriebenen Buch des Josephus zur Geschichte des Judentums.[4]

Beispiel 1: Salomo trifft Nikaule, Königin von Ägypten und Äthiopien: aus den Jüdischen Altertümern des Flavius Josephus (93/94 n. Chr.)

Der große jüdische Geschichtsschreiber Flavius Josephus arbeitet im zweiten Teil seines Lebens in römischen Diensten. Wenige Jahre vor seinem Tod, nämlich 93/94 n. Chr. hat er vermutlich in Rom sein Werk über die „Jüdischen Altertümer" geschrieben. In diesem Werk erzählt er für die griechisch sprechenden gebildeten Leser seiner Zeit in zwei Teilen die gesamte Geschichte des Judentums, von der Schöpfung der Welt angefangen bis in seine Gegenwart (66 n. Chr.).[5] Dabei folgt er im ersten Teil (Buch 1–10) weitgehend den Stoffen der biblischen Überlieferung bis hin zur babylonischen Gefangenschaft und zum Propheten Daniel. Der zweite Teil (Buch 11–20) stellt die Geschichte dar vom Perserkönig Kyros und dem mazedonischen Weltherrscher Alexander bis hin zum Beginn des jüdischen Aufstands gegen Rom 66 n. Chr.. Im ersten Teil handelt das 8. Buch der Altertümer von Salomo; dabei liegt der Darstellung des Josephus das alttestamentliche 1. Buch der Könige zugrunde. Josephus berichtet im 1. Kapitel des 8. Buches von Salomos Regierungsantritt, dann im

2. Kapitel von seiner Vermählung mit der Pharaonentochter, von seiner Weisheit und seinem Reichtum sowie von der Unterstützung Hirams für den Bau des Tempels, im 3. und 4. Kapitel vom Tempelbau selbst und von der Bundeslade, schließlich danach, am Anfang des 5. Kapitels, vom Bau des Palastes Salomos. Der zweite Teil des 5. Kapitels und das 6. Kapitel betreffen unsere Geschichte der Königin von Saba; von ihnen soll nach dieser Übersicht genauer die Rede sein. Im 7. Kapitel wird, nach einer abschließenden zusammenfassenden Darstellung von Salomos Reichtum und Weisheit, auch von seinem Götzendienst berichtet, zu dem er – wie im 1. Königsbuch beschrieben – durch seine ausländischen Frauen verleitet worden sein soll. Die Geschichte Salomos endet in diesem Kapitel mit seinem Tod.

Nun genauer zu Kapitel 5 und 6. Im zweiten Teil von Kapitel 5 lesen wir von des Königs unerreichter Fähigkeit, Rätsel zu lösen (und zu stellen); freilich ist hier nicht die Königin von Saba, sondern Hiram von Tyros Salomos Partner im Rätselwettstreit.[6] Mehr noch als dies interessiert uns, dass in Kapitel 6 in den Abschnitten 2, 5 und 6[7] von dem Besuch einer fremden Königin bei Salomo die Rede ist. Josephus gibt ihr sogar einen Namen. Er nennt sie Nikaule und beruft sich für diese Namensgebung auf Herodot von Halikarnassos.[8] Nikaule wird als „Königin von Ägypten und Äthiopien" vorgestellt.[9] Motiv und Verlauf ihres Besuchs in Jerusalem werden wie in 1. Könige 10 beschrieben – nur ausführlicher, manchmal geradezu geschwätzig.[10] Ausdrücklich stellt Josephus fest, dass die Königin „vortreffliche Eigenschaften" besaß; welche das waren, erfahren wir freilich nicht. Zusätzlich zu zwanzig Talenten Gold und ungeheuren Mengen von Gewürzen und kostbaren Edelsteinen soll sie Salomo „die ersten Pflanzen des Opobalsams, der jetzt noch in unserem Lande wächst, geschenkt haben." Beide königliche Hoheiten haben „gegenseitig ihre Geschenke ausgetauscht."

Zusammenfassend lässt sich sagen, dass der Jude Josephus bereits am Ende des 1. Jahrhunderts der Königin einen Namen gegeben hat. Er bestimmt ihre Herkunft entsprechend seinen geographischen Kenntnissen. Vor allem aber stellt er sie als Frau mit vortrefflichen Eigenschaften dar. Sie ist Salomo ebenbürtig. Darin hat Josephus sich weitgehend an der biblischen Geschichte orientiert. Die Begegnung der ausländischen Herrscherin mit Salomo passte zu seinem literarischen Interesse; denn er wollte das Judentum, hier vertreten durch Salomo, für die gebildete, griechisch sprechende römische Umwelt als tolerante Religion erweisen; so erscheint das Judentum auch ausländischer

Macht gegenüber (also in Josephus' Zeit für die Römer) als politisch und moralisch honorig und philosophisch gelehrt – wie Salomo der Königin von Saba gegenüber.[11]

Beispiel 2: Die ‚Hexe Saba' finanziert Salomos Tempelbau: das christliche Testament Salomos (4. Jahrhundert n. Chr.)

Schon bei Josephus war der weise Salomo nicht nur ein Kenner der Tier- und Pflanzenwelt,[12] sondern auch Herr über böse Geister. Die Königin begegnet ihm ebenbürtig – sowohl als ehrfurchtsvolle als auch als Ehrfurcht gebietende kluge Frau. Sie erscheint als Prototyp der gebildeten Welt.

Ganz anders sieht es in einem mit Salomos Namen versehenen „Testament" aus; eine „Grundschrift" dieses Testaments kursierte wahrscheinlich dreihundert Jahre nach Josephus „als christliche Schrift im vierten Jahrhundert";[13] sie gilt, wie das Testament insgesamt, als „älteste christliche Dämonologie".[14] Mehrere Indizien weisen die Schrift als christlich aus;[15] sie stammt vermutlich aus christlichen Kreisen, die mit dem Juden- und Griechentum vertraut sind.

Im *Testament Salomos* berichtet Salomo als fiktiver Verfasser davon, wie er Dämonen gezähmt hat und sie beim Bau des Tempels als kostenfreie Zwangsarbeiter einsetzt (Kapitel 1–18).[16] Im 19. und 21. Kapitel tritt die „Königin des Südens" auf.[17] Sie wird 19,3a als „Hexe" (griechisch *goēs*)[18] bezeichnet. Wie die Dämonen in den Kapiteln zuvor muss sie sich Salomo beugen.[19] Im Text gibt es einen Anhaltspunkt dafür, weshalb die Königin als Hexe bezeichnet wird: sie sei „mit großem Hochmut" gekommen, heißt es.[20] Genau in diesem Sinne versteht das *Testament Salomos* die Bemerkung von 1. Könige 10,7, dass die Königin nicht ohne Prüfung hat glauben wollen, was ihr von Salomos Weisheit erzählt wurde. Josephus hatte Jahrhunderte zuvor die neugierig-kritische Haltung der Königin wortgewandt psychologisch erklärt und verständlich gemacht; jetzt aber wird sie deshalb zur Hexe. Im *Testament Salomos* erhält sie eine Rolle in „Salomos" Dämonologie, auch wenn sie selbst nicht zur Dämonin wird. Dass sie im *Testament Salomos* in die Nähe der Dämonen gerät, ist umso überraschender, als der christliche Text die positive Würdigung der Königin durch Jesus kennt.[21] Sie muss im *Testament Salomos* zunächst lernen, sich Salomo zu beugen. Erst dann wird sie zum Vorbild; erst dann ist sie auch bereit, zum Tempelbau beizutragen.

Während die Dämonen mit ihrer Kraft als Arbeiter direkt in den Tempelbau eingebunden werden, tritt die Königin als Finanzier auf; sie zahlt für den Tempel „zehntausend Schekel aus Gold und Silber und erlesenem Kupfer".[22] Damit ist sie ein konkretes Beispiel für alle den Tempelbau mit Gaben fördernden Könige; von ihnen heißt es eingangs des Testaments Salomos bereits: „Sie brachten Gold und Silber zu mir, ebenso trugen sie Bronze, Eisen, Blei und Holz für die Errichtung des Tempels bei".[23] Sie wird damit auch zum Vorbild für alle wohlhabenden Frauen und andere reiche Personen, die den Bau der Grabeskirche in Jerusalem zur Zeit der Abfassung des Salomotestaments mit ihrem Geld unterstützen; denn damals wurde der Bau der Grabeskirche mit dem Bau des Tempels Salomos verglichen.[24] Weil die Königin sich Salomo gebeugt und großzügig gespendet hat, kann sie zum Vorbild für alle Sponsoren werden. Von ihrem Gehorsam her versteht das *Testament Salomos* offensichtlich auch den Vorbild-Charakter, den Jesus ihr verliehen hat. Immerhin: im Unterschied zu den Dämonen leistet sie ihren Beitrag zum Tempelbau freiwillig.[25]

Um die Zähmung von Dämonen ging es zwar auch schon in der Jesusüberlieferung.[26] Sie wird im *Testament Salomos* nun aber zum alles beherrschenden Thema. Weil auch die Königin des Südens namens Saba diesem Thema zugeordnet wird, ist sie jetzt nicht mehr Salomos würdige Partnerin, sondern eine von vielen Demonstrationsobjekten für seine Macht, mit der er böse Geister und eine ehemalige Hexe dem Tempelbau dienlich macht.

Das *Testament Salomos* zeigt auf diese Weise, dass Salomos Königtum „wohl geleitet" war (19,1) und dass „Friede herrschte rund um mein Königtum auf der ganzen Erde" (21,4b).[27] Dieser Friede lässt sich verstehen als eine in der Geschichte Israels an Salomo festgemachte und auf die Geister- und Hexenwelt ausgedehnte christliche Version der Pax Romana. Frieden ist hier mit Unterwerfung verbunden. Wir befinden uns jetzt in einer Zeit, in der das Christentum zusehends an der römischen Friedensmacht „von oben" teilzuhaben beginnt. Wie die Königin von Saba damals Salomos Tempelbau unterstützte,[28] so verhält sich in der Gegenwart die Kaiserinmutter Helena, indem sie den Bau der Jerusalemer Grabeskirche fördert.

Wir finden im *Testament Salomos* also eines der ersten Zeugnisse für ein Christentum, das hohes Ansehen genießt und von politisch und wirtschaftlich Mächtigen unterstützt wird. Dafür steht die Königin. Sie tritt nicht nur, wie in den Überlieferungen zuvor, als Bewunderin der Bauten Salomos auf, sondern schlüpft in eine neue Rolle: sie wird Sponsorin.[29]

Der Preis aber, den das Christentum wie Sabas Königin dafür zahlen müssen, ist hoch: sie müssen zuvor ihre Zweifel, ihre Neugierde, ihre Fragen, ihre Sehnsucht und damit auch ihre Lebendigkeit aufgeben. Sie müssen sich dem König beugen; andernfalls gelten sie als hochmütig; sie werden bzw. bleiben sonst Hexen!

Beispiel 3: Die Königin wird von Salomo zum Islam bekehrt: die Koransure 27 (7./8. Jahrhundert n. Chr.)

Ungefähr drei Jahrhunderte nach dem christlichen *Testament Salomos* und etwa zur gleichen Zeit wie das jüdische Esther-Targum, von dem im folgenden Abschnitt die Rede sein wird, muss die koranische Version der Salomo-Saba-Geschichte (SSG) entstanden sein. Sie steht in Sure 27, die den Titel „Die Ameisen" trägt.[30] Nach muslimischer Überlieferung gehört sie zu den Mohammed in Mekka geoffenbarten Suren. Angelika Neuwirth platziert sie in Anlehnung an Theodor Nöldeke[31] in die mittelmekkanische Phase.[32] Gerade in den mekkanischen Suren herrscht, anders als in den Suren aus Medina, ein dichotomisches Weltbild vor: es geht um ein klares Ja oder Nein zum einzigen Gott Allah. Mohammed fordert es in dieser Zeit von den ihm nicht wohl gesonnenen Menschen in Mekka; wie sie damals, so muss sich im Islam jedes Volk, muss sich jeder Mensch eindeutig entscheiden. Entsprechend wird die Sure in V. 2–6 eingeleitet mit dem Hinweis, dass Wort und Schrift „Geleit und frohe Botschaft für die Gläubigen" seien, wer aber nicht ans Jenseits glaube, „schlimme Strafen" zu erwarten habe.[33]

Im Anschluss an diese Einleitung hat Sure 27 vor und nach der SSG, die in V. 15–44 erzählt wird, folgende Gliederung: Vergebliche Versuche 1. des Moses, Pharao und sein Volk durch Zeichen und Wunder zu überzeugen (V. 7–14),[34] 2. des Salih, die Stadt Thamud zu bekehren (V. 45–53),[35] 3. des Lot, „sein Volk"[36] von seinen abscheulichen Begierden abzuhalten (V. 54–58).[37] Es folgen der Lobpreis Gottes, des einen Schöpfers (V. 59–65),[38] ein Dialog mit Unwissenden, Ungläubigen und Undankbaren (V. 66–73) sowie die Gegenüberstellung von Gott als dem All-Wissenden und All-Mächtigen und der von ihm geoffenbarten heiligen Schrift, dem Koran auf der einen Seite und dem, was für den Gläubigen gilt und was er vermag auf der anderen Seite (V. 74–81); schließlich wird der Gerichtstag Gottes (V. 82–90) und die Aufgabe des Künders Gottes (V. 91–93) bestimmt.

Was schon der Suren-Kontext nahe legt, bestätigt sich in der koranischen Version der SSG selbst: es geht bei Salomo wie bei Moses, bei Salih und Lot um die Bekehrung eines Gegenübers, also in unserem Fall um die Bekehrung der Königin aus Saba. Was in 1. Könige 10,9 höchstens angedeutet ist, wird jetzt zentral: die Königin braucht ein neues Bekenntnis. Sie und ihr Volk sollen rechtgeleitet werden und statt der Sonne den einzigen Gott anbeten (V. 24–26). Im Gegensatz zu Moses, Salih und Lot ist Salomo erfolgreich. Sabas Königin kommt nach Jerusalem und bekennt am Ende Gott gegenüber: „Mein Herr, ich habe an mir selbst gefrevelt. Mit Salomo ergebe ich mich Gott, dem Herrn der Weltbewohner" (V. 44). Wie es zu dieser Bekehrung kommt, erzählt die Sure ausführlich und anschaulich, wenn auch nicht in jeder Einzelheit verständlich.[39] Manche Züge der SSG finden sich nur hier, andere erinnern deutlich an das *Targum Scheni*, von dem im nächsten Abschnitt die Rede sein wird. Im folgenden Absatz gebe ich die Verse 16f. und 20–37 zusammenfassend wieder und zitiere auszugsweise daraus – auch der Anschaulichkeit halber.[40]

Zunächst geht es darum zu berichten, wie Salomo von der Königin erfährt.[41] Gleich zu Beginn stellt er im Pluralis Majestatis fest: „Der Vögel Sprache wurde uns verliehen." Das steht auch im *Targum Scheni*. Und hier wie dort heißt es: „Die Heerscharen Salomos, aus Dschinnen (das sind die Geister und Dämonen, U. K.), Vögeln, Menschen wurden versammelt und aufgestellt in Reih und Glied". Salomo mustert die Heerscharen persönlich. Dabei muss er erzürnt feststellen: bei den Vögeln fehlt einer. In Sure 27 ist es der Wiedehopf.[42] Ihm droht für sein Versäumen die Todesstrafe, „es sei denn, dass er eine klare Vollmacht bringt", also eine überzeugende Entschuldigung. Nicht lange lässt der Vogel auf sich warten. Er verkündet dem König: „Aus Saba komme ich zu dir mit sicherer Kunde". Dort sei eine Frau Königin, der „von allen Dingen gegeben wurde" und die „einen großartigen Thron" besitzt. Eins fehlt, weiß der Wiedehopf: sie ist „nicht rechtgeleitet", weil „sie und ihr Volk die Sonne und nicht Gott anbeten". Der Satan habe sie abgehalten, dass sie nicht vor dem einzigen Gott niederfallen. „Er" aber, so meint der rechtgläubige Wiedehopf von Gott, „ist der Herr des großen Throns". Es geht im Koran um den Herrschaftsanspruch des einzigen Gottes, dem in Saba nicht entsprochen wird.[43] Salomo will prüfen, ob der Vogel die Wahrheit sagt. Deshalb sendet er ihn mit einem persönlichen Brief zur Königin. Den Brief soll er bei ihr abwerfen und abwarten, was geschieht. Als nächster Schritt folgt in Sure 27 sofort die Reaktion der Königin auf den Brief; sie berichtet ihren zur Beratung zusammengerufenen „Edlen"[44], dass ihr von Salomo „ein ehrenvoller Brief zugeworfen" worden sei, in dem sie aufgefordert werde: „Erhebt euch nicht gegen mich, und kommt als Gottergebene zu mir." Salomo fordert also von ihr, ihn als von der Anbetung der Sonne Bekehrte zu besuchen; alles andere bewertet er als Auflehnung gegen ihn selbst. Ohne den Rat ihrer Edlen will die Königin nicht entscheiden. Diese antworten ihr,[45] dass allein die Königin die Befehlsgewalt habe; sie machen ihr aber diplomatisch deutlich, wie sie selbst die Lage einschätzen und worauf sie vertrauen: „Wir haben Macht und große Schlagkraft."[46] Die Königin aber weiß: „Wenn Könige in eine Stadt eindringen, dann stürzen sie sie ins Verderben und machen ihre Oberschicht zu Unterworfenen; genauso werden sie es tun."[47] Deshalb sucht sie nicht auf militärischem, sondern auf diplomatischem Weg eine Lösung: sie schickt Salomo Geschenke; „dann sehe ich, womit die Abgesandten wiederkommen". Salomos Antwort an die Königin ist klar: ihre Geschenke braucht er nicht („Was Gott mir gab, ist besser als das, was er euch gab", schreibt er ihr); die Königin soll sie behalten und „sich selbst daran erfreuen".[48] Dem Wiedehopf[49] aber gibt Salomo zusammen mit der Zurückweisung der Geschenke als Antwort eine bedrohliche Botschaft mit: „Wir werden ganz gewiss mit Heerscharen zu ihnen kommen, gegen die sie nichts vermögen, und sie aus ihrer Stadt vertreiben als Unterworfene, Erniedrigte."

Ganz selbstverständlich geht Salomo nun davon aus, dass die Königin nach seiner ultimativen Antwort „als Gottergebene" zu ihm kommen wird. In den Versen 38–41 bereitet er deshalb ihren Besuch vor. Zwei Überraschungen erwarten die Königin (V. 42-44a);[50] sie werden sie schließlich dazu bringen, sich „mit Salomo … Gott dem Herrn der Weltbewohner … zu ergeben" (V. 44). Was an diesen beiden Überraschungen sie zu dieser Gottergebung bewegt, ist für uns heute schwer zu verstehen.

Den Rahmen bildet, wie wir gesehen haben, Salomos Drohung mit Gewalt. Sie aber kann nicht der Grund ihrer Bekehrung sein; denn die Bedrohung führt noch nicht zur Bekehrung – abgesehen davon, dass nach Sure 2,256a Gewalt in Fragen der Religion ohnehin ausgeschlossen sein soll.[51] Die erste Überraschung allein war es offensichtlich auch nicht, obwohl sie vermutlich zur Bekehrung der Königin wesentlich beigetragen hat. Salomo hatte den „großartigen Thron" der Königin, von dem der Wiedehopf zu Beginn der Geschichte erzählt hatte, durch den Dschinn, „der Wissen aus dem Buch besaß",[52] blitzschnell zu sich herbringen lassen, noch bevor die Königin zu ihm kam. Er hatte den Thron „für sie unkenntlich machen" lassen, um zu testen, „ob sie rechtgeleitet ist oder zu denen gehört, die sich nicht rechtleiten lassen". Wieso er das durch den Throntest erkennen kann, wird nicht gesagt. Ist es, weil sie, wenn sie ihn wieder erkennt, Salomos gottgegebene Zauber-Macht erkennt? Oder ist es, weil sie erkennt, wie wenig stabil ihr Thron ist im Vergleich zu des einzigen Gottes Thron? Wir wissen es nicht. Klar ist, was die Sure weiter mitteilt: „Als sie kam, wurde gefragt: ‚Ist so dein Thron?' Sie sprach: „Als ob er es wäre!" Die Königin wird verwundert gewesen sein, wie ihr berühmter Thron auf Salomos Territorium gelangt sein könnte.[53] Sie scheint den Thron zu erkennen, ist sich aber nicht sicher, vielleicht, weil sie Salomo solch wunderbaren oder seltsamen Transport nicht zutraut.

Zum anderen erinnern wir uns an das, was in V. 26 von dem alleinigen Gott gesagt war: „Er ist der Herr des großen Throns". Vor diesem Thron scheint der der Königin trotz seiner Großartigkeit zu verblassen. Beides zusammen – dass des einzigen Gottes Thron größer ist, und dass Salomo selbst beziehungsweise er mit Hilfe seiner Dschinnen mit dem Thron der Königin umspringen kann, wie er will – entzieht dem Thron der Königin seine einzigartige Bedeutung. Solch ein Bedeutungsverlust ihres Thrones könnte zur Bekehrung der Königin beigetragen haben.[54] Aber allein schon die Tatsache, dass Salomo Wunder tun kann, könnte für sie wichtig gewesen sein.

Jedenfalls scheint es noch einer zweiten Überraschung zu bedürfen, bevor sich die Königin am Ende der Geschichte „Gott dem Weltenherrscher" ergibt.[55] Für die zweite unliebsame Überraschung dient ein mit Glas getäfelter Palast, in den einzutreten die Königin aufgefordert wird.[56] „Als sie ihn sah, dachte sie, er sei ein Wasser, und entblößte ihre Beine." (V. 44a) Daraufhin wird sie von Salomo über die wahre Beschaffenheit des Palastes aufgeklärt. Entsetzt stellt sie fest: „Mein Herr, ich habe an mir selbst gefrevelt." Es folgt ihre Ergebung unter Gott.

Fragt man, worin ihr Selbstfrevel bestand, was ihr den letzten Kick zum Glauben an Gott gab, so bieten sich mindestens drei Versionen an, von denen ich die dritte favorisiere:

1. Sie ist von Salomos Palast beeindruckt und findet deshalb zum Glauben an seinen Gott. Sie schämt sich, „dass ich im Unglauben beharrte, oder dass ich Salomo kein Vertrauen schenkte".[57]
2. Sie ist beschämt, weil Salomo ihre entblößten „Beine" gesehen hat, und sie

das – getäuscht vom Glas, das sie für Wasser gehalten hat – zugelassen hat. Dabei kann sich die Scham auf ihre Blöße beziehen (ihre „Beine" erscheinen ihr nicht schön[58]) oder auf ihre Täuschung (wie konnte ich nur darauf hereinfallen) oder auf Salomos Unverschämtheit (wie konnte er mich so hintergehen). Da sie meint, sie habe an sich selbst gefrevelt, wird eher eine der beiden ersten Deutungen gemeint sein – das wäre dann eine Identifikation mit dem Aggressor; bei der dritten Deutung hätte sie wütend reagieren können/müssen wegen Salomos Frevel an ihr. Eins lässt sich deshalb sicher sagen: wenn die zweite Version stimmt, dann ist es ihre Beschämung, die sie Salomo und seinem Glauben ausliefert.
3. Ihre entblößten Beine verraten ihre heidnische oder dämonische Herkunft – dann müssen wir davon ausgehen, dass ihre Beine ein ungewöhnliches Aussehen haben (z. B. als teuflischer Eselsfuß, der Koran selbst sagt davon aber nichts); sie entlarven und beschämen sie als (noch) nicht rechtgeleitet. Das veranlasst sie, den entscheidenden Schritt zum Glauben an den einen Gott zu tun und das abzulegen, was sie an religiöser Bindung aus ihrer Vergangenheit noch mit nach Jerusalem gebracht hat.

So oder so: „das eindrucksvolle Bekenntnis zu Gott" nach einer zeitweilig dramatischen Geschichte „ist der Schlusspunkt und der eigentliche Zweck der schönen Erzählung".[59] Aus der Astralgottheiten verehrenden Königin von Saba ist mit Salomos Druck, Geschick und unverschämter List eine gläubige Muslima geworden.[60] Für ihre Bekehrung scheinen Unterwerfung, Überzeugung und Klugheit als Motiv unentwirrbar miteinander verwoben zu sein. Sie passt erst zu Salomo, wenn und weil sie ihren Sonnengottglauben abgelegt hat. Um seinet- und ihretwegen hat sie ihr Referenzsystem gewechselt und die Perspektive eines neuen Glaubens angenommen. Nicht mehr und nicht weniger will der Koran deutlich machen, in dem der Mann Salomo für die Beziehung zu Sabas Königin von Anfang an bis zum Ende die Weichen gestellt hat und der Königin Zug den gestellten Weichen folgt.

Weil nicht nur sie, sondern durch sie ein ganzes Volk gläubig wurde, wird später eine Hauptrichtung der islamischen Tradition sie als Muster einer Herrscherin präsentieren, an der sich auch andere – ehemals heidnische – Königinnen und Könige orientieren können und sollen. Und mit Salomo gemeinsam wird sie das Gott wohlgefällige Liebespaar, das paradiesisch beieinander wohnt und gemeinsam herrscht.

Beispiel 4: Salomo der Weltenherrscher: Machtspiele aus 1001 Nacht im jüdischen Targum Scheni *zum Buch Esther (7./8. Jahrhundert n. Chr.)*

Die koranische Erzählung der SSG in Sure 27 hat eine erkennbar lehrhafte Tendenz. Sie ist ein Erzählungsmuster dafür, wie eine fremdgläubige, in diesem Fall Astralgötter verehrende, Herrscherin zum Glauben an den einen Gott kommt, dessen Herrschaft alle Welt umschließt. Anders das etwa zur selben Zeit[61] aufgeschriebene jüdische *Targum Scheni* zum Buch Esther.[62] Ihm geht es in der SSG um die alleinige Weltherrschaft Salomos. Stilistisch erinnert die SSG hier – weit mehr noch als im lehrhaften Koran – an Geschichten aus 1001 Nacht. Man hört geradezu Schahrasad in einer der 1000 Nächte König Schariyar erzählen, wenn man liest, was das Targum von Salomo und der Königin schreibt.[63] Beate Ego hat es aus dem Aramäischen übersetzt.[64] Des Targums Darstellung der SSG sei hier zunächst für sich in ihrer eigenen Dramaturgie Schritt für Schritt nacherzählt, bevor der Zusammenhang der SSG im Targum insgesamt bedacht wird.

Salomo, Davids Sohn, ist von Gott ausgezeichnet, „zu herrschen über die Tiere des Feldes, die Vögel des Himmels, über die ganze Erde, über die Dämonen, über die Geister und die Nachtgespenster; denn er verstand aller Sprache, und sie verstanden seine Sprache".[65] Nach dieser Einführung Salomos setzt die Erzählung dreimal ein mit der Bemerkung „Und als König Salomo fröhlich war beim Wein ...": Da bleibt er nämlich nicht allein, sondern feiert ein Festmahl in kosmischen Dimensionen mit allen Lebewesen und Geistern. Er lud 1. „alle Könige des Ostens und des Westens ein, die dem Lande Israel nahe waren, und er ließ sie zu Tische liegen inmitten des Palastes im Hause seiner Königsherrschaft", er befahl 2. „die Tiere des Feldes, die Vögel des Himmels und das Gewürm der Erde kommen zu lassen,[66] sowie „Harfen, Handtrommeln, Zimbeln und Zithern",[67] und 3. „befahl er, die Tiere des Feldes, die Vögel des Himmels, das Gewürm der Erde, die Dämonen, die Geister und die Nachtgespenster zu bringen, damit sie vor ihm tanzten und seine Größe allen Königen, die vor ihm zu Tische lagen, zeigten".

Es sieht so aus, als seien sie alle freiwillig gekommen. Salomos Herrschaft scheint dennoch nicht vollkommen zu sein. Denn die Vögel sind nicht vollzählig erschienen. Als alle Gäste Salomos von seinen Schreibern namentlich vorgestellt werden, fehlt der Auerhahn.[68] Daraufhin ordnet der scheinbar alles beherrschende König zornig an, ihn herzuschaffen, „denn er wollte ihn vernichten". Als der Auerhahn auftaucht – er scheint, wie die anderen Lebewesen zuvor, freiwillig gekommen zu sein! –, nennt er dem König in einer langen Rede die Gründe seiner Verspätung. Monatelang hat er Speise und Trank verweigert, um die Welt zu überfliegen und herauszufinden, ob es eine Provinz gibt, „deren Herrscher meinem Herrn König nicht gehorcht".[69] Um den Ton von 1001 Nacht nachempfinden zu können, sei hier der Anfang seiner Rede zitiert: „Höre meine Worte, Herr König, vernimm mit deinen Ohren und höre meine Reden: sind es nicht drei Monate her, dass ich Rat und Ratschlag gab; Wahrheiten sind meine Worte. Speisen aß ich nicht, und Wasser trank ich nicht, seit ich mich umsah und in der ganzen Welt umherflog."

Das ist das Stichwort für die Erzählung der Geschichte von dem „Land des Ostens".[70] Es ist das Land der Königin von Saba. Der Auerhahn hat es auf seiner Suche gefunden, und mitten in dem Land die „Stadt namens Kitor" – ein Name, der mit den Buchstaben k, t und r die Konsonanten des aramäischen Wortes „Weihrauch" enthält.[71] Der weit gereiste Vogel berichtet Salomo von einem traumhaften, paradiesischen und friedlichen Land, in dem „Gold und Silber wie Dung auf den Straßen sind"; dort stehen „seit der Schöpfung" Bäume, die „vom Garten Eden" Wasser trinken. Die vielen dort lebenden Menschen tragen „Kronen auf ihren Häuptern".[72] „Weder wissen sie, sich zum Krieg zu erheben, noch können sie mit dem Bogen schießen." Es ist das Land eines Matriarchats: „Wahrlich, ich sah eine einzige Frau, die herrscht über sie alle, und ihr Name ist Königin von Saba."

Nachdem der Auerhahn das Traumland geschildert hat, macht er Salomo einen Vorschlag, wie er seine Herrschaft auch auf dieses letzte verbliebene autonome Land ausdehnen kann; es ist ein brutaler Tipp, der zeigt, wie ein imperialistisches Land skrupellos einen friedfertigen Staat unterdrückt: „Wenn es dir, mein Herr gefällt, will ich die Lenden gürten wie ein Held, und ich will mich auf den Weg machen in die Stadt Kitor in die Provinz Saba. Ihre Könige[73] will ich mit Ketten binden und ihre Herrscher mit eisernen Fesseln, und ich will sie zu meinem Herrn König bringen."

Salomo gefällt anscheinend der kriegerische Rat des Auerhahns gegen ein wehrloses Land. Er nimmt jedenfalls den Rat in modifizierter Form in einem Brief auf, den er durch seine Schreiber an die Königin schreiben lässt; den Auerhahn benutzt Salomo als Brieftaube: er übergibt ihm den Brief und befiehlt ihm, umgeben von einem großen Vogelgeschwader, „in die Stadt Kitor in die Provinz Saba" zu fliegen. Als das Heer der Vögel dort ankommt, ist die Königin gerade bei der morgendlichen Anbetung der Sonne,. Der Vogelschwarm erweist sich nun als so dicht und groß, dass „die Sonne verfinsterte".[74] Das Objekt der königlichen Anbetung verschwindet also. Die Königin ist darüber so entsetzt, dass sie „ihre Gewänder zerriss".[75] Gleich zweimal heißt es, dass „sie sich wunderte und verwunderte". Der Auerhahn löst sich nun aus dem Vogelschwarm und „steigt zu ihr herab"; sie bemerkt an den Flügeln des Vogels den Brief, nimmt ihn ab und liest.[76]

Was sie als Botschaft Salomos zu lesen bekommt, lässt sie erneut vor Entsetzen ihre Gewänder zerreißen - oder das, was von den Gewändern übrig ist, müsste man vom Duktus der Erzählung her präzisieren. Denn der Erzählung zufolge hat sie ihre Kleider ja schon einmal vor Entsetzen zerrissen, als die Sonnenfinsternis eintrat. Die Erzählung will hier durch eine äußere Handlung das innere Gefühl der Königin wiedergeben: sie entsetzt sich zum zweiten Mal.) Nach Absenderangabe („von mir, der Königsherrschaft Salomos"), nach Friedensgruß sowie ausführlicher und umfassender Selbstvorstellung[77] zeigt Salomo ihr nämlich kurz und bündig auf, dass es für sie nur eine Alternative gibt; sie ist nichts weniger als eine brutale Erpressung: die Königin wird vor die Wahl gestellt, nach Jerusalem zu kommen und Salomo „Frieden zu wünschen".[78] Oder sie unterlässt dies; für den Fall droht Salomo, gegen sie „Könige, Legionen und Reiter" zu senden. Von denen werden „die Legionen ... euch auf euren Betten in euren Häusern erwürgen; die Tiere des Feldes euch auf dem Acker töten" und „die Vögel des Himmels euch das Fleisch vom Leib fressen".[79]

Salomos Botschaft bricht wie Blitz und Donner in ihr Friedensreich ein. Sogleich sucht die Königin Rat und Hilfe bei ihren „Ältesten und Fürsten". Deren Antwort ist erstaunlich souverän, sie ignoriert aber und unterschätzt die lauernde Gefahr. Die befragten Autoritäten teilen der Königin nämlich lakonisch mit: „Wir kennen König Salomo nicht, und wir anerkennen seine Königsherrschaft nicht." Damit raten sie der Königin implizit, sich so zu verhalten, als sei nichts geschehen. Die Königin aber verwirft ihren Rat. Statt darauf zu vertrauen, den Konflikt aussitzen zu können, schickt sie unverzüglich „alle Schiffe des Meeres", beladen „mit Armbändern und mit edlen Perlen" und mit 6000 Jungen und Mädchen ein und desselben Alters, alle „von einer Größe und einer Gestalt und alle waren in ein Purpurgewand gekleidet".[80] Mit den Schiffen sendet sie einen Brief an den König, in dem sie ihm mitteilt, dass „von der Stadt Kitor in das Land Israel eine Wegstrecke von sieben Jahren" liegt, sie aber auf Salomos Wunsch hin schon „am Ende von drei Jahren" bei ihm ankommen werde. Die Zahlenangaben zu der Entfernung haben symbolische Bedeutung, zumal auch die Dauer der Fahrt der riesigen Schiffsarmada, die nach Jerusalem losgeschickt wird und die Nachricht überbringen soll, einbezogen werden muss. Klar ist: die Entfernung ist riesig, und die Königin ist mehr als doppelt so schnell wie üblich.

Als sie tatsächlich drei Jahre später ihr Ziel erreicht, hat Salomo zwei Überraschungen beziehungsweise Fallen[81] für die arglos angereiste Frau bereitgestellt. Er schickt ihr nämlich als erste Überraschung Benaja bar Jojada zur Begrüßung; von ihm heißt es mit Worten, die wie ein an Frauen gerichtetes Liebeslied klingen: er „glich der Morgenröte, und er glich dem Stern, der aufstrahlt und zwischen den Sternen steht, und er glich der Rose, die an Wasserläufen steht".[82] Die Königin steigt ehrerbietig von ihrem Wagen, weil sie Benaja für Salomo hält, muss sich aber von ihm sagen lassen: „Ich bin einer seiner Diener, die vor ihm stehen". Der Königin bleibt da nur, ihren mitgereisten „Fürsten" in einem Bildwort staunend zuzuflüstern, dass sie mit Benaja nur das Lager gesehen haben, aber nicht den Löwen, der auf ihm ruht. Die Verwechslung Salomos mit seinem Diener Benaja lässt sich auch so verstehen, dass Salomo die Königin durch die Entsendung Benajas nicht hat hereinlegen wollen, sondern es sich hier um eine Episode handelt, in der die überragende Schönheit Salomos demonstriert werden soll. Während die auch im Koran überlieferte zweite „Überraschung", der gläserne Palast, als kultur-typisch männlich bezeichnet werden kann, ist das bei der ersten „Überraschung" nicht eindeutig zu sagen. Gelegentlich wird darauf aufmerksam gemacht, dass die Beschreibung der Schönheit Benajas eher an die hymnische Preisung einer Frau erinnert.

Benaja geleitet Sabas Königin nun zum König. Dort wartet die zweite Überraschung auf sie, die sich als eine Falle erweist: Salomo sitzt in einem Glashaus.[83] Es zeigt einerseits Salomos Reichtum, sich ein solches Haus leisten zu können. Andererseits ist es ein Arrangement, das Salomo ermöglicht, ansonsten verborgene Seiten zur Weiblichkeit der Königin zu entdecken. „Als die Königin von Saba sah, dass König Salomo im Glashaus saß, da dachte sie in ihrem Herzen, dass der König im Wasser säße, und sie hob ihr Gewand, damit sie hinübergehen könne. Da sah er, dass sie Haare an den Beinen hatte." Daraufhin hören wir die ersten Worte, die Salomo im *Targum Scheni* an die Königin richtet. Es sind wenig freundliche, kühl taxierende Worte, die er der Königin zur Begrüßung anbietet: „Deine Schönheit ist die Schönheit von Frauen, aber deine Haare sind Männerhaare." Und er ergänzt seine Worte mit einem

Urteil, das ganz einer nicht unumstrittenen, heute modernen Modenorm entspricht: „Haare sind bei einem Manne schön, aber bei einer Frau sind sie hässlich." Selbstverständlich ist hier nicht an das Haupthaar gedacht. Salomos mit diesen Worten verbundene Reaktion wird sehr unterschiedlich interpretiert. Sicher ist, dass er damit entweder selbst schon auf ein erstes Anzeichen der Dämonisierung der Königin hinweist oder er weist zumindest auf einen Anknüpfungspunkt hin, an dem sich später die Dämonisierung der Königin festmacht; die behaarten Beine werden dann zu Esels- oder Gänsefüßen, die zu Dämonen und Teufeln gehören. Merkwürdigerweise habe ich bei zeitgenössischen Auslegern nirgends den nahe liegenden Hinweis gefunden, dass „Beine" in orientalisch-biblischer Redensart die Umschreibung von höher gelegenen Körperteilen, nämlich von Genitalien sein können; denn Geschlechtsorgane beim Namen zu nennen, wird gern vermieden. Ein Palast mit spiegelndem Fußbodenglas gibt die Möglichkeit wahrzunehmen, was eine Person unter ihrem Kleid verbirgt – und das erst recht dann, wenn sie ihr Kleid hochhebt. Trauen heutige Exegeten Salomo solche Obszönität und Schamlosigkeit nicht zu?

„Haare sind bei einem Manne schön, aber bei einer Frau sind sie hässlich." Wir würden Salomos Worte heute als herabwürdigende Anmache bezeichnen. Die Königin lässt sich darauf mit keiner Silbe ein. Sie ist es, die von jetzt an den weiteren Fortgang der Erzählung bestimmt. Statt einer Antwort gibt sie Salomo drei Rätsel auf. „Wenn du sie mir löst, dann weiß ich, dass du ein weiser Mann bist, wenn nicht, dann bist du wie der Rest der Menschen." Es folgt die älteste uns bekannte konkrete Wiedergabe von Rätseln, die die Königin dem König stellt. So wie die von Salomo zum Empfang der Königin inszenierten „Überraschungseffekte" in einer spezifischen Kultur als männlich bezeichnet werden können, so können die Rätsel, die die Königin jetzt stellt, als weiblich gelten.[84] Ihr Kolorit kommt aus der Welt der Frau, die sich schminkt, die mit Öllampen das Haus erleuchtet und die sich und andere kleidet. Der Mann Salomo muss diese Welt kennen und im Rätsel erkennen, um vor der Frau aus Saba bestehen zu können.

Als Salomo die Rätsel ohne Zögern löst, preist die Königin ihn mit den uns schon bekannten Worten aus 1. Könige 10,7f: „Ich habe den Worten nicht glauben wollen ... glücklich sind deine Männer und diese deine Knechte." Der König führt sie jetzt in seinen Palast, dessen Pracht und Herrlichkeit die Königin erneut zu einem Lobpreis hinreißt.[85] Der Lobpreis gilt, wie in 1. Könige 10,9, nicht Salomo, sondern dem „Herrn, deinem Gott, der an dir Wohlgefallen hatte und dich auf den Thron seiner Königsherrschaft setzte, damit du Gerechtigkeit und Recht übst". Dann heißt es: „Sie gab dem König sehr viel kostbares Gold, und der König gab ihr alles, was sie wollte."

Die Geschichte endet zwar nicht damit, dass Schahrazad wieder eine Nacht im Bett des grausamen Sultans erzählend überlebt hat – Sabas Königin hatte den „Sultan" Salomo sogar einer Prüfung unterzogen! –, wohl aber mit einem zustimmenden Beifall; er gilt jetzt Salomo; ihm akklamieren nun alle Könige der Erde: „Als die Könige des Ostens und des Westens, des Nordens und des Südens davon hörten, erzitterten sie alle zusammen und kamen von ihren Orten mit großer Ehrerbietung und mit großen Huldigungen und mit Gold, Silber, Edelsteinen und Perlen." Das, was eingangs infrage stand, hier wird es beantwortet: Salomos weltliche Herrschaft ist tatsächlich unbegrenzt. War das die Botschaft, die das Targum mit der Aufnahme der SSG den jüdischen Lesern in einer für sie schwierigen Zeit im 7. Jahrhundert n. Chr. vermitteln wollte?[86]

Wir haben nun die Geschichte der Königin aus dem *Targum Scheni* kennen gelernt und ihre orientalische Erzählkunst, die der aus 1001 Nacht vergleichbar ist, nachzuzeichnen versucht. Wir wissen aber noch nicht, wie die SSG in das Targum, in dem sie im Kontext von Esther 1,2 erzählt wird, geraten ist, und was sie im Zusammenhang des Targums zu suchen hat. Es gibt dafür verschiedene Erklärungen, die jede für sich nur sehr bedingt überzeugen; sie lassen sich jedoch auch miteinander verbinden und können sich so in ihrem Gewicht gegenseitig verstärken. Zunächst bietet sich an, daran zu denken, dass es im Buch Esther auch um eine Königin geht, die weit entfernt von Jerusalem lebt. Anders als die Königin aus Saba ist sie aus israelitischer Sicht aber eine Einheimische: sie gehört zu den aus Juda Exilierten, die in der medischen Hauptstadt Susa Wohnung gefunden haben. „Sie hatte weder Vater noch Mutter, und sie war ein schönes und feines Mädchen" (Esther 2,7). Ihr Pflegevater Mardochai sorgt dafür, dass sie die Frau des Königs Ahasveros wird, als dieser seine Gattin Vasti verstößt.[87]

Esther trägt dann, durch Mardochai angeleitet, aus ihrer neuen Position heraus dazu bei, dass ein Pogrom gegen die Juden verhindert und der Drahtzieher des Pogroms hingerichtet wird. Sie ist die Königin in der Fremde (im Exil), gehört aber zu Israel. Genau andersherum standen die Dinge, als Salomo König in Israel war und eine heidnische Königin zu ihm aus der Fremde nach Jerusalem kam. Möglicherweise bot sich an, im Kontext des Buchs der großen israelitischen Königsgemahlin in der Fremde auch an Sabas aus der Fremde nach Israel gekommenen Königin zu erinnern. Ein klarer direkter Bezugspunkt zwischen den beiden Geschichten existiert im Text des Estherbuchs nicht.

Die zweite Erklärung scheint mir zwar überzeugender, trägt aber auch nicht sehr weit. Von König Ahasver wird in Esther 1,2 gesagt, dass er „auf seinem königlichen Thron saß in der Festung Susa". Ahasvers Thron kann dem Targum zufolge der Thron sein, auf dem einst Salomo saß. Denn im Targum heißt es, der neubabylonische König Nebukadnezar habe nach der Eroberung Jerusalems Salomos Thron als Beute mit nach Babel genommen. Diesen Thron beanspruchten nach Nebukadnezar noch andere und nahmen auf ihm Platz:
- Alexander der Große, der den Thron nach Ägypten entführte,
- Pharao Schischak, der in Ägyptens Annalen Scheschonk heißt,[88]
- des Antiochus Sohn Anipranis alias Epiphanes[89]
- und als einziger, der vom Targum als würdig für Salomos
  Thron angesehen wird, Persiens großer König Kyros.[90]

Auch der in Esther 1,2 genannte Thron, den Ahasver besteigt, könnte also der Salomos gewesen sein. Liegt hier ein möglicher Anknüpfungspunkt dafür, die Geschichte von Salomo und der Königin von Saba im Targum erzählend einzuschieben?

Beate Ego kommt mit anderen Auslegern unter Hinweis auf spätere Überlieferungen noch auf eine andere Idee, für die aber ebenfalls direkte Hinweise im Text fehlen. Sie schreibt: „Eine solche Anordnung des Materials ist vermutlich darauf zurückzuführen, dass Nebukadnezar und die Königin von Saba nach einer Aggada, deren Kenntnis beim Hörer dieser Erzählung wohl vorausgesetzt werden kann, in einem engen Verhältnis zueinander stehen: Nebukadnezar ist der Nachfahre Salomos, der aus dessen Verbindung mit der Königin von Saba hervorging."[91] Wenn diese Verbindung tatsächlich dem Targum und seinen Lesern bekannt war, dann erscheint Salomo hier in krassester Form in einem doppelten Licht: er ist einerseits der viel gepriesene König, andererseits aber wegen „seiner Leidenschaft für fremde Frauen" mit schuldig am „Untergang des Heiligtums" und an der von Nebukadnezar angeordneten Exilierung der Judäer am Anfang des 6. Jahrhunderts v. Chr.! Einem solchen Hintergrund lassen sich auch sein unverschämter Drohbrief gegen die Königin von Saba und seine merkwürdigen Männlichkeitsspiele zu ihrer Begrüßung leichter zuordnen.

Beispiel 5: Rate, damit wir uns erkennen: Weibliche Weltklugheit und Sabäischer Rätselspaß in Judentum, Christentum und Islam (7.–18. Jahrhundert n. Chr.)

Im *Targum Scheni* spielt Salomo seine Macht aus. Sie begründet die im Hintergrund stehende Drohung, die Sabas Königin trotz des gegenteiligen Rates ihrer Ältesten und nach dem erfolglosen Versuch, Salomo mit Geschenken zufrieden zu stellen, dazu veranlasst, die beschwerliche lange Reise nach Jerusalem anzutreten. Salomos Macht zeigt sich auch in der Arroganz seiner hinterlistigen Überraschungen, die sie auf Verwechslungen hereinfallen lässt: ihre Täuschung durch den schönen Benaja und das vermeintliche Wasserbecken im Glaspalast.

Aber die Königin ihrerseits verhält sich trotz dieser Verwechslungen sehr souverän. Anders als im Koran, wo Salomos Machterweise sie zur Bekehrung führen,[92] reagiert sie im Targum selbstbewusst. Sie staunt, wenn das Lager (Benaja) schon so schön sei, wie müsse dann erst der Löwe aussehen, der auf ihm ruht (Salomo). Und sie übergeht Salomos unverschämte Äußerungen über ihre behaarten Beine und stellt ihm stattdessen drei Rätsel, durch deren Lösung er erst einmal nachweisen müsse, dass er nicht „wie der Rest der Menschen" ist.

Nun sind wir an der Stelle angekommen, an der wir, über tausend Jahre nach der Entstehung der SSG, zum ersten Mal eine Version davon lesen können, welche Rätsel die Königin dem König gestellt haben mag. Die Aufgabe, zwischen gleichaltrigen, gleich gekleideten und gleich aussehenden Kindern herauszufinden, wer von ihnen ein Junge und wer ein Mädchen ist, muss er im Targum noch nicht lösen, obwohl dies nach der Schilderung der Schiffsladungen, die sie Salomo vorausschickt, nahe läge.[93] Stattdessen prüft die Königin, ob Salomo etwas von der Alltagswelt der Frau versteht. Denn um die wird es in den drei Rätseln gehen, die sie Salomo stellt und die gleich nacherzählt werden sollen.

Zuvor aber wird es gut sein, einen Moment darüber nachzudenken, was es für die beiden bedeutet, sich im Medium der Rätsel zu begegnen.

Wer Rätsel stellt, weiß etwas, er ist klug; er hat die Fähigkeit, das, was er weiß, in geeigneter Form zu verschlüsseln, so dass ein anderer das von ihm Gewusste entschlüsseln muss. Wer Rätsel rät, hat eine Denkaufgabe gelöst; er braucht dazu oft außer Kenntnissen und Verstand auch Phantasie. Im *Neuen Pauly*, der maßgeblichen Enzyklopädie zur antiken Geschichte und Kultur, heißt es: „Wer Rätsel stellt, ist im Wissen überlegen; so kann der Person beziehungsweise Instanz, die das Rätsel stellt. ... Autorität zugestanden werden; andererseits strebt der Ratende, durch Lösung des Rätsels seine Ebenbürtigkeit im Wissen zu erweisen."[94] Rätsel sind „die Verschlüsselung eines Lösungsbegriffs oder Lösungsobjekts oder mehrerer derselben" in Gestalt einer Metapher oder eines Bildes[95] – heute oft auch in Gestalt einer direkten Frage, für die die Verschlüsselung in vorgefertigten Buchstabenkästchen oder Wortsilben besteht.

Während in der Vergangenheit das Rätsel in der Regel mündlich gestellt und erst später in Geschichten und Sammlungen schriftlich fixiert wurde, überwiegt heute die schriftliche Form, in der ein meist anonymer Schreiber einem individuellen Leser ein Kreuzwort-, Silben- oder Bilderrätsel stellt. Damit geht zusehends verloren, was einen der beiden Stränge des Rätsels ausgezeichnet hat: Rätsel waren – und sind auch heute manchmal noch – eine kurzweilige und intelligente Form, sich kennen zu lernen, miteinander zu kommunizieren; sie haben in der persönlichen Begegnung und im Spiel gesprochener Worte ihren Ort.

Vergegenwärtigt man sich, dass auch Teekesselchen und Scharaden zu ihrem Genre gehören, so wird deutlich, dass Rätselspiele nicht nur einer besonders gebildeten Umgebung zuzuordnen sind. Dennoch haben sie zeitweilig gerade in höfischen Kreisen große Bedeutung gehabt. Unter Königen und unter Weisen trifft man sie besonders gern an.[96]

Dienten Rätsel einerseits dem Kennenlernen und der freien Kommunikation, so konnten sie andererseits auch mit Entscheidungen und mit Machtausübung verbunden sein. Ob man ein nicht lösbares Rätsel stellen konnte oder ob man ein gestelltes Rätsel lösen konnte, war in bestimmten Situationen der Bedrängnis eine Frage auf Leben und Tod.[97] Auch in der Begegnung zwischen Mann und Frau fallen lebenswichtige Entscheidungen beim Umgang mit Rätseln. Die Königin macht in den bisher vorgestellten Versionen der SSG von Salomos Rätsellösungen zwar „nur" abhängig, ob er ein weiser Mann ist. In anderen Fällen und Zusammenhängen aber hängt von der Antwort ab, ob die Person, der die Fragen gestellt werden, würdig ist, Bräutigam oder Braut der klugen fragenden Person zu werden.[98] Manchmal geht es auch nur darum, eine Wette zu gewinnen[99] oder ein Pfand abzugeben, das später, wenn es gut geht, gegen Erfüllung einer Auflage einzulösen ist.

Für Salomo sind die ihm gestellten Rätsel keine Frage auf Leben und Tod, an dieser Stelle auch keine Prüfung seiner Ehetauglichkeit; auch geht es nicht um eine Wette, sondern um eine Weise des näheren Kennenlernens und der Schätzung seines Wertes; Salomo muss beweisen, dass er nicht wie jeder andere ist. Drei Rätsel soll er lösen, die von ihm damals viel, vom heutigen Leser aber schier Unmögliches verlangen; denn wer mit dem Alltag der orientalischen Frau nicht vertraut ist, wird sie wohl kaum erraten.

Die erste Aufgabe: „Was ist das: ein Brunnen aus Holz und ein Schöpfeimer aus Eisen, die Steine schöpfen und Wasser spenden?"[100] Salomos prompte Antwort ist richtig: *Ein Rohr mit Augenschminke*. Das bis heute im Orient von Frauen gebrauchte Schminkrohr ist aus Holz. Es enthält eine harte, steinähnliche Substanz, die Kajal genannt wird; diese wird mit einem nassen Metallstäbchen (dem Schöpfeimer aus Eisen) befeuchtet. Die dabei entstehende Paste, in der die Stein-Substanz enthalten ist, wird mit dem Stäbchen an die Augenränder gestrichen („Steine schöpfen"). Die leichte Reizung durch die Substanz führt dazu, dass etwas Tränenflüssigkeit abgesondert wird („Wasser spenden"). Durch den ganzen Vorgang wird erreicht, dass der Blick der Frau glänzender und schöner wird.[101]

Ob das zweite Rätsel der Königin leichter zu lösen ist?

„Was ist das: es kommt hervor als Staub vom Ackerboden, und seine Speise ist Staub aus der Erde; es lässt sich ausgießen wie Wasser und erleuchtet das Haus?"

Wer schon einmal in einem nicht elektrifizierten orientalischen Haus war, wird der richtigen Antwort vielleicht nahe kommen: es geht um Öl, genau genommen um *Naphta*, ein „wasserhelles, durchsichtiges Öl, das aus dem Boden hervorquillt und mit dem man Öllämpchen brennen lassen kann, die das Haus erleuchten".[102]

Salomo hat natürlich wieder sofort die Antwort gewusst.

Beim dritten Rätsel nennt er ebenfalls ohne Zögern die richtige Lösung. Dabei ist es verwirrend viel, was er über seinen Rätselgegenstand zu hören bekommt:

„Was ist das: Ein Sturmwind geht über die Häupter von ihnen allen und macht ein großes und bitteres Geschrei; sein Haupt ähnelt dem Schilf; ein Ruhm für die Freien, eine Schande für die Armen; ein Ruhm für die Toten, eine Schande für die Lebenden; eine Freude für die Vögel, ein Unglück für die Fische?" Die Rede ist vom *Flachs*. Er wird für die Schiffstakelage benutzt und macht ein großes Geschrei, wenn ein Sturm kommt; aus ihm wird das Byssos für die Festgewänder der Reichen hergestellt, aber auch der Sackstoff, mit dem die Armen sich kleiden; man webt aus ihm die Tücher, in denen die Toten bestattet werden, aber dreht auch die Stricke, die Lebende binden; Vögel ernähren sich von seinem Samen, aber Fische verfangen sich in Netzen aus Flachsschnüren.103 Während die ersten beiden Rätsel im Haus der Frau spielen, geht das dritte Rätsel darüber hinaus und zeigt, wie ambivalent das Leben sein kann: derselbe Stoff kann schmücken und schänden, ehren und entehren, Leben stiften und den Tod bringen. Die Königin weiß davon, und Salomo ist ihr auf der Spur. Er hat ihr gezeigt, dass er nicht „wie der Rest der Menschen" ist.104 Deshalb kann sie ihn anschließend glücklich preisen. Ihre Beziehung hat jetzt eine andere Qualität. Wie sie seine Machtspiele erfolgreich überstanden hat, so bestand er nun ihre Rätsel.

Mit dem *Targum Scheni* beginnt die Reihe der uns bekannten, der Königin in den Mund gelegten Rätsel unterschiedlichster Art. Im Targum wurden spezifische Rätsel aus der Alltagswelt der Frau gestellt.105 Zu dieser Art Rätsel gesellen sich im Laufe der Zeit Rätsel, die geschlechtsbezogenes, bibel- und religionskundliches Wissen voraussetzen. Sie stammen aus allen drei Traditionszweigen, sind also bald jüdischen, bald christlichen, bald muslimischen Ursprungs. Soweit spezifische Akzente in der Überlieferung einer Religion vorliegen, werde ich sie im Folgenden benennen. Die wichtigsten Rätseldokumente seien hier in – so gut es geht – chronologischer Reihenfolge vorgestellt.106

Dem *Targum Scheni* zeitlich am nächsten kommt der *Midrasch Mischle*, ein vermutlich vier Jahrhunderte nach dem Targum im 11. Jahrhundert im Jemen geschriebener Kommentar zum alttestamentlichen Buch der Sprüche Salomos. Von den in diesem Midrasch überlieferten vier Rätseln der Königin soll nun die Rede sein. Gleich zu Beginn des Textes werden sie im Kommentar zu Sprüche 1,1 vorgestellt.107

Die Rätsel handeln von Schwangerschaft und Geburt, von Nachkommenschaft durch Inzest, von der Unterscheidung der Geschlechter und dem unterschiedlichen Verhalten beschnittener und unbeschnittener Männer; dabei setzen sie neben Bibel- und religionskundlichen Kenntnissen auch Vertrautheit mit biologischen Vorgängen und geschlechtsspezifischem Verhalten voraus.

Die erste Frage des *Midrasch Mischle* hört sich wie ein Zahlenrätsel an: „Was ist das: sieben gehen hinaus, neun kommen herein, zwei schenken ein und einer trinkt?" Salomos Antwort: „sieben Tage der Absonderung gehen hinaus,108 neun Monate der Schwangerschaft kommen herein, zwei Brüste schenken ein, und einer trinkt".

Im zweiten Rätsel spricht eine Mutter zu ihrem Sohn: „Dein Vater ist mein Vater, und dein Großvater ist mein Mann, du bist mein Sohn und ich deine Schwester." Die Lösung steht Genesis 19,30–38. Dort reden die beiden unverheirateten Töchter Lots miteinander, und die ältere spricht zu der jüngeren: „Unser Vater ist alt, und kein Mann ist mehr im Lande, der zu uns eingehen könnte nach aller Welt Weise. So komm, lass uns unserem Vater Wein einschenken und uns zu ihm legen, dass wir uns Nachkommen schaffen von unserem Vater." Da der Plan klappt, können sie, jede für sich – um mit den Zahlen des ersten Rätsels zu sprechen: nach 7 und 9 mit 2 für 1 – für ihren Sohn sorgen und ihn, wie im Rätsel zwei gefordert, über seine Verwandtschaft aufklären: sein Vater ist auch der Vater seiner Mutter, sein Großvater ist ihr Mann, er ist ihr Sohn und zugleich ihr Bruder, da sie die Kinder desselben Vaters sind. Selbstverständlich kennt Salomo seine Bibel und weiß die Antwort. Er schildert das Vorgehen der Töchter Lots zur Sicherung ihres Nachwuchses. Wegen der damit verbundenen Inzucht wird es ambivalent beurteilt, liegt aber im Interesse der Frauen und auch der Stammeszukunft.[109]

Das dritte Rätsel dient der Geschlechtsbestimmung. Es kommt in allen drei Religionen vor und ist vermutlich das am weitesten verbreitete Rätsel der Königin. Schon im *Targum Scheni* des 7. Jahrhunderts war es angedeutet, und noch auf christlichen Gobelins des 15. Jahrhunderts finden wir es eingewebt.[110] In dem Rätsel geht es um Mädchen und Jungen, deren Geschlecht nicht an ihrem Äußeren zu erkennen ist. Mal waren es 2, mal 10 oder 200, im Targum sogar 6000 Kinder, „alle von gleicher Gestalt und gleichem Wuchse und gleicher Kleidung"; im Targum waren sie sogar alle am gleichen Tag zur gleichen Stunde geboren. Salomo soll nun erkennen, wer von ihnen Mädchen, wer Junge ist. Im *Midrasch Mischle* verstreut Salomo „Nüsse und Sangen" (geröstetes Korn) vor den Kindern, andernorts sind es Äpfel. Als die Kinder die Früchte aufheben, kann Salomo ihr Geschlecht bestimmen: die Jungen „schämten sich nicht und nahmen dieselben in ihre Kleider", die Mädchen aber „waren schamhaft und nahmen sie in ihre Kopftücher".[111] Zum Grund dieses geschlechtsspezifischen Verhaltens lassen sich Vermutungen anstellen,[112] wichtig ist hier aber nur, dass Salomo es richtig beobachtet hat.

Die richtige Beobachtung hilft Salomo auch beim vierten Rätsel. Diesmal soll er herausfinden, wer in einer Gruppe von Männern beschnitten sei und wer nicht.[113] Er lässt die Bundeslade holen und öffnen. Daraufhin fallen

Unbeschnittene „auf ihr Angesicht nieder", während Beschnittene biblischer Tradition gemäß sich nur halb verneigen[114]; die Angesichter der Beschnittenen „wurden erfüllt vom Glanz der Schechina", heißt es dazu.[115]

Ebenfalls aus dem jemenitischen Judentum kommen die Rätsel, die im Midrasch-ha-Hefez stehen, einem Kommentar zu den fünf Mosesbüchern. Lassner vermutet, der Midrasch enthalte Teile einer mündlichen Tradition, die in der ersten Hälfte des 15. Jahrhunderts schriftlich fixiert worden seien: „The individual riddles of that tradition, however, are no doubt very old and probably derived from a wide variety of written and oral sources".[116] Das den Rätseln des Midraschs alte mündliche und schriftliche Überlieferungen vorausgingen, wird schon daran erkennbar, dass die vier Rätsel des *Midrasch Mischle* als erste Rätsel im Midrasch-ha-Hefez auftauchen. Die Sammlung enthält insgesamt 19 Rätsel.[117] Von ihnen möchte ich die uns bisher unbekannten 15 in der unsystematischen Reihenfolge, in der sie uns vorliegen, kurz und knapp vorstellen.

Die Lösungen der Rätsel gebe ich im Folgenden direkt hinter den Fragen, aber auf den Kopf gestellt, wieder:

- Wer ist weder geboren noch sterblich?

    Der Herr des Universums, gesegnet sei er!

- Welches Land hat die Sonne nur einmal gesehen?

    Das Land, auf dem sich der Schöpfungsgeschichte zufolge die Wasser sammelten an dem Tag, als die Meere gebildet wurden (Genesis 1, 9f.).

- Was ist einem Gehege mit zehn Türen gleich – wenn eins öffnet, sind zehn geschlossen, wenn neun offen sind, ist eins geschlossen?

    Das Gehege ist der Mutterleib. Die zehn Tore sind die zehn Öffnungen des Menschen: Augen, Ohren, Nasenlöcher, Mund, die Öffnungen zur Entladung von Exkrementen und Urin, und schließlich der Nabel. Wenn das Kind noch ein Embryo ist, ist sein Nabel offen und die anderen Öffnungen sind geschlossen; wenn es geboren ist, ist der Nabel geschlossen und die anderen Öffnungen sind offen.[118]

- Wenn er lebt, bewegt er sich nicht, wenn sein Haupt abgeschnitten ist, bewegt er sich?

Der Baum. Er bewegt sich nicht vom Fleck, wenn er lebt. Aber er bewegt sich – z. B. schwimmt er, wenn sein Holz zu einem Boot verarbeitet ist –, nachdem er gefällt ist.

- Wozu gehört das – drei haben weder gegessen noch getrunken noch war irgendein Lebensatem in ihnen und doch haben sie drei Leben bewahrt?

Die, die nicht gegessen, getrunken und geatmet haben, waren Siegel, Faden und Stock; das Leben, das sie bewahrt haben, waren das von Tamar, Perez und Zerah. Die kinderlose und verwitwete Tamar hatte sich als Hure verkleidet ihrem Schwiegervater Juda hingegeben, um von ihm ein Kind zu bekommen. Juda aber hatte den als Bezahlung für Tamars Dienste vorgesehenen Ziegenbock nicht parat. Da erbat sie sich von ihm als Pfand sein Siegel, seine (Gebets-)Schnur (seinen Faden) und seinen Stock (Stab). Tamar aber wurde schwanger; als ihr Schwiegervater sie deshalb wegen Unzucht bestrafen wollte, zeigte sie Juda die Pfänder, identifizierte ihn so als Vater ihrer Zwillinge und rettete sich und ihren Kindern Perez und Zerah das Leben (Genesis 38,6-30).

- Wozu gehört das – drei betreten eine Höhle und fünf kommen aus ihr heraus?

(Zu der Geschichte von) Lot, seinen zwei Töchtern und ihren zwei Söhnen. Der betrunken gemachte Lot und seine beiden Töchter gingen zu dritt in die Höhle, die beiden Töchter kommen beide geschwängert von und mit ihrem Vater heraus (Genesis 19,30-38).119

- Wozu gehört das – der Tote lebt, das Grab bewegt sich, und der Tote betet?

Die tote Person ist Jona; der Wal ist sein Grab; die Person, die betet ist (auch) Jona. Der Prophet Jona gilt als tot, nachdem der Wal (sein Grab) ihn verschlungen hat. Im Bauch des schwimmenden Wals betet Jona zu Gott, wird nach drei Tagen vom Wal am Meeresufer ausgespieen, lebt und erfüllt in Ninive den Auftrag, zu dem Gott ihn berufen hat (Jona 1f.).

- Wozu gehört das – drei aßen und tranken auf Erden, aber sie waren weder männlich noch weiblich geboren?

Die drei Engel, die unseren Vater Abraham besuchten. Engel galten im Mittelalter als geschlechtslos. Sie wurden, als sie Abraham besuchten, von ihm gastfreundlich bewirtet (Genesis 18, 1ff.).

- Wozu gehört das – vier betraten den Ort des Todes und tauchten lebendig wieder auf, zwei betraten den Ort des Lebens und gelangten zum Tod?

Die vier waren entweder Daniel, Hanania, Mischael und Azaria in Babylon (nach Daniel 1,6.19) oder Daniel, Schadrasch, Meschach und Abed-Nego (nach Daniel 3 und 6); für die erste Version spricht, dass sie von Anfang an zu viert sind, mit dem Ort des Todes muss dann der Hof Nebukadnezars gemeint sein, an dem die vier erzogen wurden; für die zweite Version spricht, dass Daniel in der Löwengrube und die drei im Feuerofen konkret an tatsächlichen Orten des Todes waren und ihnen entkamen, nur waren die vier dort nicht gemeinsam, sondern an zwei verschiedenen Orten. Die zwei am Ort des Lebens, nämlich beim Opfer für Gott in der Wüste Sinai, waren die beiden ältesten Söhne Aarons Nadad und Abihu; sie starben, weil sie „mit fremdem Feuer Gott opferten" (Numeri 3,4).

- Wozu gehört das – er war geboren, aber er starb nicht?

Das gehört zu Elia. Er starb nicht, sondern fuhr im feurigen Wagen in den Himmel (2. Könige 2, 4–14). Außerdem gilt auch für den kommenden Messias, dass er geboren wird, aber nicht stirbt.

- Was war ungeboren und sollte doch Leben geben?

Das goldene Kalb. Das abtrünnige Volk Israel fertigte es aus Goldgeschmeide und verehrte es wie Gott, der das Volk aus der ägyptischen Sklaverei befreit hat (Exodus 32, 1ff.)

- Wozu gehört das – es ist von der Erde hergestellt, aber Menschen verarbeiten es, seine Nahrung kommt von der Frucht der Erde?

Das bezieht sich auf einen Docht, der mit Öl getränkt wird.[120]

- Wozu gehört das – eine Frau ist mit zwei Männern verheiratet und hat zwei Söhne, aber die vier haben einen Vater?

   Das bezieht sich auf die Geschichte von Tamar. Tamar war mit zwei Männern verheiratet; sie hießen Er und Onan und waren Judas Söhne; der erste starb, ohne ein Kind gezeugt zu haben, der andere „ließ den Samen auf die Erde fallen und verderben, wenn er einging in seines Bruders Frau". Von ihrem Schwiegervater Juda schwanger, gebar Tamar schließlich zwei Söhne: Perez und Zerah. Der eine Vater aller vier Männer war also Juda (Genesis 38, 6–30).[121]

- Wozu gehört das – ein Haus, gefüllt mit Toten, kein Toter wurde hierher gebracht und kein Lebender tauchte von hier (wieder) auf?

   Das bezieht sich auf den Dagontempel, den Simson im Philisterland einstürzen ließ, wobei er selbst und die Philister unter den Trümmern begraben wurden (Richter 16, 23–30).[122]

Insgesamt lässt sich feststellen: wir finden in den jüdischen Traditionen ein großes Repertoire an Rätseln, das für eine lange Gesprächsrunde zwischen der Königin und Salomo Stoff bietet. Vor allem erstaunt, welche Kenntnis der Heiligen Schrift die Verfasser der Rätsel der heidnischen Frau zugetraut haben, dass sie sie solche Fragen stellen lassen!

Überhaupt fällt bei der Zusammenstellung der jüdischen Rätseltraditionen zweierlei auf: einerseits gibt es viele Rätsel, die eine gute Kenntnis der biblischen Texte voraussetzen, andererseits – und in den beiden ausgeführten Beispielen mit biblischen Texten verbunden –, sind es Rätsel, in denen Frauen eine starke selbstbestimmte Rolle spielen oder in denen sich ihre (mittelalterliche) Lebenswelt widerspiegelt.

Christliche Überlieferung zu den Rätseltraditionen ist dagegen deutlich bescheidener oder, anders gesagt, weniger erfindungsfreudig. In ihr geht es hauptsächlich um die Unterscheidung der Geschlechter, ein Problem, das sie mit der jüdischen und muslimischen Tradition verbindet.[123] Anders als Juden und Moslems fragt sie darüber hinaus nach dem Unterschied zwischen Natur und Kunst. Denn Salomo muss auf den in christlichen Palästen liegenden Teppichen des 16. und 17. Jahrhunderts auch unterscheiden zwischen genau gleich aussehenden natürlichen und künstlichen Blumen – und ihm gelingt das, indem er eine oder mehrere Bienen auf Blütenstaubsuche schickt.[124]

Damit komme ich abschließend zu drei Rätseln, die spezifisch sind für die *islamische* Welt. Diese Rätsel sind uns zuerst aus Schriften bekannt, die vor gut tausend Jahren geschrieben wurden.[125] Es sind zwei Rätsel, die aus der (männlichen) Kaufmannswelt zu kommen scheinen, und eins, das die Grenzen von Rätselfragen überhaupt markiert.

Im ersten Rätsel geht es um ein Schmuckkästchen, einen Edelstein und seine Durchbohrung. Je nach Erzähler kann dieses Rätsel bis zu drei Teile haben. Es kann 1. nach dem Inhalt des Schmuckkästchens gefragt werden (die Lösung heißt: ein Edelstein).[126] 2. wird immer danach gefragt, wie der Stein durchbohrt werden kann, damit ein Faden hindurch zu ziehen ist (Antwort: mit einer Termite, die gegebenenfalls den Faden selbst hindurch zieht[127]). Manchmal wird auch 3. noch danach gefragt, wie man durch einen Edelstein oder Diamanten, der ein gewundenes (krummes) Loch hat, einen Faden hindurch ziehen kann (Antwort: mit Hilfe eines Wurmes).

Das zweite spezifisch muslimische Rätsel sucht nach einem Durst stillenden Wasser, das weder vom Himmel noch von der Erde kommt. Die richtige Antwort wissen die Pferde liebenden Muslime: dieses Wasser ist der Schweiß des Pferdes.[128]

In die Mitte des islamischen Glaubens und an die Grenze des Rätselratens selbst führt die letzte Frage. Sie lautet: Was ist das Wesen Gottes? Bereits bei dem im 9. Jahrhundert lebenden persischen Gelehrten Al-Tabari fordert die Königin Salomo auf: „Gib mir Kunde vom Zustand des Herrn!" Mit dieser Aufforderung überschreitet die Königin ihre Kompetenz; sie erweist sich als noch nicht recht geleitet, als heidnisch-unwissend. Denn diese Frage überschreitet für den Muslim die zulässige Grenze alles Rätselratens. Salomo macht das dadurch deutlich, dass er, statt der Königin zu antworten, entsetzt von seinem Thron aufspringt, sich zu Boden wirft und Allah anbetet. Nach einer späteren Lesart soll er bei der Frage wie vom Blitz getroffen in Ohnmacht gefallen sein. Als er aus der Ohnmacht erwachte, gab er einem Engel, der ihm erschien, die Auskunft: „Die Königin fragte mich nach etwas, das mir weh tut und das ich nicht wiederholen kann." Auch die Königin selbst hat plötzlich die Frage vergessen und kann sie nicht erneut stellen.[129] Sie ist nämlich eine verbotene Frage. Denn Gottes Wesen kann nach islamischer Überlieferung niemand kennen.[130]

Es lohnt sich, dieser Frage dennoch genauer nachzugehen. Denn einerseits gilt diese Feststellung mit Modifikationen auch für Judentum und Christentum. In der Tora ist einem Juden verboten, sich ein Bild von Gott zu machen und seinen Namen zu missbrauchen. Das im Dekalog erlassene Bilderverbot ist von Christen übernommen und von Moslems radikalisiert worden.[131] Für Christen korrespondiert dem offenbaren Gott der verborgene Gott, dessen Wesen und Handeln unergründlich bleibt. Andererseits aber geben alle drei Religionen eine Antwort auf die Frage nach Gottes Offenbarung. Für das Judentum hat er sich in der Tora offenbart; dort lässt er sich finden. Für das Christentum zeigt sich der gnädige Gott in Jesus Christus. Und im Islam gilt, dass der Koran Allahs Offenbarung ist: hier ist er zu suchen und, zugleich erkennbar und verborgen, zu finden.

So verlockend es ist, dieses Kapitel der Rätsel mit der muslimischen Weisheit der Erkenntnis zu schließen, dass es ein Rätsel gibt, das nicht gelöst werden kann, ja nicht einmal gestellt werden darf, dass Rätsel also ihre Grenze haben, so muss hier doch noch auf den Anfang des folgenden Kapitels hingewiesen werden, weil dort das Rätsel aller Rätsel gestellt wird. Es geht im Rätsel nämlich nicht nur darum, irgendetwas oder irgendjemanden Fremdes zu erraten, sondern am Ende ist die Fragestellerin oder der Fragesteller selbst als Lösung zu finden. Sie oder er verschlüsseln und zeigen sich zugleich in den Rätseln, die sie aufgeben.

Beispiel 6: Salomo, Adam und ihre außergewöhnlichen Frauen: die rabbinisch-jüdische Tradition von Sabas Königin als Lilith im Alphabet des Ben Sira (11. Jahrhundert n. Chr.)

Die im letzten Kapitel wiedergegebenen Rätsel sind zwar die wichtigsten, aber längst nicht alle, die der Königin seit dem frühen Mittelalter im Laufe der Jahrhunderte in den Mund gelegt werden. Ein Rätsel betrifft sie selbst. Dieses Rätsel leitet über zu einer zunächst sehr befremdlichen Rolle, die die Königin insbesondere in der jüdischen Kabbala des Hoch- und Spätmittelalters erhält.[132] Rolf Beyer hat diese ihre Rolle in zwei Kapiteln beschrieben. Das zweite dieser beiden Kapitel heißt: „Die unbeschuhte Dämonin".[133] In ihm stellt Beyer das „Beschuhungsrätsel" aus dem Sefer ha-Zohar, einem Hauptwerk der Kabbala aus dem 13./14. Jahrhundert vor. Das Rätsel kann nur gelöst werden, wenn man die Falle durchschaut, die mit ihm gestellt ist. Salomo solle der Königin Sandalen anfertigen, heißt es. In der Tradition der Kabbala wird die Königin als Dämonin gesehen; Dämonen aber haben keine menschlichen Füße, sie können Sandalen gar nicht tragen. Die Königin hat einen Tierfuß, der sie als Dämonin ausweist, das ist der Rätselaufgabe Lösung. Für die Bestimmung des Tieres gibt es in der Überlieferung eine ganze Palette an Möglichkeiten: mal ist es ein Esels-,[134] mal ein Gänse-, gelegentlich sogar ein Hahnenfuß. Salomo durchschaut die wahre Natur der Rätselstellerin und erklärt, warum er nicht ihr Schuhmacher werden kann: Er hat mit einer Dämonin zu tun, die keine Sandalen gebrauchen kann.

Bevor wir der Frage nachgehen, wie und wann es dazu kommt, dass die Königin zur Dämonin wird, lohnt es sich, beim Zusammenhang von Rätsel und Person noch einen Moment zu verweilen. Als ältestes Rätsel der Menschheit gilt das Rätsel der Sphinx. Bekannt ist es als ein Rätsel, das Ödipus auf dem Weg nach Theben lösen musste. In ihm geht es um ein erst vier-, dann zwei- und schließlich dreifüßiges Wesen. Des Rätsels Lösung: der Mensch. Er geht zuerst (als Kleinkind) auf vier „Beinen", dann (als Erwachsener) auf zweien und schließlich (als alter Mensch) auf drei „Beinen" (mit Stock). Ursprünglich aber hat die Sphinx nicht nach dem Menschen, sondern nach sich selbst gefragt; in ihr verbinden sich nämlich der (vierbeinige) Stier mit dem (zweibeinigen) Mann und dem (als dreibeinig gedachten) Esel. Wie bei der Königin von Saba, so mischen sich auch in der Sphinx menschliche (insbesondere das Antlitz) und tierische (insbesondere die Füße) Gestalt; beide kommen aus dem fernen Süden,[135] sie haben dämonische Vorfahren, die Menschen bedrohen, und haben selbst solange dämonische Macht, bis diese von einem königlichen Menschen – Ödipus beziehungsweise Salomo – durch seine Rätsellösungsfähigkeit gebrochen wird; mit ihrer Identifizierung verliert die Dämonin ihre Macht.[136]

Von hier aus ergibt sich auch eine Verbindung zum Ende des letzten Kapitels, nämlich zu der Beobachtung, dass im Islam die Frage nach dem Wesen Gottes nicht gestellt werden darf. Die Gottheit verlöre ihre Gottheit, wenn sie erkannt würde; sie kann nicht erfragt und erkannt werden, sie kann sich höchstens selbst zu erkennen geben. Gilt dieser Satz nicht auch für die Beziehung zwischen Menschen? Ist es wirklich möglich, das Rätsel, das den anderen selbst meint, zu lösen? Muss er sich nicht selbst zu erkennen geben und wird doch niemals durchschaut? Zu fragen ist an dieser Stelle auch, ob es nicht einen guten Sinn macht, dass über tausend Jahre unausgesprochen blieb, welche Rätsel die Königin Salomo gestellt hat und dass auch im Mittelalter, als vielerlei Rätsel der Königin in den Mund gelegt wurden, das Geheimnis der Beziehung zwischen den beiden nie ganz gelüftet werden konnte. Das gilt auch für die

Version, nach der die Königin zur Dämonin wurde. Wie und wann kam es dazu?

Bereits im 4. Jahrhundert hatte das *Testament Salomos* sie als *goēs* bezeichnet; damit wurde sie, wie wir gesehen haben, zwar nicht den Dämonen gleichgestellt, wohl aber kritisch den Hexen oder Scharlatanen zugeordnet und als „hochmütig" charakterisiert; erst als sie, von Salomos Bau des Tempels beeindruckt, sich zur finanziellen Beteiligung am Bau entschied, gelangte sie auf die richtige, die menschliche Seite des Lebens.[137]

Dann haben wir – einer islamischen und einer jüdischen Schrift aus dem 7. Jahrhundert folgend – beobachtet, wie Salomo die Königin in einem Glaspalast empfing; weil sie meinte, sie müsse durch Wasser waten, hob sie ihr Kleid und entblößte so ihre „Beine". Im Koran trägt das Entsetzen darüber, auf Salomos Täuschung hereingefallen zu sein, zu ihrer Bekehrung zur Muslima bei.[138] Im Targum führt die Wahrnehmung der Behaarung ihrer Beine zu Salomos wenig galanter Begrüßung der Königin, dass sie zwar im Übrigen die Schönheit von Frauen besitze, aber die beim Raffen ihres Kleider sichtbar gewordenen Haare sie als Frau hässlich erscheinen lassen. Nach einer Überlieferung des islamischen Gelehrten Al-Tabari (um 900) heißt es sogar, dass die Dämonen den Glaspalast extra deshalb gebaut hätten, damit Salomo merkt, woran er bei der Königin ist; er soll durch ihre behaarten Beine von seinem sexuellen Begehren abgehalten werden; die beiden würden dann kein Paar, so hofften die Dämonen, sie bekämen keine Kinder und damit würde auch die salomonische Herrschaft über die Dämonen ein Ende finden.[139]

Nun, für das 11. Jahrhundert schriftlich belegt, begegnet uns eine Königin, deren Haare sie eindeutig als dämonisch ausweisen. Die biblische Erzählung hatte sie als weise, wohlhabend, würdevoll und als reizvolle Partnerin beschrieben, als im besten Sinn neugierige Fremde, ein Gegenbild zur tyrenischen Königstochter Isebel. Jetzt aber wird sie selbst zu einer Isebel. Mehr als das: sie wird Mutter Nebukadnezars, des Vernichters Israels. Und als Lilith wird sie sogar zur Bedrohung für alles Leben.

Sie ist jetzt nicht mehr durch ihre Weisheit, die sich in ihren Rätseln zeigt, und durch ihren Reichtum, von dem sie reichlich schenkt, sondern nur noch durch ihre Sexualität attraktiv; auf Sexualität und nicht mehr auf Weisheit richten sich auch alle Erwartungen an sie. Damit wird sie zur Verführerin zum Aberglauben.

Das zeigt eine Episode, die in der mittelalterlichen jüdischen Schrift des

Pseudo-Ben Sira erzählt wird.[140] Schon der Kontext der Episode lässt nichts Gutes ahnen. Der junge Ben Sira wird beschrieben als ein jüdisches Wunderkind, mit Fähigkeiten ähnlich denen König Salomos. Salomos Gegenüber war die Königin von Saba, für Ben Sira ist es König Nebukadnezar. Wie Sabas Königin, so ist auch Nebukadnezar fremd, reich und mächtig – und neugierig darauf, Ben Sira kennen zu lernen und seine Fähigkeiten zu prüfen. Aber er ist nicht ein freundliches Gegenüber, sondern historisch bekannt als Erzfeind Israels, er ist der König Babylons, der Jerusalem erobert und Israeliten in Gefangenschaft geführt hat. Um das jüdische Wunderkind zu treffen, macht er sich – anders als die Königin – nicht selbst auf den Weg, sondern befiehlt durch seine Boten Ben Sira zu sich.[141] Obwohl Ben Sira gar nicht will, muss er sich, von herrscherlichem Drängen genötigt, schließlich doch auf den Weg machen und dem König Rede und Antwort stehen. An Babylons Hof angekommen, zeigt Nebukadnezar ihm ein unbehaartes Kaninchen und fragt ihn, wie der Kopf des Kaninchens so glatt geworden sei. Ben Sira antwortet: durch eine Wundercreme, die für Haarausfall sorgt. Er kann sogar die Zusammensetzung und Mischung der Creme aus Kalk und Arsen erklären. Falls Nebukadnezar noch Genaueres erfahren wolle, müsse er seine eigene Mutter fragen, meint Ben Sira. Der König reagiert verblüfft und möchte wissen, wieso seine Mutter ihm darüber Auskunft geben könne. Daraufhin erzählt Ben Sira eine für den heutigen Leser erstaunliche Geschichte. Ben Sira macht nämlich deutlich, wen er für Nebukadnezars Mutter hält. Es ist die Königin von Saba![142] Ben Sira erklärt, dass Nebukadnezars Mutter, also Sabas Königin, als sie mit ihrem Tribut[143] zu Salomo kam und seiner Weisheit lauschen wollte,[144] vom König als sehr schön empfunden und sexuell begehrt worden sei.[145] Aber Salomo fand die Königin stark behaart – und das als Angehöriger einer Kultur, deren Frauen ihre Körperbehaarung traditionell teils entfernten, teils verhüllt hielten!

Das, was Salomo durch seine Täuschung in seinem gläsernen Palast schon im *Targum Scheni* und vermutlich auch im Koran an der Königin unangenehm aufgefallen war, droht jede Intimität zwischen den beiden zu ersticken. Salomo ordnet deshalb an, dass seine Sklaven die Ingredienzen für eine Enthaarungscreme herbeischaffen, sie mischen[146] und der Königin geben sollen.[147] Jedenfalls, heißt es nun, habe die Königin danach – auf dieselbe Weise wie das eingangs bestaunte kahle Kaninchen – keine den König störenden Haare mehr gehabt,[148] und Salomo „machte mit ihr, wie/was er gewünscht hat". Die Königin ist danach voll des Lobes über ihn. Denn die Worte, die in 1. Könige 10 auf

Salomos Weisheit bezogen waren, gelten nun seiner sexuellen Kompetenz: was ihr erzählt worden ist, sagt sie, sei nicht mal die Hälfte von dem, was er wirklich vermag.

Ben Sira hat mit diesen Worten den Kontext der Erfindung der Enthaarungscreme und zugleich die Umstände von Zeugung und Empfängnis Nebukadnezars erläutert – und uns Lesern gezeigt, wer jetzt als des babylonischen Herrschers Eltern gelten. Nebukadnezar fragt Ben Sira daraufhin, woher er das alles wisse. Und er erhält eine kecke biblische Antwort vom Wunderknaben: „Weil ich ein Prophet bin und der Sohn eines Propheten!"[149]

Man kann die literarische Qualität des hier referierten mittelalterlichen Textes unterschiedlich hoch einschätzen. Inhaltlich aber zeigt er eine entscheidende Wende im Verständnis der Königin. Die Königin kommt nun nicht nur aus einem anderen Land, einer anderen Religion und gehört zu einem anderen Geschlecht. Sie entstammt jetzt einer feindlichen anderen Welt, die mit der Welt Salomos in einem tödlichen Konflikt liegt. Der einzige Berührungspunkt dieser beiden Welten ist die Sexualität. Im Wettstreit der beiden geht es nicht mehr um Weisheit oder Glaube eines Königs und einer Königin, in deren Kontext auch Begehren seinen Platz hat (vgl. 1. Könige 10,13), sondern ausschließlich um das Begehren, dessen Ergebnis „Nebukadnezar" heißt. Jetzt kann man sagen: zwischen Mann und Frau, Mensch und Dämon findet ein Kampf der Geschlechter statt, in dem es anscheinend nur Sieger und Besiegte gibt, aber nicht wie in der biblischen Erzählung beide gewinnen. In Ben Siras Erzählung scheint es zunächst Salomo zu sein, der gewinnt: er erreicht dank seiner Kenntnisse und Beherrschung der Natur (Stichwort Enthaarungscreme), was in Ben Siras Schrift seit Beginn ihrer Begegnung sein Ziel war: die sexuelle Vereinigung. Am Ende steht nicht die gemeinsame Freude, sondern ein Sohn namens Nebukadnezar. Der zerstört, was sein „Vater" Salomo aufgebaut hat und was Salomos Volk heilig ist, nämlich den Tempel in Jerusalem. Die feindliche Welt der Königin triumphiert. Schuld daran scheint eine Sexualität zu sein, die sich verselbständigt hat. Einst im biblischen Zusammenhang ging es um eine Begegnung, geheimnisvoll und vielschichtig. Jetzt ist, was zwischen beiden geschieht, reduziert auf ein Habenwollen. Salomo hat im Pseudo-Ben Sira damit den Anfang gemacht. Schuld daran wird aber einseitig der Frau gegeben. Sie wird abgestempelt zur Dämonin. Sie, der einst mit Hochachtung, mit Wertschätzung und mit Wahrnehmung ihrer Würde begegnet wurde, wird nun zur Lilith, die den Zerstörer des Tempels gebiert, an dessen Zeugung gleichwohl auch

Salomo seinen Anteil gehabt hat. An ihren Haaren, an der Gestalt ihrer Beine oder ihres Fußes wird man sie fortan erkennen, wenn man dieser Tradition folgt.[150]

Im Folgenden soll zunächst geprüft werden, ob und gegebenenfalls wo es solche Dämonisierungen biblischer Frauengestalten sonst gibt; sie könnten als Vorbild oder Parallele angesehen werden. Danach gehen wir der Geschichte der Lilithtraditionen nach, weil die Königin im Prozess ihrer Dämonisierung mit „Lilith" einen neuen Namen beziehungsweise eine Gattungsbezeichnung erhält.[151]

In seiner Monographie mit dem Titel *Demonizing the Queen of Sheba* untersucht Jacob Lassner in einem eigenen Abschnitt „The Origins of the Dangerous/Demonic Queen".[152] Dabei prüft er die Bedeutung anderer biblischer Frauengestalten für den Vorgang der Dämonisierung der Königin. Im Einzelnen stellt er fest: Die Israel nahestehenden beziehungsweise selbst zu Israel gehörenden Frauen Jael[153] und Deborah[154] locken zwar den feindlichen Hauptmann Sisera in ihr Haus, und Jael zerschmettert, während er schläft, mit einem Schmiedehammer sein Haupt, dennoch finden sich bei ihnen keine Anhaltspunkte für eine Dämonisierung. Anders ist das bei den Ausländerinnen Delilah[155], Isebel[156], ihrer Tochter Athalja[157], bei Vasti[158] und vor allem bei der fremden Frau, vor der die Weisheit im ersten Teil des Sprüchebuchs warnt[159]; mit ihnen und ihren Handlungen wird Sabas Königin jetzt identifiziert und dadurch verteufelt. Auch mächtige ausländische Königinnen wie Semiramis[160], Zenobia[161], Kleopatra[162] oder Irene[163] können für ihr neues ‚Image' Patin gestanden haben.

Sie alle haben nach Meinung ihrer Interpreten zwei Merkmale: 1. Sie sind Anhängerinnen eines fremden Kultes, einer nicht jahwegemäßen Gottesverehrung, und 2. sie sind Frauen, die ihre angeblich schöpfungsgemäße Geschlechtsrolle verlassen haben – sie werden als sexuelle Verführerinnen dargestellt, ordnen sich ihrem Mann nicht unter beziehungsweise verraten ihn und/oder sie nehmen ihre Rolle als Mutter nicht angemessen wahr – und wenn sie schon gebären, dann kommt so jemand wie Nebukadnezar dabei heraus.

Beide Merkmale kulminieren in einer mythischen Figur, mit der die Königin von Saba seit dem Mittelalter in einer ihr kritisch gegenüberstehenden Traditionslinie identifiziert wird. Diese Linie tritt verstärkt im Judentum auf, ist aber nicht auf sie beschränkt. Gemeint sind die verschiedenen Spielarten, die die Königin in der Rolle der Lilith sehen. Neben den genannten verschiedenen

Gesichtspunkten, die zu ihrer Dämonisierung geführt haben, trägt dazu wesentlich bei, dass Sabas Königin aus der Wüste kommt. Denn die Wüste ist seit alters her Ort der Dämonen und der Lilith. Das lässt sich studieren an den Wüstenvätern der koptischen, der syrischen und der griechischen Tradition.[164] In der Wüste hatte sich Jesus gegenüber dem Versucher bewähren müssen, bevor er mit seinem öffentlichen Wirken begann.[165]

Es gibt eine Bibelstelle, die direkt auf Lilith hinweist. Dabei handelt es sich um ein prophetisches Wort vom Ende des 6. vorchristlichen Jahrhunderts. In Jesaja 34,14, einem Nachtrag im Jesajabuch, stehen Worte, die von der Verwüstung Edoms handeln. Edom hatte, obwohl es Israels Brudervolk war,[166] auf Israels Untergang schadenfroh reagiert und musste dafür die Quittung erhalten.[167]

Jesaja 34, 10b–14 beschreibt wortgewaltig, wie das von Gottes Strafgericht getroffene verwüstete Edom aussieht.[168] Da heißt es: „Von Geschlecht zu Geschlecht liegt es wüst, in alle Ewigkeit durchwandert es keiner mehr. Eule und Uhu nehmen es in Besitz, Uhu und Rabe wohnen darin. Man spannt die Messschnur der Verödung darüber, und die Steine der Leere. Da ruft man kein Königtum mehr aus, und mit all seinen Fürsten ist Schluss. Seine Paläste gehen auf in Gestrüpp, Nesseln und Dornen wuchern an seinen festen Plätzen. Und es wird zu einer Stätte von Schakalen, zum Gehöft von Straußen. Da treffen sich Dämonen mit Kobolden, und Bockgeister halten Stelldichein. Ja, dort rastet Lilith und findet für sich einen Ruheplatz."[169]

Dort also, wo einst Edomiter lebten, mitten in der Wüste, ist der Ort Liliths. Von dorther bricht sie auf zu ihren unheilvollen Expeditionen in die Lebensräume der Menschen. Ihre Orte in der Wüste wechseln. Nach manchen Überlieferungen ist es sogar eine mitten in der Wüste gelegene Oasen-Stadt. Tadmor/Palmyra in der syrischen Wüste ist eine solche Stadt. Dort hat sie ihren Sitz, heißt es. Salomo soll diese Stadt dem 2. Buch der Chronik zufolge (Kapitel 8, Vers 4) gegründet haben. Heimat Liliths, Stadt in der Wüste und Gründung durch Salomo: da liegt es im Mittelalter nahe, diese Stadt könne von Salomo für seine Wüsten-Königin aus Saba gebaut worden sein, als Treffpunkt zwischen den Welten, zwischen Saba und Jerusalem. Jedenfalls wird Palmyra zugleich Liliths und der Königin Stadt; manche Fremdenführer zeigen dort noch heute ihr Grab. Dass hier nicht nur eine jüdische Tradition vorliegt, darauf sollen die Erzählungen aus 1001 Nacht hinweisen. Ihnen zufolge habe Salomo sogar persönlich seine Königin in Palmyra begraben.[170]

Fragen wir danach, wie Lilith in die Wüste gekommen ist, so können wir für eine mögliche Antwort eins der ältesten Epen der Weltliteratur aufschlagen; denn die erste uns bekannte Lilithgeschichte steht im über 4000 Jahre alten Gilgamesch-Epos. Beyer hat sie nacherzählt:

Inanna/Ischtar, Göttin des Krieges und der Liebe in altorientalischen Kulturen, hat den Chaluppu-Baum, wahrscheinlich eine Eiche, unter ihren Schutz genommen. Sie versetzt ihn in ihren herrlichen Garten zu Uruk, der Hauptstadt des alten Sumererreiches, um sich aus seinem Holz einen Thron und ein Ruhebett herstellen zu lassen. Doch der Baum kann nicht gefällt werden, denn unter seiner Wurzel hat sich eine Schlange eine Höhle gebaut, und in seinen Zweigen haust die böse Dämonin Lilitu. Inana/Ischtar beginnt zu weinen. Da bietet ihr der Held Gilgamesch seine Hilfe an. Die Schlange wird getötet, Lilitu wird aus dem Baum in die Wüste vertrieben. Dort haust sie seitdem und lauert den Männern auf.[171] Davon aber, dass Lilith alias Kiskililla den Männer auflauert (offensichtlich, um sie zu verführen), finde ich in den mir bekannten Fassungen des Gilgameschepos keine Spur.[172]

Bei der Sichtung der alttestamentlichen Kontexte zu 1. Könige 10 war oben auch schon von Hiob 1,15, dem mörderischen Überfall der Sabäer auf Hiobs Knechte und Vieh die Rede. Nun gibt es eine spätere aramäischen Übersetzung dieser Bibelstelle, in der plötzlich nicht mehr die Sabäer allgemein die Morde und den Raub begehen, sondern es ist die sabäische Königin selbst als Lilith, die so verbrecherisch handelt. „Plötzlich fiel Lilith, die Königin von Smaragd, über sie her und schleppte sie davon," heißt nun die aramäische Übersetzung der ersten Hiobsbotschaft.[173]

Alles denkbar Böse kommt von dieser unsteten Wüstendämonin, die meist heimlich in der Nacht wirkt und wie der Wind kommt und geht.[174] Krankheiten bringt sie;[175] als Dirne macht sie Männer besessen, animiert sie sexuell, ohne dass sie Befriedigung finden; sie verleitet zu verbotenen sexuellen Praktiken, ermuntert allein schlafende Männer zur Onanie bis zur Selbstzerstörung oder schafft aus ihrem onanierten Samen dämonische Schattenwesen; Kinder frisst sie auf, ist selber aber unfruchtbar oder gebiert Monstren wie Nebukadnezar.[176]

In Goethes *Faust* treffen Mephisto und Faust in der Walpurgisnacht Lilith. Mephisto stellt sie seinem Begleiter als „Adams erste Frau" folgendermaßen vor: „Adams erste Frau, nimm dich in Acht vor ihren schönen Haaren, vor diesem Schmuck, mit dem sie einzig prangt; wenn sie damit den jungen

Mann erlangt, so lässt sie ihn so bald nicht wieder fahren".[177] Mephisto kennt demnach offensichtlich die Auslegung der Schöpfungsgeschichten, so wie sie in dem uns schon bekannten Ben-Siras-Alphabet aus dem 11. Jahrhundert steht. Bei Ben Sira werden die zwei am Anfang der Bibel stehenden Schöpfungsgeschichten, nämlich Genesis 1,1–2,4a und Genesis 2,4bff, nicht als zwei verschiedene Darstellungen eines Vorgangs gesehen,[178] sondern als fortlaufende chronologische Erzählung – mit dem Effekt, dass Frau und Mann nicht zweimal in verschiedenen Darstellungs-Variationen geschaffen erscheinen, sondern dass zwei verschiedene Frauen geschaffen werden, merkwürdigerweise aber nur ein Mann.[179] Nach Ben Siras Auslegung der ersten Genesiskapitel und nach Schöpfungsgeschichten der kabbalistischen Tradition verläuft die Schöpfung in chronologischer Reihenfolge so: nach Genesis 1,27b wurde der Mensch (hebräisch *adam*, von *adamah* = Erde) vollkommen gleichberechtigt als Mann (hebräisch *isch*) und Frau (hebräisch *ischa*, vgl. das jiddische Wort *Ische*) geschaffen. Zwischen diesen gleichberechtigten Personen entbrannte ein ständiger Kampf darum, wer wem bei den vielen Entscheidungen, bei denen beide sich nicht einig waren, zu gehorchen hatte.[180] Die Frau (sie heißt in dieser Tradition Lilith) beugte sich dem Herrschaftsanspruch des Mannes nicht (der Mann heißt Adam, obwohl dieses Wort im Hebräischen für „Mensch"

Schutzamulett, mit dem Säuglinge vor dem schädlichen Einfluss Liliths bewahrt werden sollten. Die dämonische Lilithgestalt ist in Ketten gelegt und durch den sie umschließenden, dem Säugling geltenden Aaronsegen („Es segne dich Gott und behüte dich...") handlungsunfähig gemacht. (Persien 18. Jh.)

schlechthin steht, nicht für „Mann"). Adam aber bestand darauf zu bestimmen. Liliths Revolte gegen ihn richtete sich nun zugleich auch gegen den als männlich verstandenen Gott Jahwe; ohne Scheu nannte sie ihn beim Namen.[181] Mit Flügeln ausgestattet floh sie vor Adam. Der rief nun jammernd nach ihr, wollte aber nicht von seinem Herrschaftsanspruch abrücken. Weil sie folgerichtig deshalb seinem Werben hartnäckig widerstand, bekam sie von Engeln Macht über alle neugeborenen Kinder eingeräumt.[182]

Adam aber erhielt als Ersatz für Lilith Eva, seine zweite Frau. Von ihr handele die zweite Schöpfungsgeschichte in Genesis 2, 18–23. In dieser Geschichte werde Eva zur Vermeidung eines erneuten Rangstreits von vornherein nicht gleichberechtigt mit dem Mann zusammen, sondern nachrangig aus Adams Rippe geschaffen. Die auf Eva eifersüchtige Lilith sorge aber für neue Verwirrung, indem sie Eva zum Essen der verbotenen Frucht verleitet.[183] Lilith kann es am Ende der Geschichte als ihren Erfolg verbuchen und als gelungene Rache ansehen, dass Adam und Eva nach dem verbotenen Fruchtgenuss das Paradies verlassen müssen und ein anstrengendes Leben vor sich haben.[184]

Wer sich diese Zusammenhänge vergegenwärtigt, kann auch einen Sinn darin sehen, dass Sabas Königin zur Lilith wird, sobald sie aus ihrer ihr in der alten Fassung von 1. Könige 10 eingeräumten souveränen Rolle als gleichberechtigte fremde Königin, die Salomo auf Augenhöhe begegnet, herausgedrängt und von ihm zum Bekehrungs- oder Machterweiterungsobjekt degradiert wird. Genauso wie man feststellen muss, dass erst durch des Mannes ungebrochenen Herrschaftsanspruch seine Frau zur Lilith wird – was bleibt ihr anderes übrig, wenn sie ihre Würde bewahren will? –, muss gesagt werden, dass ihr da, wo Sabas Königin zum Bekehrungs- und Machtvollkommenheitsobjekt für Salomo wird, ihr von Salomo beziehungsweise von den Erzählern dieser Versionen der SSG kein anderer Raum gelassen wird als in die Rolle der Widerspenstigen zu schlüpfen, wenn sie sich nicht selbst verleugnen will.

Erstaunlich ist auch die Erklärung der Entstehung des Bösen, die in der kabbalistischen Interpretation der Schöpfungsgeschichten enthalten ist. Das Böse ist hier Folge missglückter beziehungsweise nicht verantwortungsvoll wahrgenommener Gleichberechtigung. Diese führte zum Machtkampf der Geschlechter. Die Lösung des Mannes, in dieser Situation auf eine andere, ihm untergeordnete Frau auszuweichen (beziehungsweise des Gottes der Kabbala, ihm diese zur Entschädigung anzubieten), weckte die Missgunst der Verstoßenen beziehungsweise Entflohenen.

Seither gefährdet die Dämonin Lilith Männer, Mütter und Kinder, und mit ihnen die ganze Welt. So geht es nun auch der Königin von Saba: wo sie nicht mehr als Salomos ebenbürtige Partnerin gesehen wird, muss sie, will sie sich nicht in die Rolle der nachrangigen Eva verdrängen lassen, zur Lilith werden.

Im Übrigen lässt sich in dieser Kontroverse zwischen Lilith und Adam einerseits, zwischen Sabakönigin und Salomo andererseits, auch die Geschichte von Medea und Jason wiedererkennen; die Königstochter Medea aus der am Ende der Welt gelegenen Kolchis hatte Jason, dem Argonauten aus Griechenland, das goldene Vlies verschafft. Sie wurde seine ihm ebenbürtige Frau. Nach Jasons Rückkehr in seine Heimat verließ er jedoch Medea wegen einer für Karriere und Leben gefügigeren Frau. Medea jedoch rächte sich aufs Schrecklichste, indem sie – nun auch zur Lilith geworden – ihre mit Jason gezeugten Kinder umbrachte.[185]

Beispiel 7: Sie heißt jetzt Bilqis – eine „Biografie" mit arabischen, persischen und türkischen Variationen (10.–13. Jahrhundert n. Chr.)

Die vielen verschiedenen islamischen Interpretationen der Begegnung von Königin und König nehmen zahlreiche Motive aus Volkserzählungen auf. Sie haben aber stets ihren Ausgangs- und Bezugspunkt im Koran, in Sure 27. Oft handelt es sich um einen direkten Kommentar zum Koran. In dessen Auslegung sowie in Geschichtswerken, in Prophetengeschichten, in Dichtungen und in sufi-mystischen Traktaten erhält die Königin einen Namen. Es wird berichtet von ihrer Herkunft und Familie, ihrem Wohnsitz und ihrer Inthronisation, ihrer Kontaktaufnahme mit Salomo und ihrer Drei-Tage-pro-Monat-Beziehung zu ihm, von ihren Immobilien, ihrer Frömmigkeit und endlich ihrem Tod und Begräbnis. In allen diesen Erzählungen hält sich eines durch, vom Koran angefangen über alle muslimischen Überlieferungen: verteufelt wird die Königin nirgends; sie kann zwar Züge der Lilith annehmen, zum Widerpart Salomos oder gar Gottes aber ist sie in keiner islamischen Darstellung geworden.[186] Dem entspricht, dass auch Salomo – im Islam ist er Allahs Prophet mit Namen Süleyman – anders als im Alten Testament, niemals, durch seine Frauen verleitet, vom rechten Glauben abgefallen ist. Salomo und die Königin können beide die magischen Kräfte der Dschinnen haben oder nutzen, aber nur in dem Sinn, dass sie entweder eine gute Dschinn sind (die Königin) oder Dschinnen zu guten Werken einsetzen (Salomo).[187] Die Widerspruchslosigkeit Gottes im

Islam bestätigt sich auch hier. Sie kennt den dunklen oder verborgenen Gott des Juden- und Christentum nicht; entsprechend sind auch Propheten Allahs klar und eindeutig und ohne Abstriche fromm.

Zieht man Kommentare und Erzählungen muslimischer Gelehrter aus der Zeit seit dem 9. Jahrhundert zusammen, so lässt sich daraus eine Art fiktiver Biografie der Königin erstellen – von ihrer Abstammung und Geburt bis zu ihrem Tod und Begräbnis. Dazu möchte ich im Folgenden beispielhaft Texte von vier bedeutenden muslimischen Gelehrten berücksichtigen.[188] Die Gelehrten sind 1. *Al-Tabari*[189], um 900 n. Chr. Gelehrter in Bagdad, gebürtig aus Nordpersien, ehemals Student in Syrien und Kairo; er verfasste neben einem vielbändigen Korankommentar ein umfangreiches Geschichtswerk mit dem Titel „Annalen der Propheten und Könige". 2. Al-Thalabi[190], hundert Jahre später in Nishapur (heute Südosttürkei) geboren; er schrieb ebenfalls einen umfangreichen Korankommentar, aber auch volkstümliche „Prophetengeschichten"; 3. *Ibn al-Athir* aus Mossul und Aleppo gilt als bedeutendster muslimischer mittelalterliche Historiker; er lebte 1160–1233; 4. schließlich der seldschukische Mystiker *Rumi*[191] (13. Jh); er gründete in Konya (Anatolien) den Orden der tanzenden Derwische. Aus den Schriften dieser Vier erfahren wir über die Königin u. a. Folgendes:

Die Königin hat einen Namen. Bilqis heißt sie oder – mit demselben Konsonantenbestand – gelegentlich auch Balqis oder Balqama beziehungsweise Balmaqa.[192] Über die Herkunft dieses Namens gibt es viele Spekulationen, aber keine allgemein überzeugende Antwort. Meistens wird das griechische Wort *pallakís*, ‚Konkubine', hebräisch *pilegesh*, ethymologisch als Herkunftsvokabel genannt.[193] Watts hält auch für möglich, dass „Bilqis" ein Missverständnis des Namens Nikaulis sei.[194]

Zu Bilqis' Eltern erfahren wir folgende Geschichte: ihre Mutter war eine Prinzessin der Dschinn, meint Ibn al-Athir. Sie sei, als sie in eine Gazelle verwandelt war, von einem himjarischen König gejagt worden. Am Ende habe der König die Jagd aufgegeben beziehungsweise die Gazelle freigelassen. Der Vater der „Gazelle", also Bilqis' Großvater, sei ein König der Dschinn gewesen. Er war dem himjarischen König der Jagd für die Verschonung seiner Tochter so dankbar, dass er sie ihm zur Frau gegeben habe – und den südjemenitischen Küstenstreifen von Hormuz bis Aden als Mitgift dazu.[195] Später trennten sich Bilqis' Eltern, weil ihr königlicher Vater entgegen fester Vereinbarungen seine Dschinn-Frau infragegestellt hatte, als ihm ihr Verhalten unerträglich wurde.[196]

So sagenhaft wie die Geschichte der Beziehung ihrer Eltern begann und verlief, so außergewöhnlich ist auch die Inthronisation der Tochter. Als Bilqis' Vater starb, gab es keinen männlichen Thronfolger. Thalabi erzählt nun die Geschichte der Erbfolge als Kriminalgeschichte:[197]

Man habe nicht Bilqis zur Königin, sondern an ihrer Statt einen Mann[198] zum (Gegen-)König gewählt. Der aber „war ein Wüstling und streckte seine Hände nach den Frauen seiner Untertanen aus. Man wollte ihn infolgedessen absetzen, vermochte es aber nicht." Jetzt tritt Bilqis auf den Plan; sie tat so, als ob sie den grausamen König heiraten wolle. Daraufhin freite er nun „bei der Verwandtschaft um sie. Diese verheiratete sie mit dem Gegenkönig, und führte sie ihm mit großem Pompe zu. Bei dem Bräutigam angekommen, verleitete sie ihn, sich in Wein zu berauschen, schnitt dem Trunkenen den Kopf ab und kehrte in der gleichen Nacht in ihre Wohnung zurück. Am anderen Morgen fanden die Leute den Gegenkönig tot und seinen Kopf auf der Türe seiner Wohnung aufgesteckt. Sie erkannten hieraus, dass die ganze Heirat eine List war, und wählten nun ihre Befreierin als die Würdigste zur Königin."[199]

Im Unterschied zu dem gewalttätigen Prozess ihrer Inthronisation war ihre Herrschaft friedlich und gewaltlos. Sie lebte ein idyllisches Leben, das sich selbst genug war. Diese Zeit des Friedens dauerte für sie so lange, bis Süleyman in ihr Leben trat. Salomo alias Süleyman ist im Islam von Anfang an derjenige, der die Initiative zu ihrer beider Begegnung ergreift. Den Anstoß dazu gibt Salomo sein Wiedehopf. Er ist, wie wir wissen, nicht zur Stelle, als Salomo ihn braucht. Bei Al-Tabari und Al-Thalabi fehlt er nicht, wie im Koran, bei Salomos Heerschau, sondern als der König Wasser braucht. Salomo war laut Al-Thalabi als Pilger unterwegs und lagerte am Abend einer langen Fernreise[200] durstig in der Wüste. Er, der König aus Jerusalem, hatte, so Al-Thalabi, in Mekka Opfer gebracht und dort die Ankunft Mohammeds für die Zukunft angekündigt; mit den ihm zur Verfügung stehenden wundersamen Kräften war er danach buchstäblich in Windeseile und -kraft innerhalb eines Tages von Mekka nach Sanaa in den Jemen weitergeflogen; und litt nun an Wassermangel. Salomos Wiedehopf – er heißt bei Al Thalabi Jafur – hatte die Aufgabe einer Wünschelrute: der kluge Vogel sieht „das unterirdische Wasser durch die Erde hindurch ... wie einer von euch es durch ein Glas erblickt, das er in der Hand hält"; der Wiedehopf pickt dann die Erde an dem Ort auf, „wo Wasser zu finden ist"; Dämonen müssen anschließend für Salomo die Erde wegräumen, und schon liegt das Wasser frei, um geschöpft zu werden.

Nun fehlte aber Salomo sein Wiedehopf, denn Jafur ist außer Haus wegen eines ‚Meetings' in Marib. Dort hielt ihn nämlich in einem wunderschönen grünen Garten ein anderer Wiedehopf auf, der Afir heißt; er ist der Wiedehopf der Bilqis. Die beiden Vögel hatten sich miteinander bekannt gemacht, indem sie sich ihre „Herrschaften" vorstellten. Diese „Herrschaft" ist für Afir eine Frau; „sie wird Bilqis genannt", sagt Afir, und fährt, zu Jafur gewandt, fort: „wohl mag deines Herrn Süleyman Reich gewaltig sein, doch ist die Herrschaft der Bilqis nicht geringer; denn sie ist die Königin des ganzen Jemen." Afir lässt Jafur einen „Blick auf das Reich der Königin Bilqis werfen"; denn, sagt er zu Jafur, „dein Herr wird sich freuen, wenn du ihm Nachricht von unserer Königin bringst". Tatsächlich freut sich Salomo darüber, als Jafur verspätet bei ihm ankommt und die Nachricht von der Königin überbringt. Er verzeiht seinem Wiedehopf den verspäteten Dienstantritt zur Wassersuche, weil der ihm Bilqis' Geschichte erzählt und von ihrer Schönheit und ihrem prachtvollen Thron schwärmt. Wie es weitergeht, ist uns im Grundsatz bekannt: Salomo schickt seinen Wiedehopf mit Post nach Marib; denn Jafur hat neben seiner neuen Funktion als Wünschelrute auch noch seine alte als Brieftaube beibehalten. Die Übergabe der Post wird unterschiedlich berichtet: mal hat Jafur Salomos Brief in Bilqis' Dekollete platziert, mal in ihren Schoß, mal verfinstert er der Königin allein mit seinen Flügeln frech ihr Fenster zur Morgensonne, so dass sie ihre Gestirnanbetungszeit verpasst und stattdessen vom dreisten Vogel den Brief ins Gesicht geworfen bekommt.[201] Die Königin liest, was Salomo geschrieben hat, sendet ihm – wie bekannt – Geschenke und Rätsel, diese diesmal aber aus der Ferne.[202] Die Geschenke werden verworfen, aber die Rätsel gelöst. Bilqis muss nun selber zu Salomo kommen.

Dass auf sie bei ihrer Ankunft in Jerusalem der Palast mit dem gläsernen Fußboden wartet, wissen wir schon. Neu ist allerdings, dass diesmal die Dämonen den Palast auf eigene Initiative bauen, weil sie verhindern wollen, dass Salomo auf die Idee kommt, die Königin zu heiraten. „Denn wenn er sie heiratet, dann wird sie ihm einen Sohn gebären, und wir werden unsere Sklaverei niemals los", meinen sie. Der Palast wird von ihnen perfekter vorbereitet als je: „ein Fußboden aus Glas, der genau so aussah wie Wasser. Und unter diesen gläsernen Boden taten sie alle Tiere des Meeres, Fische und was es sonst noch gibt".

Natürlich sieht man auch diesmal an beiden Schenkeln der Königin „gekräuseltes Haar". Wie im Koran folgt nun die Bekehrung der Königin zum Islam. Was im Koran nicht steht: es muss darüber hinaus ein Enthaarungsmittel gefunden werden, da die Haare der Königin der Erfüllung des Wunsches Salomos nach intimer Nähe zu ihr entgegenstehen.[203]

Da ein Rasiermesser „die Haut eines Frauenschenkels verletzen" würde, wird schließlich „eine Paste aus Gips" gebracht. Nach deren erfolgreicher Anwendung kommt es zum Happy End, der von Salomo gewünschten Hochzeit der beiden.[204] Damit ist der Plan der Dämonen gescheitert.

Schwieriger und dramatischer wird es in anderen islamischen Versionen. In ihnen allen aber fügt sich am Ende Bilqis Salomo. Nach einer Version möchte Salomo Bilqis nicht selbst heiraten, sondern will sie mit einem anderen Mann vermählen. Bilqis aber ist damit nicht einverstanden; empört verweigert sie sich jeder Hochzeit, zu der Salomo sie vermitteln will: „So eine wie ich, o Prophet Gottes", sagt sie zu Salomo, „sich heiraten lassen? Von Männern? Wahrlich, ich bin doch eine Frau, die in ihrem Reich Herrschaft besaß und alle Macht." Daraufhin Salomo: „Ja, aber im Islam muss es so sein, und es ziemt dir nicht, dass du dich dessen enthältst, was Gott dir bestimmte." Bilqis gibt nun allen Widerstand auf, fügt sich dem Zwang ihrer neuen Religion und bittet Salomo: „Dann verheirate mich, wenn es schon sein muss, mit Dhu Tubba, dem König von Hamdan." Die Geschichte endet mit den Worten: „Und so geschah es. Er sandte sie zurück in den Jemen, wo ihr Mann, Dhu Tubba, die Herrschaft übernahm." In dieser Version des Al-Tabari kommt es also statt zur Dämonisierung zur ‚Dominisierung' der Königin – und zwar durch zwei Männer: durch Salomo, der sie zurück in den Jemen sendet, und durch Dhu Tubba, der die Herrschaft übernimmt; ihn hat sie sich allerdings – nach der Devise „wenn es denn sein muss" – wenigstens selbst aussuchen dürfen. Salomo unterstützt dann das „Eheglück" der Königin, indem er seinen Dschinnen befiehlt, „dem Dhu Tubba die Bauten des Jemen" zu errichten!

Besser gewahrt wird Bilqis' Eigensinn nach einer anderen Lesart, auch wenn hier weiterhin die Perspektive Salomos eingenommen wird. Nach ihr baute Salomo die Burgen des Jemen beziehungsweise die drei großen Paläste von Salhin, Ghumdan und Baynun nicht für Dhu Tubba, sondern für Bilqis selbst;[205] und er besuchte sie regelmäßig. Zwar nicht jedes Wochenende, aber für „drei Tage im Monat" machte er sich auf den weiten Weg nach Marib, um bei ihr zu sein. Als Ort des „Ehelebens" zwischen Salomo und Bilqis werden in der Literatur außer Marib noch zwei andere Städte genannt: einerseits treffen sich die beiden bei Salomo in Jerusalem, andererseits in Tadmor/Palmyra, wo Bilqis Salomo von Marib aus besucht habe.[206]

Das Leben der Bilqis nach ihrer Begegnung mit Salomo wird hier also unterschiedlich, auf dreierlei Weise, beschrieben, 1. als Unterwerfung unter einen anderen Mann, 2. als Partnerschaft auf Distanz zwischen zwei Liebenden (Drei-Tage-pro-Monat-Ehe) und 3. als Ehe, in der Bilqis zum Harem Salomos in Jerusalem gehört. Andere Möglichkeiten tauchen in der islamischen Tradition später bei den Safawiden auf.[207]

Unterschiedlich sind auch die Angaben über die Dauer ihrer Regierungszeit. Die Zahlen bewegen sich zwischen 7 und 120 Jahren.[208] Das Letzte, was wir von ihr erfahren, ist der Ort ihres Begräbnisses. Dazu gibt es nur eine Angabe: Es ist die syrische Wüstenstadt Tadmor/Palmyra. Aus vielen Gründen scheint sie besonders geeignet: 1. Gilt sie als von Salomo gegründet.[209] 2. Ist sie der Wüsten-Wohnort der Lilith.[210] 3. Ist sie wegen ihrer Lage zwischen Jerusalem und Marib als Treffpunkt der beiden Liebenden geeignet[211] und 4. als Hauptstadt des Reiches der Zenobia mit einer anderen berühmten, realen Frauengestalt der Antike verbunden.[212] Es soll sogar einen Beweis für Bilqis' Begräbnis in Tadmor geben: ihr Sarg sei Anfang des 8. Jahrhunderts unter dem Kalifen Walid I. beim Einsturz einer Mauer in Tadmor gefunden worden. Auch von einer wundersamen Sarginschrift weiß die Überlieferung. Sie geht von einer gemeinsamen siebenjährigen Regierungszeit Salomos und der Königin Bilqis aus und lautet: „Dies ist das Grab und die Bahre der frommen[213] Bilqis, der Gemahlin Salomos, des Sohnes Davids. Sie wurde Muslima im Jahr 20 seiner Regierung, heiratete ihn am Aschuratag[214], starb am zweiten Tag des Rabia im Jahr 27 seiner Regierung und wurde begraben in einer Nacht unter einer Mauer in Tadmor, ohne dass jemand davon wusste außer den Totengräbern."[215]

Beispiel 8: Von Saba nach Sachsen: Eine heidnische Königin als christliche Kathedralsculptur in Freiberg, Chartres, Amiens (13. Jahrhundert n. Chr.)

Seit dem zweiten Viertel des 13. Jahrhunderts haben die Adeligen und die Bürger der reichen Silberbergbaustadt Freiberg in Sachsen diese Pforte schon von weitem gesehen und sind dann durch sie hindurch geschritten in den Dom ihrer Stadt. Sie nannten sie „die goldene Pforte", weil in gold und rot ihre Farben weithin leuchteten.

Goldene Pforte in Freiberg/Sachsen (farbliche Rekonstruktion).

Goldene Pforte in Freiberg/Sachsen heute.

Heute, nach der Vernichtung des alten romanischen Doms durch die Feuersbrunst von 1484, nach der Versetzung der Pforte an die Süd-Seite der neuen gotischen Kirchenanlage, bis ins 19. Jahrhundert integriert in den Kreuzgang des Klosters, dann isoliert und seit 1903 durch einen Jugendstilvorbau vor Verwitterung geschützt, inzwischen auch mehrfach restauriert (zuletzt 1959ff. unter der Federführung von Heinrich Magirius), sind ihre Farben nicht mehr zu erkennen. Der imposante alte Baukörper, ein einzigartiges Portal, vergleichbar den Portalen der großen französischen Kathedralen, hat trotzdem nichts von seinem Reiz verloren (wie selbst aus der Fotografie hervorgeht) – nur seine alte Funktion als Pforte ist nicht mehr erhalten. Denn nun gehen die Menschen, wenn sie den Dom betreten, nicht mehr wie zuvor rechts an der Königin von Saba und an König Salomo (zwischen Daniel und dem Täufer) und links an Königsgattin Bathseba und König David (zwischen Aaron und dem Evangelisten Johannes) vorbei. Und über ihnen thront beim Betreten des Doms nicht mehr der Christusknabe auf dem Schoß seiner Mutter, beschenkt von den vor ihm knienden drei Königen, vom Erzengel bewacht und von Josef aufmerksam beobachtet, wenn sie über die Schwelle in die Kirche eintreten.

Betrachten wir das Kunstwerk genauer, das sächsische Steinmetze Anfang des 13. Jahrhunderts geschaffen haben, so entdecken wir, dass sie einem theologischen Programm gefolgt sind; entworfen hat es wahrscheinlich Ludeger, der damalige Abt des benachbarten Zisterzienserklosters Altzella.[216] Blicken wir zuerst ins Zentrum, zum Tympanon in der Mitte des Portals. Maria sitzt auf einem hochherrschaftlichen Thron. Von rechts und links sind zwei Engel herbeigeflogen und scheinen jeder eher ihr als dem auf ihrem Schoß sitzenden Jesusknaben eine (Welt?-)Kugel zu reichen. Maria selbst hält dem selbstbewusst sich aufrichtenden Kind eine dritte Kugel hin; die Hände des Kindes aber haben kein Interesse daran. Während Kind, Mutter und Erzengel hoheitsvoll dem Eintretenden entgegensehen (wohl eher über ihn hinwegsehen), sind Josef rechts und die drei Könige links ganz auf die Mitte, auf das Kind und seine Mutter konzentriert.

Wer das Freiberger Portal verstehen will, muss die Szene aus dem Tympanon zusammen sehen mit den Halbreliefs der Archivolte, die sich als erste um das Tympanon legen.[217] Sie sind insofern unvollständig erhalten, als zwei der vier Erzengel fehlen, die das im Zentrum (im Scheitel der Archivolte) stehende Geschehen umrahmen. Aus dem Stein wächst hier der Oberkörper des erwachsenen Jesus heraus, des Christus mit dem um sein Haupt gelegten Kreuz-

Die thronende Maria im Tympanon (über ihr krönt Christus zu seiner Rechten Maria und empfängt zur Linken von einem Engel das Buch des Lebens).

nimbus, des Weltenrichters. Er hat die Arme weit ausgebreitet. Mit seiner rechten Hand krönt er seine Mutter Maria[218] und mit seiner linken empfängt er von einem Engel das dicke, fast quadratische Buch des Lebens.

In der goldenen Pforte geht es um eine spezifische Darstellung von Gericht und (ewigem) Leben. Das macht die nächste Archivolte deutlich. In ihr umrahmen nicht Erzengel, sondern Apostel das in der Mitte platzierte zentrale Ereignis. Im Zentrum sitzt links auf einem Thron[219] der bärtige Abraham. Wäre da nicht die Gloriole, so stieße sein Kopf fast mit dem des Engels zusammen, der ihm von Arm zu Arm ein kleines Kind mit lockigen Haaren übergibt – so zieht eine Seele ins Paradies ein. Sieht man genauer hin, erkennt man in Abrahams Schoß sitzend ebenfalls ein – allerdings etwas größeres – Kind. Wir denken an Jesu Geschichte vom reichen Mann und dem armen Lazarus; nach seinem Tod sitzt der arme Lazarus in Abrahams Schoß, während der reiche Mann in der Hölle schmort (Lukas 16,19–31). Es fällt auf, dass Freibergs Pforte keine solche Hölle kennt, wohl aber immer mehr Menschen, die in Abrahams Schoß Platz finden (sollen).

Das zeigt nun vollends die vierte und letzte Archivolte.[220] In ihr breitet ein Engel – genauso wie Christus in der ersten Archivolte! – seine Arme weit

links: In der Mitte der oberen Volute überreicht ein Engel Abraham die als Kleinkind abgebildete Seele eines Menschen; in Abrahams Schoß sitzt bereits ein Kind.
rechts: In der Mitte der oberen Volte nimmt ein Engel mit ausgebreiteten Armen zwei Auferstandene ins Paradies auf (darunter huldigen zwei Engel dem Heiligen Geist in Gestalt einer Taube).

aus, um die aus ihren Gräbern auferstandenen Toten aufzunehmen. Es sind auf dieser letzten Archivolte durchgängig einfache kleine Leute – alte und junge, nackte und bekleidete, Männer und Frauen –, die so mit offenen Armen zum Leben empfangen werden. Eine Aussonderung zur Hölle findet nicht statt.

Mit den Einsichten, die wir gewonnen haben, wenn wir beim Eintreten in den Dom nach oben schauen, treten wir ein paar Schritte zurück und schauen uns genauer an, wer und was zur Linken[221] neben uns steht, genau an dem Ort, den wir passieren müssen, bevor wir durch den Eingang gehen. Da sehen wir zunächst den jugendlichen Daniel, geschützt vor einem finsteren Löwen, der links oben über allem wacht (im Foto nicht zu sehen), die Füße locker gespreizt über dem Kopf eines Löwen, der ihm nichts anhaben kann, so etwas wie einen Tropenhelm auf dem Kopf, mit der Rechten den Mantel keck lüftend – als wollte er sich nicht schmutzig machen – und ein langes Schriftband in der Linken haltend.[222] Daniel lebte einst weit weg von Israel im fernen Babylon.[223] Durch eine einfache Säule von ihm getrennt steht – vom Betrachter aus gesehen rechts neben ihm – von weit her gekommen![224] – die Königin von Saba, gefolgt von König Salomo und schließlich von Johannes dem Täufer, der auf den Christus im Tympanon weist.

Anders als Daniel, Salomo und Johannes ist Sabas Königin auffälligerweise uns Ankommenden zugewandt; wir scheinen ihr an dieser Stelle wichtiger als Salomo, der – wie es sich für ein Vorbild gehört – zur Himmelskönigin und zu dem zukünftigen Gesalbten auf ihrem Schoß schaut. Sabas Königin und Salomo sind hier nicht das voneinander faszinierte und das auf sich selbst bezogene faszinierende Paar. Ihre Rollen sind nun andere: Salomo ist das Vor-Bild Christi, das sich zu ihm hin orientiert; die Königin das Vor-Bild der Kirche, die aus Fernen (Heiden!) und Nahen besteht; sie bezieht alle ein, lädt sie ein und blickt folglich den Ankommenden freundlich entgegen.[225] Selbstbewusst und in schlichter Schönheit steht sie da, ihre Krone ohne großen Zierrat, ihr Gewand und Überhang ruhig herabfallend, nur in der Linken gerafft, um die Schriftrolle im Schutz des Tuchs zu halten.[226] Zwischen und unter ihren für eine Balletttänzerin geeigneten Schuhen hält sich ein anatomisch kenntnisreich nachgebildetes Äffchen die Ohren zu – ein Zeichen dafür, dass die Königin aus fernem Land kam, in dem es solche Tiere gibt.[227] Sie bleibt, wiewohl uns freundlich zugewandt, die Fremde.

Auf der linken Seite des Freiberger Portals stehen, von links nach rechts: Daniel (über einem Löwenkopf), die Königin von Saba (über einem Affenkopf), König Salomo und Johannes der Täufer.

Die Königin von Saba und Salomo (über ihnen Köpfe von Stifterfiguren).

Das Profil der sabäischen Königin wird noch klarer, wenn wir auf die andere, die rechte Seite des Eingangsportals blicken. Dort begegnen uns (von rechts nach links dem Eingang zu) zuerst Aaron mit Stab und Krug; dann Bathseba, Davids Frau und Salomos Mutter; neben ihr König David mit Herrscherstab und Zither; schließlich der Evangelist Johannes.[228] Bathseba steht der Königin von Saba direkt gegenüber. Ihre Krone aber ist, obwohl sie nur des Königs Frau war, prächtiger, ihr Gürtel ein Schmuckstück, ihr Gewand lebhaft bewegt und vielschichtig. In ihrer Rechten hält sie einen (halblangen) Herrscherstab, den wir bei Sabas Königin vergeblich suchen. Wenn auch sie Vor-Bild der Kirche sein soll – darauf deuten die Trauben unter ihren Füßen –,[229] so ein deutlich weniger demütiges.

Ich fasse zusammen: Um besser verstehen zu können, was aus der Königin von Saba ge(macht)worden ist, haben wir die Goldene Pforte des Freiberger Doms in einem die Königin betreffenden Ausschnitt kennen gelernt und dabei Neues entdeckt: Die Königin ist hier nicht mehr die Richterin, die andere verurteilt, weil sie sich nicht so verhalten haben wie sie selbst, als sie dem Ruf der Weisheit Salomos folgte.[230] Nein, am Eingang des Freiberger Doms steht sie jetzt gewissermaßen als freundliche selbstbewusste Empfangsdame, die als Kirche einlädt; sie ist Zeugin einer Szenerie, in der *alle* Leben finden – die von nah und die von fern, die großen und die kleinen Leute. Sie steht da zwischen drei Männern und gegenüber einer temperamentvollen, aufwendig gekleideten und geschmückten anderen Frau, wird von manchen Eintretenden übersehen (auch weil ihr Gesicht heute etwas zerstört und restaurierungsbedürftig ist). Aber sie hat doch eine wichtige, gegenüber der von ihr erzählten Geschichte neue Rolle: als einzige dem Eintretenden entgegenblickende Person lädt sie ein – nicht zum Gericht, sondern zum (ewigen) Leben!

Auf der rechten Seite des Freiberger Portals stehen von rechts nach links: Aaron, Königsgattin Bathseba, König David und der Evangelist Johannes.

Der Analyse zur Königin von Saba in der Goldenen Pforte des Freiberger Doms seien abschließend noch einige Bemerkungen zum Vergleich mit den Darstellungen der Königin an den Portalen der gotischen Kathedralen Frankreichs hinzugefügt. Insbesondere die Kathedrale Notre-Dame von Chartres sei hier genannt. In dem gegenüber Freiberg nur wenige Jahre älteren rechten Nordportal von Chartres[231] (die Datierungen dafür schwanken zwischen 1200 und 1220) wird die Königin von Saba (unter deren Füßen ein Mohr[232] als Zeichen ihrer fremdländischen Herkunft steht) zwischen Bileam und Salomo platziert (vgl. Abb. 22, S. ↧). Bileam, der in Chartres auf einem Esel steht, kommt wie Sabas Königin aus fernem Land, nämlich vom weit östlich von Israel gelegenen Euphrat; er sollte der biblischen Überlieferung zufolge Israel verfluchen, musste es aber segnen.[233] In Freiberg steht an seiner Stelle Daniel, der ebenfalls weit weg im östlich von Israel gelegenen Babel wirkte. Anders als in Freiberg sind in Chartres[234] Sabas Königin und Salomo einander zugewandt.[235] Der Königin Füße ruhen nicht auf einem Affen, sondern auf den Schultern des besagten Mohren.[236] Sie selbst ist stattlich und modisch gekleidet und schreitet „mit einer bestechenden Grazie in ihrer Haltung und Gebärde" neben Salomo.[237] Das alles passt zu Büchsels Interpretation des Portals als „figürliches Echo des Kreuzzuges 1210 gegen die Albigenser": Die Kirche tritt hier propagandistisch als erfolgreich kämpfende (*ecclesia militans*) und als triumphierende Kirche (*ecclesia triumphans*) auf. Der im linken Gewände des Portals dominierende Salomo verkörpert Christus, dem die Königin von Saba als ecclesia triumphans zugewandt ist.[238] In ihrer Rolle als ecclesia verdrängt die Königin sogar Maria, die sonst die Rolle der *ecclesia* wahrnimmt.[239]

Büchsel meint nun, dass „die Distanzierung von Maria als Idol der Kathedrale … eine Antwort herausforderte".[240] Er selbst findet diese Antwort im Marienportal von Amiens. Dort trägt die Königin von Saba ihre Krone in den Händen „wie die Magier ihre Geschenke; sie ist mit einem viel bescheideneren Tasselmantel[241] bekleidet als Maria selbst."[242] Könnte es sein, dass auch die Freiberger Goldene Pforte eine eigene Antwort auf die Frage nach der Bedeutung Marias im Verhältnis zur Königin von Saba enthält? Die goldene Pforte gehört in Freiberg zu einer Marienkirche. Deshalb thront im Zentrum der Pforte Maria mit dem Jesusknaben. Die Königin von Saba ist ihr gegenüber auffallend schlicht gekleidet und gestaltet.

Die Königin von Saba zwischen Bileam und Salomo.
Detail vom Nordportal der Kathedrale von Chartes.

Freiberg hat aber auch ein völlig anderes Verständnis von der Kirche, eine andere Ekklesiologie, als in Chartres zum Ausdruck kommt. Wenn meine oben dargestellte Interpretation stimmt, ist es eine bescheidene und einladende Kirche, nicht eine triumphierende und mit dem Weltgericht drohende, die die Königin von Saba in Freiberg vertritt. Das Pathos von Kreuzzügen, in denen Kirche kämpft und siegt und das Weltgericht über alle Feinde Christi kommt, ist in Freiberg nicht zu erkennen. Dafür steht Sabas Königin, die in die Kirche einlädt und damit für alle den Weg zum (ewigen) Leben ebnet.

Beispiel 9: Reisen nach Jerusalem und Bethlehem:
die Bibelfenster im Kölner Dom (13. Jahrhundert n. Chr.)

Zweimal tauchen sie im Kölner Dom auf, wunderschöne Glasmalereien aus dem 13. Jahrhundert mit biblischen Motiven, sogenannte Bibelfenster. Das ältere der beiden ist zugleich das älteste Fenster des Doms überhaupt. Es dürfte um 1250 geschaffen worden sein und war jedenfalls fertig, als Erzbischof Konrad von Hochstaden 1261 in der Dreikönigskapelle beigesetzt wurde.[243] Es ist nicht nur das Mittelfenster der Dreikönigskapelle, sondern auch des gesamten Kapellenkranzes im Chor des Doms.

Das jüngere Bibelfenster ist gut zwanzig Jahre nach dem älteren entstanden. Es wurde ursprünglich nicht für den Dom geschaffen, sondern für die Dominikanerkirche Hl. Kreuz in Köln, deren Grundstein Albertus Magnus 1271 gelegt hat. Nachdem diese Kirche 1804 abgebrochen wurde, gelangte das Fenster 1823 zum Kölner Dom, wo es 1891 in seiner heutigen Form an der südlichen Chorseite in der Stephanskapelle angebracht wurde.[244]

Beide Bibelfenster zeigen elf Bildpaare, jeweils auf der linken Hälfte alttestamentliche Motive (AT), auf der rechten entsprechende neutestamentliche (NT). Vier Bildmotivpaare sind in beiden Fenstern identisch;[245] fünfmal tauchen dieselben neutestamentlichen Einzelmotive auf, aber ohne dieselbe alttestamentliche Entsprechung;[246] nur je zwei Paare sind singulär.[247]

Auf beiden Bibelfenstern ist die Begegnung der Königin von Saba mit Salomo in Entsprechung zur Anbetung des Jesuskindes durch die drei Könige aus dem Morgenland zu sehen. Es ist eine Entsprechung, von der im ersten Teil dieses Buches schon einmal die Rede war. Wir finden sie auch in den mittelalterlichen Bibliae Pauperum, den seit Ende des 13. Jahrhunderts verbreiteten bebilderten Predigthilfen aus der Welt der Klöster.[248]

Besuch der Königin von Saba bei König Salomo (Älteres Bibelfenster im Kölner Dom).

Für sich genommen scheint das Bild von dem Besuch der Königin von Saba bei Salomo im älteren Bibelfenster in seinen herrlichen Farben und in der Dynamik der Begegnung, die sich in den Gesichtern und Bewegungen spiegelt, das interessantere und gleichsam ‚modernere' zu sein. Insbesondere fällt auf, dass Salomo nicht als der souverän Herrschende erscheint, sondern vorsichtig-abwartend, fast misstrauisch die Königin betrachtet und halb abgewandt von ihr auf seinem Thron sitzt, während die Königin langsam auf ihn zugeht, ihn freundlich-fragend, aber auch rücksichtsvoll-zurückhaltend ansieht; das Bild macht den Betrachter gespannt auf das, was zwischen den beiden geschehen wird; auch fragt man sich, was mit dem von einem Bediensteten der Königin etwas ungelenk dem König entgegengestreckten Goldgefäß passieren wird[249] und was der große weiße Schmuckkasten enthalten könnte. Als Bilderpaar zusammen mit der Anbetung der Könige aber kommt einem das wenige Jahrzehnte jüngere Bibelfenster näher. Ich versuche deshalb im Folgenden, dieses Fenster unter dem Thema „Begegnungen" zu erschließen.

Besuch der Königin von Saba bei König Salomo (Jüngeres Bibelfenster im Kölner Dom).

Wer begegnet sich auf den beiden nebeneinander platzierten Glasmalereien im jüngeren Bibelfenster des Kölner Doms? Links, auf der Seite des Alten Testaments, ist es Sabas dunkelhäutige Königin mit ihrem Gefolge, die König Salomo besucht. Er sitzt auf einem prächtigen goldenen Thron, dessen Gold das des Kleides der Königin und der Kronen beider aufnimmt, gekleidet in einem roten Untergewand, das die Farbe des Mantels der Königin hat, und einem grünen, unten mit einer weißen Bordüre abgesetzten Mantel, der die Farbe des schmuckloseren, locker über den Schultern sitzenden Mantels der Hofdame, die hinter der Königin steht, aufnimmt. So sind Königin und König nicht nur durch die ihre Begegnung rahmenden weißgerankten Ornamentbögen und rubinroten Medaillons, durch die jedes Fenster umschließenden aufstrebenden weißen und goldgelben durchbrochenen Streifen und die blau-rot-weiß-gelben seitlichen Felder im Hintergrund miteinander verbunden, sondern auch durch die Farben, in die sie sich für das Treffen gekleidet und mit denen sie sich umgeben haben. Bei den Farben fällt auf, wie Salomo mit seiner Kleidung entgegen seiner Mimik und seiner Körperhaltung auch das Verbindende zu seiner Besucherin und ihrer Gefolgschaft ausdrückt: das Rot seines Überhangs kehrt im Rot des Mantels der Königin wieder, das Grün seines Kleides im Grün der Trägerin des Schmuckkastens.

Hinter den königlichen Hauptpersonen beobachten drei hellrotbraun skizzierte Gesichter das Geschehen, die beiden hinter der Königin eher distanziert, das eine hinter Salomos Thron aufmerksam und neugierig. Die Besucherin hat, wie es sich gehört, Geschenke mitgebracht, zwei Kästchen, getragen von ihrem Gefolge. Es sind nicht die vielen hundert Zentner Gold, Edelsteine und Spezereien, die eine riesige Karawane der Königin durch die Wüste nach Jerusalem geschleppt hat, sondern eher kleine Gaben, die die Begegnung der beiden unterstützen, aber sich nicht zwischen sie stellen. Das verschlossene Kästchen, das die Hofdame der Königin in beiden Händen hält – es ist im selben Goldton wie Salomos Thron und der Königin Kleid gehalten – erinnert an eines der Rätsel, das die Königin in der islamischen Überlieferung dem König stellt, und von dem wir oben schon gelesen haben; in dem Rätsel sollte Salomo den Inhalt des Kastens raten und dann für die Perle darin eine Möglichkeit finden, sie zu durchbohren.

Wichtiger als die Geschenke aber ist, wie sie sich selber geben und wahrnehmen. Da fällt zunächst auf, dass sie sich auf gleicher Höhe begegnen: weder erheben Thronstufen den König über die Königin, noch überragt die Stehende den Sitzenden. Ihre Hände und ihre Blicke sind aufeinander bezogen, noch ohne sich zu treffen. Beider linke Hände fallen nach rechts (vom Betrachter aus nach links) herunter und halten die Kleidung, die rechten Hände sind wie zum Gruß erhoben, zugleich aber so, dass die Königin als Redende, der König als in diesem Moment zuhörend erscheint. Dabei sind die Münder noch geschlossen, der Blick der Königin ist gesenkt, als überlegte sie sorgsam, was jetzt zu sagen und zu fragen wäre. Salomo hält sein weißes Szepter vor sich; seine rechte Hand scheint das Szepter der Königin überreichen zu wollen, seine linke hält es fest; man kann auch vermuten, dass es dem König zum Schutz oder zur Abwehr gegen das Neue dient, das mit der Königin auf ihn zukommt. Aber kann es nicht auch sein, dass er den Stab als bedeutungslos gewordenes Relikt verliert, weil seine rechte Hand sich zur Königin hin geöffnet hat? Die etwas ungelenke Haltung Salomos lässt viele Deutungen zu.

Weich und nachdenklich sind seine Gesichtszüge, in sich und eher nach unten gekehrt sein Blick. Auch die Königin sieht vor sich hin, als trauten beide sich noch nicht, einander unmittelbar wahrzunehmen. Majestätisch und ihrer selbst bewusst steht sie da als die Person, die hier die Fragen stellt und Kontakt und Gespräch eröffnet, während ihre (wie sie) dunkelhäutige Hofdame hinter ihr ihre andere Seite zu zeigen scheint: ein empfängliches Gesicht wie das des Königs, liebevolle Hände, die das Schatz- und Rätselkästchen halten.

Wir fragen danach, wer sich hier begegnet. Es sind zwei literarische Figuren. Sie haben zeitlich und räumlich weit voneinander entfernt gelebt: der König vor drei Jahrtausenden in Jerusalem, die Königin über tausend Kilometer entfernt im äußersten Süden der arabischen Halbinsel. Eine Erzählung, die Jahrhunderte später entstand, hat sie zusammengeführt. Und jetzt, noch einmal eineinhalb Jahrtausende danach, dieses gläserne Bild in Köln am Rhein. Es zeigt, wie sich zwei Menschen, ein Mann und eine Frau, ein König und eine Königin, ein Israelit und eine Sabäerin, ein Jude und eine Heidin mit Vorsicht, aber auch mit einem Willen zum Kennenlernen, respektvoll und persönlich, begegnen, wie sie neugierig darauf sind, welche Noblesse ihnen im anderen entgegenkommt. Die Begegnung erhält hier etwas von ihrem Zauber, ihrem Geheimnisvollen und Zukunftsoffenen zurück, das sie in den Jahrhunderten ihrer Instrumentalisierung für andere Zwecke fast verloren zu haben schien.

Die beiden trafen sich am Königshof in Jerusalem. Sie hat von ihm gehört – mag sein von Kaufleuten, die viele Länder bereisten und die Geschichten erzählten, die sie zu hören und zu sehen bekamen. Sie wollte selbst erfahren, was ihr bisher nur als Gerücht zu Ohren kam. Wo es Wiedehopf-Brieftauben waren, die die Nachrichten verbreiteten, verschob sich die Perspektive: da ergriff Salomo die Initiative. Aber er reiste nicht selbst nach Saba, um nun seinerseits vor dem Thron der Königin mit Geschenken zu erscheinen. Er ordnete an, ließ sie kommen, wollte sie missionieren. Damit verlor die Geschichte dieser Begegnung viel von ihrem geheimnisvollen Reiz. Erst wo sie wie im Kölner Dom zu ihrer biblischen Gestaltung zurückkehrt (und dabei womöglich das islamische Rätsel des Schatzkästchens aufnimmt), erhält sie ihren alten Glanz zurück.

Damit sind wir noch nicht am Ende unserer Betrachtung. Denn es gibt nebenan noch ein anderes Treffen zwischen scheinbar Ungleichen, die sich dennoch gleichwertig begegnen.

Es ist die Geschichte von den sogenannten Heiligen Drei Königen, die

Die Heiligen Drei Könige (Jüngeres Bibelfenster im Kölner Dom).

eigentlich dachten, wie einst Sabas Königin am Königshof in Jerusalem an ihrem Ziel zu sein. Doch da trafen sie den zum Kindermord bereiten Herodes statt des weisen Salomo. Statt des Jerusalemer Königshofs wurde eine Bruchbude im Dörfchen Bethlehem ihr Ziel. Auch sie sind Suchende, Neugierige, von einer anderen Welt Träumende. Nicht Kaufleute oder ein Wiedehopf wiesen ihnen den Weg, sondern ein Stern; auf ihn verweisen links im Bild der zweite König mit seiner rechten Hand und der dritte mit seiner linken. Als Astrologen, die die Könige ursprünglich einmal waren, wissen sie, dass außerordentliche Gestirnskonstellationen auf außerordentliche Ereignisse verweisen. Nur auf dieses waren sie nicht gefasst. Ihnen ging es da wie den Glasmalern des 13. Jahrhunderts. Sie konnten sich das Ereignis nicht anders als in goldenem

Glanz vorstellen. Der Stall aus der Weihnachtsgeschichte sieht hier nicht weniger prächtig aus als Salomos Thronpalast nebenan. Die Glasmaler haben ihn unter einen dunkelblauen Nachthimmel gesetzt. Maria, auf ihrem Schoß der schon wie ein Zwei- oder Dreijähriger wirkende und keineswegs in Windeln gewickelte Jesus, hat sich als Thronsitz eine frühgotische Kirche gewählt, deren Fenstergewölbe, nur goldener, schon auf Salomos Thron zu sehen waren. Wenn wir nicht wüssten, dass die Glasmalerei des jüngeren Bibelfensters ursprünglich für Kölns Dominikanerkirche gefertigt wurde, könnte man vermuten, Maria und Salomo säßen auf dem noch nicht fertigen Dom zu Köln, der wegen seiner von Heinrich von Dassel dorthin an den Rhein geholten Reliquien die Heiligen Drei Könige besonders verehrt.

Sehen wir davon ab, dass das elende Ambiente der Weihnachtsgeschichte hier so ganz und gar vergoldet ist, so finden wir in diesem Bild der Nacht doch auch etwas von ihrem Zauber wieder. Denn stilisiert zwar, aber immerhin begegnen sich hier ein alter und ein sehr junger Mann auf der heute so oft zitierten Augenhöhe. Zwei Welten treffen aufeinander und versöhnen sich. Die deutlichste Geste dafür ist die Versetzung der Krone. Der erste König hat sie längst abgesetzt, als er vor dem Kind niederkniet. Sie ist auf Marias, der holden Magd Haupt, gewandert. Barhäuptig blickt nun der bärtige König zum Kind, dessen Kopf, um den Nimbus erweitert, genauso viel Raum braucht wie der des Mannes ihm gegenüber. Beide, Kind und König, haben ihre rechte Hand einander begrüßend zum Segen erhoben. Beider linke Hand aber halten etwas fest: Klein, halbrund und rot wie sein Kreuzesnimbus und wie Gewand und Nimbus seiner Mutter sieht es beim Kind aus und ist schwer zu deuten.[250] Bei dem bärtigen Mann ist es ein goldener Pokal. Es heißt, dass die nach Bethlehem gekommenen Besucher Gold, Weihrauch und Myrrhe mitbrachten. Wegen der Dreizahl der Geschenke werden die anreisenden Astrologen nach christlicher Tradition zu drei Personen, wegen der Kostbarkeit der Geschenke – und vielleicht auch der Parallele zur Königin von Saba wegen! – zu Königen. Deshalb werden es wohl auch Goldstücke sein, die den Pokal des Bärtigen füllen, während die anderen beiden, wie Maria gekrönten Männer in ihren Gefäßen wohl Weihrauch und Myrrhe tragen.

Der Pokal lässt sich aber auch anders sehen. Denn wie in jeder wahren Begegnung gibt es auch hier ein Geben und Nehmen. Geschenke werden gern angenommen und erwidert. Aber nicht als Tauschware, sondern so, dass sich jede(r) auch ein wenig selber schenkt.

Das war in der biblischen Begegnung von Salomo und Sabas Königin so, in der Reziprozität der Geschenke, im Dialog von Frage und Antwort und im Respekt der Begegnung. Und das wird hier auch zwischen den Männern und dem Kind mit seiner Mutter deutlich. Die drei Geschenke der Männer entsprechen dem Geschenk des Kindes selbst; die Mutter wendet es auf ihrem Schoss den Männern zu. Die Kronen trennen beide Seiten nicht mehr, seit der erste König seine abgelegt und Maria mit ihr gekrönt hat. Wie die Krone von links nach rechts wanderte, so scheint der im Zentrum des Bildes fast schwebende Pokal sich nicht nur vom König zum Kind, sondern auch zurück vom Kind zum König zu bewegen. Schon der Segen von Mann und Kind wanderte vom einen zum anderen und wieder zurück – mit offenem Ausgangspunkt.[251] Nun sieht der Pokal und was kreisförmig golden auf ihm liegt aus wie der Kelch und die Hostien, in denen das erwachsen gewordene Kind sich den Gläubigen schenkt. Die Distanz ist überwunden. Der Stern oben als äußere Hilfe und der Kelch in der Mitte als innere Kraft haben beide Seiten vereint. Nur deshalb kann die Weihnachtsgeschichte so golden verklärt aus dem Dunkel heraustreten, in dem sie zu Hause ist.

Auch die Begegnung dieses zweiten Bildes ist keine historische. Sie führt - zwei Generationen nach dem dargestellten fiktiven Ereignis - literarisch zwei Welten zusammen, die des Jesus von Bethlehem beziehungsweise Nazareth und die der Magier, der Könige aus dem fernen Osten beziehungsweise Süden. Das Kölner Glasfenster nimmt die literarisch vorgestellte Begegnung kongenial auf.

Das Fenster führt zugleich auf einer weiteren Stufe gut tausend Jahre nach der Erzählung des Matthäus[252] zusammen, was vorher getrennt war in Altes und Neues Testament, in Judentum und Christentum. Die zu Königen gewordenen Weisen aus dem Morgenland sind gleichsam die „moderne" Königin von Saba, die von weither ins Heilige Land kommt, jetzt allerdings nicht in die Hauptstadt Jerusalem, sondern ein paar Kilometer weiter ins Dorf Bethlehem. Das dort geborene Kind wird zum neuen Salomo, der Frieden bringt, ohne Heerschauen zu halten und ohne mit Drohungen und Zauberei zu arbeiten. Aber wie es bei allen guten Begegnungen ist: das/der eine dominiert nicht das/die andere, sondern beide stehen nebeneinander: in Spannung zueinander und doch vereint, nur miteinander das Ganze bildend.

Beispiel 10: Sabas Königin als Prophetin des Kreuzes und als christliche Sibylle: mehr als eine goldene Legende (9.-13. Jahrhundert n. Chr.)

An jedem 14. September feiern orthodoxe und römisch-katholische Kirchen den Jahrestag der Auffindung des Kreuzes Jesu.[253] Sie geschah der Überlieferung nach im Jahre 320 n. Chr. auf Betreiben der heiligen Helena, der Mutter Kaiser Konstantins. Was bereits der Mailänder Kirchenvater Ambrosius in der zweiten Hälfte des 4. Jahrhunderts erwähnt, wird Ende des 13. Jahrhunderts von Jacobus de Voragine, dem Erzbischof von Genua, in seinem mittelalterlichen Bestseller, der *Legenda aurea* („*goldene Legende*"), unter dem Titel „Von des heiligen Kreuzes Findung" ausführlich erzählt. Die Königin von Saba erscheint in dieser Erzählung des 13. Jahrhundert als Idealbild der frommen Frau des Mittelalters: Sie ist zugleich Visionärin, Prophetin und Christusanbeterin – ein Bild, dem in jener Zeit auch Persönlichkeiten wie Hildegard von Bingen (12. Jahrhundert) und einzelne Beginen (ab dem 13. Jahrhundert)[254] entsprechen.[255] Jesus hatte in den Evangelien die Königin von Saba als Vorbild für seine Zeitgenossen hingestellt; in der Kreuzauffindungsgeschichte wird die Königin die vorbildliche Prophetin, die Jahrhunderte vor Christi Geburt bereits auf sein Kreuz hinweist und ihn anbetet.

Chorfresko von Piero della Francesca in der Kirche des hl. Franziskus in Arezzo / Italien, zwischen 1452 und 1464. Das Fresko ist Teil eines Zyklus, der wesentliche Teile der Legende vom Paradieses- und Kreuzesholz enthält – von Adams Tod bis zu Konstantins Sieg an der Milvischen Brücke. Es ist zweigeteilt: Links kniet Sabas Königin im marienblauen Gewand im Licht der Morgensonne in freier Natur betend vor dem als Altar gestalteten Holz des Paradiesesbaums; anders als Salomo weiß sie voraus, dass aus diesem Holz Christi Kreuz geschnitten werden wird. Rechts beugt sie sich, ohne zuvor das zukünftige Kreuzesholz betreten zu haben, demütig in derselben Kopfhaltung, nur seitenverkehrt und im (himmlischen) weißen (Tauf-)Gewand, im offenen Jerusalemer Palast vor dem müde blickenden Salomo, ihm die Hand zur Begrüßung reichend. Zu den vielen bemerkenswerten Aspekten dieses Meisterwerks der Frührenaissance gehören Entsprechung und Entgegensetzung der linken und der rechten Bildhälfte. Sabas Königin jedenfalls ist hier die Wissende und die Gläubige; Salomo sollte ihr genau zuhören und von ihrem Glauben lernen!

Doch lesen wir im Einzelnen in der *Legenda aurea* nach, was dort vom Kreuz und dabei von ihr erzählt wird. Die Geschichte führt von Seth, dem Sohn Adams, über Salomo und die Königin zu Juden am Jerusalemer Schafsteich (Teich Bethesda) und schließlich zu Helena auf den Kalvarienberg.[256]

Als Adam zu Tode erkrankt war, fragte Seth am Eingang des Paradieses nach Öl vom Baum des Mitleids, um seinen Vater damit zu salben und gesund zu machen. Der dort postierte Erzengel Michael antwortete, dieses Öl werde erst Jahrtausende später zur Verfügung stehen.[257] Seth solle aber auf dem Libanon ein Zweiglein pflanzen, das Michael ihm „von dem Holze gab, daran

Adam gesündigt hatte". Sobald „dieser Zweig Frucht bringt, so soll dein Vater gesund werden." Seth bleibt nichts anderes übrig, als den Zweig auf das Grab seines inzwischen verstorbenen Vaters zu pflanzen.[258] Dort wuchs er bis in Salomos Zeit zu einem stattlichen Baum heran.[259] Salomo ließ den schönen Baum abhauen, um ihn zum Bau eines Waldhauses zu verwenden.[260] Da der Stamm sich aber nicht in den Bau fügte (er war immer entweder zu lang oder zu kurz), „ergrimmten die Bauleute und verwarfen das Holz". Es wurde stattdessen als (Brücken-)Steg „über einen See" (andere Versionen reden hier vom Bach Kidron) gelegt. Darauf folgt der für uns entscheidende Satz: „Da aber die Königin von Saba von Salomonis Weisheit hatte gehört und zu ihm wollte fahren über den See, da sah sie im Geist, dass der Welt Heiland dereinst an diesem Holze sollte hangen; darum wollte sie über das Holz nicht gehen, sondern kniete nieder und betete es an." Der hölzerne Steg soll dann viele Jahrhunderte später tatsächlich als Balken für das Kreuz Jesu verwendet worden sein.

Jacobus berichtet noch eine andere Variante der Geschichte, die er, wie er schreibt, der *Historia scholastica* des Petrus Comestor entnimmt. Ihr zufolge soll die Königin von Saba das Holz in dem Waldhaus verarbeitet gesehen und Salomo später mitgeteilt haben, „dass an jenem Holze einer hangen würde, durch des Tod der Juden Reich sollte verderbt werden".[261] Salomo ließ daraufhin das Holz „tief in den Schoß der Erde vergraben". Es sei dann über dieser Stelle „der Schafteich gemacht" worden, bei dem „die Bewegung des Wassers und die Heilung der Kranken nicht allein durch die Ankunft des Engels, sondern auch durch die Kraft des Holzes" geschah.[262] „Da nun nahete das Leiden Christi, da schwamm das Holz empor; als das die Juden sahen, nahmen sie es und bereiteten davon das Kreuz des Herrn."

Mehr als zweihundert Jahre lang sei das Holz nach der Kreuzigung Jesu in der Erde verborgen gewesen, bis Helena auf Wunsch ihres Sohnes, des Kaisers Konstantin – er hatte nach einer Traumvision „in diesem Zeichen" (*in hoc signo*) des Kreuzes die Schlacht an der Milvischen Brücke gegen Maxentius gewonnen! – auf der Suche nach dem wahren Kreuz nach Jerusalem kam. Um es zu finden, muss Helena viele Hindernisse überwinden.[263] Mit von ihr erzwungener Hilfe eines Juden namens Judas entdeckt sie schließlich alle drei Kreuze von Golgatha.[264] Das Kreuz, an dem Jesus Christus einst gehangen hat, wird unter den dreien an seiner Wundertätigkeit erkannt.[265] Größere Teile dieses Kreuzes werden zur wichtigsten Reliquie der mit Helenas Unterstützung gebauten Jerusalemer Grabeskirche. Kaiser Heraklius hat später im 7. Jahrhundert erfolgreich darum gekämpft, das an den siegreichen Islam verlorene ‚wahre Kreuz' wenigstens für kurze Zeit zurückzugewinnen.[266]

Wichtig an der Geschichte ist vor allem ihre Sicht des Kreuzesholzes als heilsamer Lebensbaum, dessen Wurzelzweige aus dem Paradies stammen.[267] Das Holz hat jetzt ausgeschlagen und lässt Adam vom Tod genesen.[268] Die Prophezeiung Michaels hat sich erfüllt. In der Mitte dieser ganzen Geschichte aber lesen wir von Sabas Königin. Anders als Salomo und als all die anderen großen männlichen Gestalten des Alten Testaments kennt sie weit vor der Zeit des Paradies- und Stegholzes Bestimmung als Kreuz Christi.

Genau das nun verstärkt eine Deutung, die die Gestalt der Königin von Saba spätestens seit dem 9. Jahrhundert[269] erhalten hat. Byzantinische Chroniken weisen sie seit dieser Zeit als ursprünglich heidnische Sibylle aus, die Unheil und Heil der jüdischen und christlichen Geschichte voraus sah.[270] Die verschlungenen Wege dieser Identifikation der Königin mit Sibylle stellen Krauss (und nach ihm Beyer) über die Namensgleichheit zwischen Sabba, einer seit alters bekannten Sibylle, und der Herkunftsbezeichnung der Königin her.[271] Diese Wege im Einzelnen zu diskutieren, führt hier zu weit.[272] Für das Mittelalter gilt jedenfalls im Abendland die Königin von Saba als die Sibylle schlechthin.

Ein Nebeneffekt ihrer Fähigkeit, die Bedeutung des Holzsteges vorauszusagen, soll abschließend nicht unerwähnt bleiben: Nachdem sie in der Holzbrücke das zukünftige Kreuzesholz Christi erkannt hat, weigert sie sich, den Steg zu betreten. Stattdessen lüftet sie ihr Kleid und watet durch das Wasser des Sees beziehungsweise des Kidronbaches. Dadurch wird ihr Gänsefuß erkennbar. Das Wasser aber heilt ihr Gebrechen.[273]

Beispiel 11: Makeda, Menelik und die Bundeslade: Äthiopiens christliches Nationalepos Kebra Negast und seine Verbindungen zum Judentum (13. Jahrhundert n. Chr.)

Der Stoff, aus dem im 13. Jahrhundert Äthiopiens Nationalepos entstand, das dem Königshaus der amharisch-axumitischen Dynastie für sieben Jahrhunderte zur Legitimation ihrer Herrschaft diente, ist alt und ehrwürdig. Uns aus christlicher, jüdischer und islamischer Überlieferung bekannte Motive zur Geschichte der Königin von Saba tauchen darin wieder auf, aber in neuer Akzentuierung, in einzigartigem neuen Zusammenhang und ergänzt durch singuläre Züge. Geschrieben wurde das Epos in Ge'ez, Äthiopiens Sprache der heiligen Schriften. Es unternimmt in einer Zeit, als die Kreuzzüge und Jerusalem für die Christenheit verloren waren, nichts Geringeres als den Nachweis, dass Äthiopien schon seit Salomo der legitime Nachfolger des von Gott erwählten Volkes sei, dass deshalb, wer das wahre Jerusalem und Gottes Tempel suche, nach Axum kommen müsse. Dort finde er „Zion", die heilige Lade des Bundes, den Gott in der Nachfolge Israels nun mit Äthiopien geschlossen habe; dort herrschen Davids Nachkommen, weil seine Könige von Salomos ältestem Sohn Menelik abstammen sollen. Den habe Salomo mit Sabas Königin gezeugt, als sie ihn in seinem Lande besuchte.

Es ist eine beeindruckende Geschichte, die im Kebre Negast – so der Name des Epos - mit Worten des Alten und Neuen Testaments aufgezeichnet ist. In ihr wird Äthiopiens stärker als anderswo von jüdischen Traditionen geprägter[274] christlicher Glaube ausgedrückt[275] – der Glaube des Landes, das seit König Ezana im 4. Jahrhundert n. Chr. christlich wurde und deshalb mit Armenien und Georgien zu den ältesten christlichen Ländern der Menschheit gehört. Das Epos legitimiert den engen Zusammenhang von Staat und Kirche in Äthiopiens Norden, stärkt die Einheit des ansonsten in viele Stämme und Sprachen zersplitterten Landes und schafft am Horn von Afrika eine selbstbewusste Nation, die sich nie kolonisieren ließ und deshalb mit Addis Abeba bis heute die Hauptstadt der Organisation des unabhängigen Afrika, nämlich der Afrikanischen Union, stellt.

Der Name des Epos, *Kebra Negast*, heißt zu deutsch „Die Herrlichkeit der Könige". Es beginnt mit Adam und Eva, Seth, Kain und Noah, mit Abraham, Isaak, Jakob und Ruben (Kapitel 3–16). In seinem Mittelpunkt steht seit der Schöpfung Himmels und der Erden und seit Noah die Geschichte der Bundeslade und die mit ihr verbundene Geschichte von Sabas Königin und ihrem von Salomo gezeugten Sohn. [276] Dazwischen stehen einerseits Absätze zur Geschichte der Völker und Äthiopiens und andererseits Bezüge zur Kreuzigung und Auferstehung Christi.

Die „Königin des Südens" trägt im *Kebra Negast* den Namen Makeda. Ihr Sohn, Salomos Ältester, heißt Menelik. Die Lade des Bundes Gottes mit seinem Volk wird „Zion" genannt. Um beides geht es im Epos: um die Erbfolge Salomos (und seines Vaters David) über Menelik durch die Geschichte der legitimen Könige Äthiopiens bis in die Gegenwart und um den Weg der Lade Israels vom Sinai über Silo, über Städte der Philister und über Jerusalem nach Aksum, der alten Hauptstadt des Landes Äthiopien, die nun schon seit drei

Jahrtausenden der sorgsam gehütete Bewahrungsort der Lade sei. Die Lade hat selbst die salomonisch-amharische Dynastie überlebt. Denn die Dynastie endete 1974 mit der Ermordung Kaiser Haile Selassies, des offiziell 225. Nachkommen der Königin von Saba. Die Lade aber wird noch heute in einem eigenen Haus neben der alten Zionskirche in Aksum von einem auf Lebenszeit bestellten Diakon behütet; nur er darf sie sehen.[277] Ihr Abbild findet sich in jeder ordentlichen äthiopischen Kirche; die Tabots genannte Nachbildung der beiden in der Lade befindlichen Gesetzestafeln steht, umgeben vom Makdas genannten Schrein, im Allerheiligsten und wird bei Prozessionen unter feinen Tüchern und bei festlichem Gesang mitgeführt.

Bevor jetzt die Geschichte von Makeda, Menelik und der Lade genauer erzählt wird, sind einige Bemerkungen zur Entstehungszeit des Nationalepos *Kebra Negast* angebracht. Denn seiner schriftlichen Fixierung als Dokument der Legitimität der Könige von Aksum geht in Äthiopien ein über dreihundertjähriges Interregnum der Zagwe-Dynastie voraus. Die Zagwe-Dynastie hatte sich die alte Stadt Roha zur Hauptstadt erwählt und dort in phantastischen unterirdischen Kirchen ein alternatives Aksum aus dem Felsgestein herausgemeißelt. Nach ihrem berühmtesten Vertreter und Baumeister, nach Lalibela, wurde Roha noch zu dessen Lebzeiten am Anfang des 13. Jahrhunderts umbenannt – und heißt so bis heute. Auch Roha alias Lalibela stellte sich im Zeitalter der Kreuzzüge als neues Jerusalem dar – in Fels geschlagen wurden Golgatha und Jesu Grab (über dem ebenfalls steinernen Grab Adams), ein Berg heißt Sinai, das die alte Stadt teilende Flüsschen wird Jordan genannt. Sie alle sind noch heute dort zu besuchen. Aber schon zwei Generationen nach Lalibela, genau im Jahr 1268, endete die Zagwe-Dynastie, weil Yekuno Amlak die aksumitische, auf Sabas Königin sich berufende Dynastie erfolgreich erneuerte. Aus seiner oder seines Nachfolgers Zeit ist uns nun *Kebra Negast* erhalten, die Restitution der alten Dynastie massiv unterstützend. Erst späterer Zeit und Geschichtsschreibung ist die Legende zu verdanken – und in den Bildgeschichten des 19. und 20. Jahrhunderts dargestellt! –, dass Salomo in Jerusalem nicht nur der Königin von Saba beigewohnt habe, sondern zuvor auch ihrer Dienerin. Deren Sohn galt dann als Ahnherr der Zagwe-Dynastie, wodurch deren Herrschaft vom 10.–13. Jahrhundert in Roha nachträglich zugleich legitimiert und begrenzt wurde.

Das *Kebra Negast* ist also das bis 1974 maßgebende Nationalepos. Dass es über die Grenzen Äthiopiens bekannt wurde durch die deutsche Übersetzung von Carl Bezolds 1905 und durch die englische von Wallis Budge 1922, war kein Zufall; denn in der letzten großen Phase der Dynastie regierte von 1889–1913 mit Menelik II. ein König, der schon mit seinem Namen bewusst an die alten sabäischen Traditionen anknüpfte.[278] Sein späterer Nachfolger Haile Selassie (1930–1974) nahm den Bezug auf diese Traditionen sogar in die Präambel der Verfassung Äthiopiens auf; dort heißt es 1931 in Artikel III[279], die Abstammung des Herrschers gehe „ohne Unterbrechung auf Menelik I., Sohn des Königs Salomo von Jerusalem und der Königin von Äthiopien, bekannt als Königin von Saba" zurück.[280]

Wie nun wird sie im *Kebra Negast* dargestellt, die Geschichte der „Königin des Südens", die das Epos bestimmt?

Es beginnt mit dem Hinweis auf Jesu Worte über sie in den Evangelien nach Matthäus und Lukas[281] und darauf, dass Jesus hier „die Königin von Äthiopien" meine. Sie sei schön und klug und reich gewesen und habe über ihre Kaufleute mit aller Welt Handel getrieben.[282]

Im Zusammenhang seiner Kaufverhandlungen für den Jerusalemer Tempelbau hatte Salomo von Tamrin, dem „Chef" der äthiopischen Kaufleute gehört und ihn zu sich holen lassen.[283] Die Begegnung zwischen Tamrin und Salomo wird nun ähnlich beschrieben wie in 1. Könige 10 die zwischen Salomo und der Königin.[284] Zurückgekehrt nach Äthiopien, berichtet Tamrin seiner Königin von Salomo. Daraufhin weinte die Königin „vor lauter Sehnsucht", „zu jenem zu reisen"; „denn Gott hatte ihr Herz auf die Reise gelenkt und sie danach verlangen lassen".[285] Sechs Monate bereitet sie sich auf die Reise vor; sich und dem Leser, der Leserin macht sie klar, worum es ihr dabei geht: „Ich begehre Weisheit, und mein Herz sucht nach Erkenntnis; denn ich bin getroffen von der Liebe zur Weisheit und wurde gezogen von den Seilen der Erkenntnis." Das ganze 24. Kapitel des Kebra-Nagast-Epos ist ein einzigartiges Lob der Weisheit aus dem Mund der Königin,[286] so dass ihr Hofstaat am Ende feststellt: „Die Weisheit fehlt dir nicht, denn durch deine Weisheit kommt es, dass du die Weisheit liebst." Voll der Weisheit zieht es sie nach Jerusalem, denn „nach dem Willen Gottes sehnte sich ihr Herz danach, ... um die Weisheit Salomos zu hören".[287]

In Jerusalem begegnen sich dann zwei prinzipiell Gleichberechtigte. Makeda bringt Salomo viele erwünschte Kostbarkeiten mit, Salomo verwöhnt sie mit erlesenen Speisen, Getränken und Gewändern. „Er kam zu ihr und schöpfte Trost, und sie kam zu ihm und schöpfte Trost". Der Austausch der

Weisheit verbindet beide; Rätsel müssen hier nicht mehr zur Prüfung gestellt werden. Sie „erstaunte über die Fülle seiner Weisheit", über seine fachkundige Unterstützung der Handwerker beim Tempelbau und darüber, dass ihm „von der Sprache der Tiere und Vögel nichts verborgen war", „und auch die Dämonen bezwang er mit seiner Weisheit".[288] Sie wünscht sich von Salomo, „wie eine deiner geringsten Mägde" zu sein, Salomo aber antwortet ihr: „Weisheit und Klugheit sind aus dir selbst entsprossen". Er besitze Weisheit nur insoweit, „als sie mir der Gott Israels verliehen hat".[289]

Da es zu weit führen würde, wie diese ersten sechs, so auch die folgenden über fünfzig auf die Makeda-Menelik-Bundeslade-Thematik bezogenen Kapitel des *Kebra Negast* vorzustellen, seien hier nur noch die folgenden vier kurz skizziert und die übrigen in zwei Sätzen zusammengefasst:

Salomo spricht im 27. Kapitel zu Makedas Wohlgefallen von der Gleichheit aller Menschen, von ihrer Demut vor Gott und von der für den Menschen notwendigen Reue und Barmherzigkeit. Er stellt ihr dabei einen seiner Arbeiter als Vorbild hin. Das Kapitel endet mit Makedas Bitte: „Sage mir nun, wen ich anbeten soll; wir beten nämlich die Sonne an; denn sie kocht das Essen, sie erleuchtet auch die Dunkelheit und benimmt die Furcht; wir sagen zu ihr ‚unser König' und sagen zu ihr ‚unser Schöpfer' und verehren sie als unseren Gott." Makeda habe davon gehört, dass die Israeliten einen anderen Gott haben, der „euch vom Himmel eine Lade herabgesandt habe und euch die Tafel der Ordnung … durch seinen Propheten Moses gegeben habe". Daraufhin berichtet Salomo (Kapitel 28), dass die Israeliten den Herrn anbeten, „der alles gemacht hat: Himmel und Erde, das Meer und das Trockene, Sonne und Mond, Sterne und Glanzkörper, Bäume und Steine, Tiere und Vögel, Raubtiere und Krokodile, Fische und Wale, Nilpferde und Wassereidechsen, Blitze und Donnerschläge, Gutes und Böses." Er habe ihnen „in der Tat … die Lade des Gottes Israels gegeben, die erschaffen wurde vor aller Kreatur". Daraufhin bekennt sich Makeda zu dem Schöpfer der Sonne und verspricht: „jene Lade des Gottes Israels sei meine Herrin, für mich und meine Nachkommen und das ganze mir untertänige Reich."

Als die Königin nach sechs Monaten mit wechselseitigen Besuchen und nach Salomos Belehrungen auch vieler anderer Menschen, sogar der Tiere und der Vögel, aus Jerusalem abreisen und zurück in ihr Land will, „überlegt er in seinem Herzen: ‚Eine so schöne Frau ist von den Enden der Erde zu mir gekommen; was weiß ich: vielleicht gibt mir Gott Samen in ihr.'"[290]

Gedacht, getan. Salomo veranstaltet ein großes Festmahl. Makeda betritt den Festsaal durch eine Hintertür,[291] und Salomo gibt ihr in einem Separee „dursterregende Speisen, mit List und Weisheit, und sauere Getränke, Fische und Pfeffer als Zubehör" zu essen und zu trinken. Als alle Gäste fort sind, bittet Salomo Makeda: „Kose hier in Liebe bis zum Morgen". Sie stimmt unter der Bedingung zu, dass Salomo bei seinem Gott schwört, ihr „keine Gewalt anzutun". Salomo ist einverstanden, wenn Makeda ihrerseits „keinem Gegenstand in meinem Hause Gewalt" antut; andernfalls sei er seines Eides ledig. Nachdem die beiden sich später an verschiedenen Seiten des Raumes auf ihr Lager zum Schlafen gelegt haben, erwacht Makeda durstig und greift nach dem von Salomo listig bereitgestellten Krug mit Wasser. Dass sie von seinem Wasser getrunken hat, wertet Salomo als Verletzung ihres Versprechens. Er braucht sich also nicht mehr an seinen Schwur zu halten; also „führte er sein Begehren aus, und sie schliefen zusammen". Salomo träumt danach, die Zukunft vorwegnehmend, wie eine leuchtende Sonne über Israel strahlte, aber sich plötzlich entfernte und nach Äthiopien flog; dort leuchtete sie nun „bis in Ewigkeit". Vergeblich wartete Salomo in seinem prophetischen Traum darauf, ob die Sonne nach Israel zurückkehren werde, „aber sie kehrte nicht zurück".[292]

Wie sich zeigen wird, ist die Bundeslade die Sonne, die Makedas in dieser Nacht gezeugter Sohn Menelik, erwachsen geworden, mit Gottes Willen, aber zunächst verborgen vor seinem Vater Salomo, aus Jerusalem nach Aksum entführt. Zuvor hatte er, der vaterlos in Aksum aufgewachsen war, in Jerusalem seinen Vater gefunden; er wurde von ihm als dessen Erstgeborener inthronisiert, lehnte es aber ab, in Israel zu bleiben. Stattdessen beabsichtigte er, fortan Davids Dynastie in der Erbfolge Salomos in Äthiopien fortzusetzen.[293] Es ergibt sich, dass wegen der Sünden Israels und auch Salomos[294] die Lade und das Licht und die wahre Thronfolge Davids für immer nach Äthiopien gelangen. Salomos Traum wird also wahr.

Soweit das *Kebra Negast*. Nachzutragen bleiben der Hinweis 1. auf eine Vorgeschichte der Makeda, in der es um ihren Vater und um den archaischen Schlangen- beziehungsweise Drachenkult Äthiopiens geht und 2. auf eine bis heute wirksame Nachgeschichte, in der es um eine spirituelle afrikanische Musik- und Befreiungsbewegung geht, die unter dem Namen Rastafari von Jamaika aus weltweite Bedeutung erlangt hat.

Zunächst sind da die äthiopischen Bildergeschichten des 19. und 20. Jahrhunderts. Sie beginnen die Geschichte der Königin des Südens – sie heißt auf Ge'ez Etiye Azieb [295] – mit ihrem Vater. Die Geschichten erinnern dabei an eine alte afrikanische und altorientalische Tradition des jährlichen Menschenopfers für ein archaisches Ungeheuer, das als Schlange oder Drache auftritt.[296] Die Menschheit wurde von diesem Drachen von Agabus, dem Vater Etiye Aziebs alias Makedas, befreit. Er gab dafür einer seiner Ziegen ein vergiftete Fladenbrot zu fressen und anschließend dem Drachen die Ziege. An der vergifteten Speise ging der Drache elend zugrunde. Der Drachentöter Agabus aber wird wegen seiner Befreiungstat zum König gewählt. Nach seinem Tod weist seine Tochter durch heilsames Handeln nach, dass auch sie als Frau für das Königsamt geeignet ist.[297]

Auch die Rastafari-Bewegung, vor 80 Jahren in Jamaika als Protestbewegung gegen die Unterdrückung von aus Afrika stammenden Menschen entstanden und eine Strategie des Widerstandes gegen den institutionalisierten Rassismus, trägt die Züge unserer Geschichte von König Salomo und der Königin von Saba. An Bob Marleys Welthit „Exodus – Movement of Jah People" sind ihre Intentionen am besten erkennbar. Der Name der Bewegung leitet sich von Ras Tafari (‚Herzog Tafari') her: Ras Tafari Makonnen ist der Name von Haile Selassie vor seiner Thronbesteigung. Seine Krönung 1930 in Addis Abeba zum König Äthiopiens in der Erbfolge Salomos und Makedas wird als Erfüllung eines Messias-Traums gedeutet. Marcus Garvey hatte zuvor prophezeit: „Seht nach Afrika, wo ein schwarzer König gekrönt werden wird, denn der Tag der Erlösung ist nahe." Als dieser geweissagte König galt Haile Selassie, der wie seine Vorgänger sich als „Löwe von Juda" bezeichnete. Er hat auch die faschistische Eroberung Äthiopiens durch Mussolini in den 40er-Jahren des 20. Jahrhunderts überlebt, aber nicht den von Mengistu angeführten Umsturz von 1974. Seit vierzig Jahren muss deshalb die Rastafari-Bewegung nun ohne ihren gekrönten Messias auskommen. Als globale Befreiungsbewegung von Menschen afrikanischer Abstammung aber, die sich in der Reggae-Musik, in spezieller Haartracht und Kleidung ausdrückt, hält sie sich bis heute.[298]

Exkurs: Vom Geschick der Bundeslade

Für die Geschichte der Bundeslade folgt das äthiopische Nationalepos *Kebra Negast* zunächst und bis hin zu Salomo dem Text des Alten Testaments.[299] Beiden Überlieferungen zufolge zieht die Lade des Bundes Gottes mit Israel mit dem befreiten Volk durch die Wüste Sinai und erweist sich dabei als guter Führer.[300] Wie die Lade aussah, ist umstritten. Vermutlich war sie ursprünglich ein leerer Holzkasten, an Stangen getragen. Später enthält sie die Tafeln des Bundes mit dem Dekalog, Aarons Stab und ein Zeichen des Mannas, das Israel in der Wüste vor Hunger bewahrte; sie sieht nun repräsentativer aus und wird von Engeln bewacht.[301] Mit und dank der Lade wiederholt sich am Ende des Exodus beim Durchzug durch den Jordan in das gelobte Land das Schilfmeerwunder, das an seinem Anfang stand.[302] Auch bei der erfolgreichen Eroberung Jerichos durch die aus ägyptischer Gefangenschaft befreiten Israeliten spielt sie mit.[303] In Silo, Kultort und Stadt der Priesterfamilie Eli, wird die Lade im gelobten Land sesshaft. Als man sie von dort für die Schlacht gegen die Philister holen lässt, scheint ihre Wunderkraft zu versagen: die Philister besiegen Israel vernichtend, erobern die Lade und stellen sie in ihrem Dagon-Tempel auf.[304] Doch die Lade bringt den Philisterstädten Unheil, so dass sie sie schließlich, von Gaben begleitet, nach Israel zurückschicken.[305] Nach kurzfristigen Stationen, auf denen sie fast vergessen scheint, holt sie König David feierlich in seine neue Hauptstadt Jerusalem.[306] Als der Tempel gebaut ist, wird die Lade – auffälligerweise nicht sofort[307] – feierlich dorthin eingeholt und im Haus Jahwes aufgestellt.[308]

Von da an trennen sich die Überlieferungswege zwischen Altem Testament und dem Kebre Negast. Für die Äthiopier hat Menelik I., Makedas und Salomos Sohn, die echte Lade nach Gottes Willen mit Unterstützung der Jerusalemer Priestersöhne, die ihn von Jerusalem in seine Heimat begleiteten, in die

Zionskathedrale nach Axum gebracht.[309] Dort wird sie seither – d. h. seit drei Jahrtausenden – von den Äthiopiern als göttliche Manifestation gehütet; manchmal soll sie oder eine Nachbildung von ihr mit in kriegerische Auseinandersetzungen gezogen sein, um den Heeren Äthiopiens beizustehen; auch musste sie vor feindlichen Truppen in Inselklöstern mitten im großen Tanasee versteckt und gerettet werden. Zuletzt zog sie 1966 in Aksum in ein eigenes Haus neben der Zionskirche. Dort wird sie von einem Diakon[310] bewacht. Der Diakon darf das Haus auf Lebenszeit nicht verlassen, er darf niemanden die Lade sehen lassen und muss vor seinem Tod einen Nachfolger benennen, der dann seinerseits bis zu seinem Tode Wächter der Lade ist.

In der biblischen Überlieferung verlieren sich die Spuren der Lade mit der Eroberung Jerusalems durch die Babylonier 587 vor Christus. Entweder ist die Lade bei der Plünderung des Tempels durch die Babylonier verschwunden, verbrannt oder verloren.[311]

Oder – so die Legende aus dem 2. Makkabäerbuch 2,5 – sie ist von Jeremia in einer Höhle am Berg Mose unauffindbar bis zur Endzeit versteckt worden.[312] Oder man kann sie deshalb vergessen,[313] weil Jerusalem insgesamt „des Herrn Thron" genannt wird, wohin sich alle Menschen sammeln werden.[314] Die Lade wird nach dieser Überlieferung überhaupt nicht mehr gebraucht. Darauf verweist auch das Neue Testament im Hebräerbrief mit der Begründung, dass die Lade durch den Glauben an Jesus Christus ihre Funktion verloren hat.[315]

Zusammenfassend sei festgehalten: Wer die Gestalt der Lade genauer kennen lernen möchte, dem sei empfohlen, ihre Beschreibung in Exodus 25,10–25 nachzulesen. Wen die Etappen ihrer biblischen Geschichte genauer interessieren, lese die Ladeerzählungen nach: Mit der Lade gelingt das zweite Schilfmeerwunder, nämlich der Durchzug durch den Jordan (Josua 3,3–5,1, insbesondere 3,4–17; 4,3–18;5,1), der wie ein Gottesdienst beschrieben wird. In der Auseinandersetzung mit den Philistern geht die von Silo zu Hilfe geholte Lade verloren (1. Samuel 4,1b–22 im Gesamtzusammenhang von 1. Samuel 3 und 4 sowie die spätere Begründung des Verlustes in Psalm 78,56–64). Wie es nach dem Verlust der Lade weitergeht, zeigen Psalm 78,65f. und 1. Samuel 5 (besonders die Verse 1–5,7–9 und 10–12). Wie die Lade von den Philistern (die so verstockt sind wie Pharao) zurückkehrt und durch David nach Jerusalem kommt, zeigt 1. Samuel 6–7,1 (besonders 6,10–17 und 6,20–7,1). Schließlich schildert 1. Könige 8,1–66, wie die Lade unter Salomo Einzug in den Tempel hält.[316]

Beispiel 12: Allahs gekröntes Liebespaar:
Salomo und die Königin von Saba in safawidischen Miniaturen
(15./16. Jahrhundert)

Was da am Ende des 16. Jahrhunderts dem safawidischen Herrscherpaar auf den beiden inneren Titelseiten einer prachtvollen Ausgabe des persischen Nationalepos *Shahmana* (geschrieben vor 1020 vom großen Dichter Firdausi) gewidmet und zu ihrer Huldigung präsentiert wurde, sind zwei wunderschöne Miniaturen der Königin von Saba und des Königs Salomo (islamisch Süleyman).

Safawidische Miniaturen von Salomon und der Königin von Saba (16. Jh.).

In Firdausis Epos kommen beide gar nicht vor, und doch sind sie Vorbild und Türöffner zugleich für das regierende Fürstenpaar, dem das Werk zugeeignet wird. Sie thronen je in ihrer eigenen Welt, sind aber dennoch einander zugewandt und vom selben Blumenschmuckrahmen umgeben und auf ihren goldenen Thronen sitzend. Wie selbstverständlich strahlen sie Ruhe, Glück und Glaube in einer paradiesischen und bunten Welt aus: sie von Räucherwerk schwingenden geflügelten, engelartigen Peris (oben) und von Speisen bringenden, musizierenden, tanzenden und miteinander im Gespräch und im Schweigen vertieften Frauen (in der Mitte und unten) umgeben; er, umgeben von der Flammenaureole der Propheten, im politischen oder philosophischen Gespräch mit seinem Wesir Asaf, inmitten eines Kosmos aller Art von Lebewesen; von den Lebewesen seien genannt - in der Reihenfolge vom beigen und blauen Himmel oben über eine grüne Wiesenlandschaft voller gelber und roter Blumen in der Mitte bis zum kleinen grauen Fluss ganz unten – : Störche und Kraniche, der mit dem wild fauchenden Drachen kämpfende Phönix,[317] zwei Räucherschalen oder Speisen herbeibringende Peris vor einem Rad schlagenden Pfau etwas über Süleyman auf der einen Seite und zwei Dschinns und eine Wildkatze hinter Salomo auf der anderen Seite, ein prachtvoll gekleidetes Besucher- oder Dienerpaar parallel zu dem auf einem kleineren Thron sitzenden Asaf, darunter fast alles, was die Fauna Persiens hergab: Schlangen, die sich zum Schutze Süleymans um zwei Thronbeine winden, Hase und Löwe, Reh und Tiger, Bär und Nashorn, Hund und Hirsch, Esel und Elefant, Ochse und, mit Sattel bepackt, Pferd und Maultier; ein Affe reitet auf einer Giraffe; zwei schlanke Fische schwimmen aufeinander zu.

Nicht zu vergessen seien zwischen König und Wesir der Falke und, als Hinweis darauf, dass die Welten zwischen ihm und ihr nicht ganz getrennt sind, der Wiedehopf auf Süleymans Hand, der bald ihr Botschaft bringen soll.

Kalligrafisch sei der Stil dieser beiden Miniaturen, heißt es.[318] Was sonst spielerisch und streng zugleich die Lettern heiliger Schrift wiedergibt, ist hier zu einem bunten Kaleidoskop des Lebens geworden, die Wesen des Himmels, der Erde und des Meeres erfassend, sie alle bezogen auf Sabas Königin und Salomo, die einer heilen Welt die Mitte geben – und Vorbild sein sollen den frommen Herrschern, die zur Zeit regieren.

Weise Gelassenheit, ausgleichende Gerechtigkeit, Friede zwischen Raub- und Haustier, und selbst da eher spielerisches Temperament als Kampf um Leben und Tod, wo der Drachenkampf ansteht: das ist in safawidischer Zeit das Idealbild für Herrscher und Herrschaft. Da lassen sich auch Salomo und Sabas Königin sein wie sie sind, jede/r in ihrer beziehungsweise seiner Welt. Und zart nur ist angedeutet das, was sie miteinander verbindet: die Körperhaltung, der fliegende Bote namens Wiedehopf, dienstbare Himmelswesen, ein prächtiger Rahmen. Schade nur, dass diese bunte Welt der Bilder nicht die ganze Wahrheit der Zeit war und ist – auch nicht bei den Safawiden.[319]

Beispiel 13: Glaube, Liebe, Macht und Schönheit: vom Heiligen Land nach Hollywood (1959 n. Chr.)

Vor gut einem halben Jahrhundert war es weltweit ein Kultfilm voller Dramatik und mit großen schauspielerischen Leistungen. Hollywoods Stars Yul Brynner und Gina Lollobrigida spielten 1959 Salomo und die Königin von Saba in einem Film von King Vidor: *Solomon and Sheba* (dt. *Salomon und die Königin von Saba*). Ein film- und zeitgeschichtlich bedeutsames Dokument, in dem viele Facetten der Wirkungsgeschichte von 1. Könige 10 auf eigentümliche Weise miteinander verbunden werden.

Der Film spielt zwischen Ägypten und Israel und beginnt im Niemandsland der Negev-Wüste. Dort erreicht die Brüder Salomo und Adonia die Nachricht vom Sterben ihres Vaters David. Salomo reitet daraufhin sofort eilig zu David nach Jerusalem, während Adonia noch vor dem Tod seines Vaters sich als neuer streitbarer König von Israel der Königin von Saba, die unversehens auftaucht, präsentiert. Diese schlägt ein von ihm mit ihr gewünschtes Bündnis gegen Pharao aus - und ihm, als er unverschämt wird, mit der Peitsche ins Gesicht. Zu der Zeit spielt die Königin (noch) mit im militärischen Kampf der Herrschenden um neues Land – und wähnt sich dabei als Partnerin Ägyptens auf der richtigen Seite.[320]

Gerade noch rechtzeitig vor der Regelung der Erbfolge kommt der trotz der empfangenen Demütigung im Blick auf sein Erbe siegesgewisse Adonia ans Sterbebett seines Vaters. David aber hat in einem Traum von Israels Gott Jehova[321] den Auftrag erhalten, nicht seinen auf militärische Macht setzenden Sohn Adonia – der als ältester überlebender Sohn Davids mit der Thronfolge rechnen darf! –, sondern den friedfertigen Salomo zum König einzusetzen; das führt David dann auch aus - mit Zustimmung des Priesters Zadok und des Propheten Nathan und des ganzen, durch David geeinten Volkes. Adonias Verachtung für den „Dichter und Liedersänger" Salomo verwandelt sich daraufhin in Wut

Filmplakat „Solomon and Sheba" (USA, 1959).

schnaubenden und auf Rache sinnenden Hass gegen seinen Bruder. Der setzt ihn, scheinbar gar nicht weise, trotzdem als Heerführer Israels ein; er soll allerdings nicht Länder erobern und Völker bedrängen – was Adonia und sein Feldhauptmann Joab am liebsten täten –, sondern die Stadt des Friedens sichern, eines Friedens für Jerusalem und die Welt, der von Salomo ausgeht.[322]

Damit ist eine der beiden Dispositionen des Films abgesteckt: es geht um den Kampf zweier ungleicher Brüder, zwischen Gut und Böse, Frieden und Krieg, zwischen Völkerverständigung und -feindschaft. Dass dieser Kampf hoch dramatisch wird, liegt an der zweiten Disposition des Films, nämlich an der sich entwickelnden Liebe zwischen einem Mann und einer Frau, zwischen König Salomo und Sabas Königin.

Zunächst sieht es gar nicht gut für beide aus. Denn Salomo bedarf in Fragen der Liebe noch der Weisheit. Und die Königin von Saba will mit dem Zauber ihrer Schönheit Salomo gefallen, aber gerade dadurch ihn „zu Fall bringen", nämlich ihn Pharao ans Messer liefern.[323] Sie ist siegesgewiss, „weil auch der Weiseste ein Mensch ist" (gemeint ist hier: „ein Mann ist"). Dass nicht nur Salomo, sondern auch die Königin noch nicht weiß, was Liebe ist, und beide es erst im Laufe ihrer Beziehung lernen müssen, wird der Film auf seine Weise zeigen.

Es fällt freilich auf, wie ungleich der Film die Rollen zwischen Mann und Frau verteilt. Salomo hat gleich dreifach die Wahl, welche „Liebe" er erwidert: Die der Frauen seines Harems, die darauf warten, dass der Gockel vorbeikommt und eine der ihren erwählt. Oder die der Abisag von Sunem aus Gilead, die schon Salomos Vater David gedient hat, die sich in – fast - selbstloser Liebe für Salomo und sein Volk verzehrt und schließlich Jehova bittet, ihr Leben als stellvertretende Sühnopfer für Salomos „Schuld" – er hatte nach anfänglichem Widerstand Sabas Königin zuliebe deren Frühlingsfest zu Ehren des Gottes Ragon orgiastisch mitgefeiert – anzunehmen.[324] Oder drittens die Liebe der schönen Königin von Saba, die in allen ihren Entwicklungsphasen den Sieg davon trägt.[325] Die Königin lernt durch Salomo erstmals, nicht nur an sich selbst zu denken – und das ist das im Film favorisierte Liebesverständnis; sie gibt den Glauben an ihren Fruchtbarkeitsgott Ragon[326] zugunsten des Glaubens an den einen unsichtbaren Gott Jehova auf. Zuvor aber hatte sie mit Salomos nachgiebiger Billigung und Beteiligung und zum Blitze schleudernden Zorn Jehovas, zum Entsetzen seiner Priester und Propheten und seines Volkes in einer exzessiven Walpurgisnacht Ragons Fest gefeiert. Salomo war dabei zum Verräter Jehovas Sabas Königin zuliebe geworden. Glücklicherweise zeigt sich jedoch, dass Jehovas Zorn nur kurze Zeit, aber „seine Liebe ewig" währt.

Die von Salomo schwangere Königin von Saba hatte Zuflucht im Tempel gesucht, als der Zorn Jehovas und des ganzen Volkes Israel sich über ihr entlud, weil sie zusammen mit Salomo ihrem heidnischen Gott Ragon in einem orgiastischen Frühlingsfest in Israel gehuldigt hatte; der Zorn des Volkes wurde noch geschürt durch den Racheeifer des zu Pharao übergelaufenen Adonia, der nun mit seinen Truppen in Jerusalem erscheint und für den Sturz des jungen Paares sorgen will. Im Tempel wäre sie vom Mob gesteinigt worden – gegen den Einspruch der Priester, für die Asyl im Tempel unantastbar ist! –, wenn nicht Salomo als der rettende gute Mann erschienen wäre. Beide, Königin und König, erfahren zum Happy End den Segen des Gottes und aller Menschen Israels. Sie nehmen – nun auf ihre Weise entsagungsvoll geworden wie vor ihnen Abisag – ihre dauerhafte Trennung auf sich, als „Sühne für ihre gemeinsame Schuld" (gemeint ist das von ihnen gefeierte Ragonfest) und um ihrer Völker willen. Aber, so schließt der Film des Pathos voll: ihre Liebe wird bleiben – und sie werden fortleben in dem Kind, das die Königin in ihrem gesegneten Leib mit nach Saba nimmt.[327]

Insgesamt lebt der Film von der Darstellungskunst der Hauptdarsteller, von ihren markanten Gesichtern und der Ausstrahlungskraft ihrer Körper, von großen pathetischen Bildern und Landschaften und von einer simplen Dramaturgie, in der klar ist, wo die Schurken und wo die Engel sind. Eine Entwicklung machen nur die Königin und Salomo durch. Salomo ist nicht nur ein friedfertiger, weiser und verantwortungsbewusster Herrscher, sondern er wird am Ende auch zu einem entsagungsvoll liebenden Mann.[328] Von der Königin lässt sich am Ende sagen: sie setzt die Schönheit ihres Körpers und ihrer Bewegungen nicht mehr listig ein für Intrige und eigenen Machtgewinn, sondern geläutert für ihr Volk, das wie sie und mit ihr friedfertig und gläubig geworden ist.

Manchem Zuschauer und mancher Zuschauerin aber bleibt heute mehr als solch fromme Lehre und solch geordnete Welt ein Satz Salomos im Sinn. Er sagte ihn über die Liebe, vor einer brennenden Kerze sinnierend und die Königin sehnsüchtig erwartend: „Die Flamme muss brennen, auch wenn sie Falter anzieht und verbrennt; denn wenn sie nicht brennen würde, wäre es dunkel." Doch der Weisheit letzter Schluss wird auch diese Bemerkung nicht bleiben.

Exkurs: Bildbeschreibungen

*Raffael, Salomo empfängt die
Königin von Saba (um 1519)*

Temperamentvoll geht es zu in Raffaels Fresko von der Begegnung der königlichen Personen in den Loggien des Vatikan. Gefühle drücken sich aus in Bewegungen. Väterlich breitet die große bärtige Gestalt Salomos ihre Arme aus – er hat sich dazu vom Thron erhoben –, um die jungmädchenhaft auf ihn zustürmende Königin zu empfangen. Noch im Moment der Berührung zwischen seiner rechten und ihrer linken Hand, um Schulter und Hüfte gelegt, empfindet die Königin die Notwendigkeit, mit ihrer rechten Hand auf die üppigen Geschenke und ihre Träger zu verweisen, die hinter ihr Krüge und Schüsseln voller Gaben hochhalten und vor Salomo ausschütten. Ein Hofbeamter – es könnte Raffael selbst sein! – weist links im Bild neben Salomo mit seinem rechten Zeigefinger streng auf die Königin. Ist er empört oder fasziniert oder beides darüber, dass sie so direkt dem König in die Arme eilt?

Das Fresko erinnert an die Heimkehr des verlorenen Sohnes, nur dass da der Vater dem Sohn entgegeneilt und ihn in seine Arme schließt. Aber die Freude, sich endlich zu finden, verbindet beide Szenen. Nur dass die Königin hier die Kleine ist, und dass sie auf die Fülle ihrer Geschenke verweist als seien sie ihre Legitimation - hat die Geschichte verändert. Dass dieses sprintende Mädchen dem würdevollen Salomo ebenbürtig sein soll, ja dass sie es ist, die seine Weisheit prüft und ihm Rätsel aufgibt, will dem Betrachter hier nicht in den Sinn kommen. Der Geschichte ist so ihre Spannung genommen.

Ist es ein Zufall, dass in den Loggien des Vatikans der mächtige hoheitsvolle Gastgeber huldvoll die mit vielen Geschenken ihm nahende und von ihm begeisterte Frau empfängt? War es nicht die Zeit, in der die Christenheit ihre Gaben zum Bau des Petersdoms nach Rom tragen sollte?
Das Anstößige des raffaelschen Freskos liegt da nur noch in dem Temperament, mit dem die Besucherin dem Besuchten nahe kommt und ihn vertraulich berührt. Das würde, lässt sich vermuten, Papst Franziskus gefallen, aber ihre Gaben sollte sie, ginge es ihm gemäß, den Armen geben.

Hans Holbein d.J. Die Königin von Saba vor Salomo alias Heinrich VIII. (1535)

Wenn es nicht mit lateinischen Lettern neben ihrem Fuß stünde, würde man es sicher nicht erraten: hier hat Hans Holbein der Jüngere REGINA SABA[329] als eine unter vielen Jungfern gemalt, ja als letzte in einer großen weiblichen Huldigungsprozession für den König, der breitbeinig und spreizarmig hoch über allem thront und herrisch in die Runde schaut. Wenn nicht die drittletzte zum Potentaten schreitende Jungfer sich zu ihr umgedreht hätte und hinter ihr sieben teils kniende, teils näher tretende Männer Körbe und Schalen mit Gaben herbeibrächten, fiele die zarte, traurig und demütig dreinblickende ungekrönte Königin kaum auf im Bild. Nichts ist mehr geblieben von ihrem einstigen Glanz, ihrer Einzigartigkeit und Weisheit, mit der sie den König prüfte. Weit unter seinem Thron schleicht nun die einst Ebenbürtige heran.

Alles beherrschend sitzt der gekrönte König im Zentrum, auf einem Thron mit weit ausladenden Lehnen, drapiert mit einem großen Brokattuch, das fast bis zur Decke reicht, zwischen zwei hohen Säulen. Die über und unter ihm platzierten Inschriften weisen ihn als von Gott gesegneten und eingesetzten König aus - und als einen, der mit seinen Tugenden jede üble Nachrede besiegt hat.

Das Entstehungsjahr 1535 und die Gesichtszüge des Königs – sie sind denen König Heinrichs VIII von England gleich – weisen darauf hin, was Holbein aus unserer Geschichte gemacht und warum er Salomo so dominierend und regina Saba auf den ersten Blick so unscheinbar gemacht hat. Es ist die Zeit, nachdem der zuvor mit Rom eng verbundene König Heinrich VIII nach Roms Verweigerung der Annullierung seiner ersten Ehe mit der römisch-katholischen Kirche gebrochen hat, besiegelt in zwei historischen Dokumenten, die zur Entstehungsgeschichte der Anglikanischen Kirche gehören.[330] Der willfährige Künstler Holbein[331] malt nur ein Jahr danach den sich zum Salomo stilisierenden triumphierenden König und lässt die katholische Kirche in der Rolle der Königin Saba sich ihm im weiten Bogen demutsvoll gebeugten Hauptes nähern. Dabei hat sie ihr lang herunterfallendes Kleid mit der linken Hand gerafft, ihre rechte Hand ist leicht nach vorn gestreckt, auffällig kräftig gezeichnet, aber nicht kraftvoll, sondern eher schlaff - und ohne dass ihr eine andere Hand entspräche.[332]

Kirschkauer Gobelin zu zwei Rätseln der Königin (1566)

Der Teppich mit zwei Rätseln der Königin ist nur 120 cm breit und 86 cm hoch und „erst" 450 Jahre alt, und doch hat er eine bewegte Geschichte hinter sich. Das New Yorker Metropolitan-Museum stellt ihn seit den 70er Jahren des vorigen Jahrhunderts aus. Ihr curatorial consultant Vera K. Ostoia hat ihn 1973 der Öffentlichkeit vorgestellt.[333] Dabei konnte Vera Ostia seine Herkunft bis 1906 zurückverfolgen.[334] 1972 wusste Ostoia noch nicht, dass in Deutschland bereits 1905 der Aufsatz des präzise recherchierenden Orientalisten Wilhelm Hertz existierte, in dessen Anfang und Schluss er den Gobelin exakt beschreibt und seine Geschichte bis 1905 erzählt.[335]

Hertz zufolge diente der vermutlich im Elsässischen, jedenfalls in einer oberrheinischen Werkstatt hergestellte Teppich der 1503 erbauten Kirschkauer Kirche, gelegen im Thüringischen in der Nähe der Stadt Schleiz, bis zum Abriss der Kirche 1751 als Altardecke.

In der neu aufgebauten größeren Kirche scheint er zuletzt eher missachtet in einem kleinen Raum hinter der Sakristei an eine Bretterwand genagelt worden zu sein, bevor sein Besitzer vom Anfang des 20. Jahrhunderts, der Fürst von Reuß jüngere Linie, ihn zur Ausbesserung nach München schickte, dann in seinem Schloss in Schleiz aufbewahrte und die Absicht hegte, ihn im Schleizer Münzkabinett in einem neu vom fürstlich-reußischen Hofmarschall Freiherr von Meysenbug geplanten Museum aufzuhängen.[336] Wir wissen nicht, ob der Gobelin je dort ausgestellt wurde, jedenfalls kam er schon kurz danach nach London, Philadelphia und New York, wo wir ihn heute finden.[337]

Der christliche deutsche Gobelin stellt auf seine Art zwei Rätsel dar, die Salomo durch sein Handeln und Beobachten gelöst hat.[338] In ihnen geht es 1. um die Unterscheidung der Geschlechter und 2. um die Unterscheidung zwischen Natur und Kultur. Gefragt ist erstens welches Kind männlich und welches weiblich ist, wenn beide gleich aussehen, und zweitens welche Blume natürlich und welche künstlich ist, wenn sie äußerlich einander gleichen. Auf unserem Teppich fordert die vor Salomo kniende Königin, wiedergegeben in einem Schriftband mit gotischen Lettern in mittelhochdeutscher Sprache, den König auf: „Bescheid mich, kinig, ob blumen und kind glich an art oder unglich sind." Der auf einem Thron unter einem Baldachin sitzende Potentat antwortet ihr: „Die bine ein guot blum nicht spart, das kind zeigt dir (sein) weib-

lich art." Dazu offenbart der Gobelin in einem üppigen Blumen- und Pflanzengarten,[339] was des Königs Worte meinen: eine Biene – sie sieht auf dem Teppich freilich einem Vogel ähnlicher als einem Insekt – fliegt zu einer der beiden blühenden Blumen in der Hand der Königin (dass diese Blume die natürliche ist, weil sie natürlich duftet, kann das Bild freilich nicht zeigen), und zwei gleich gekleidete Kinder heben in geschlechtsspezifisch unterschiedener Weise Äpfel auf, wobei das dem König näher stehende Mädchen die Früchte im Rockschoß sammelt.[340] Hertz resümiert: „Die Fassung des Kinderrätsels, wie sie der Gobelin zur Darstellung bringt, dürfen wir auf jüdische Einwirkung zurückführen."[341] Anders als üblich hält die Königin hier aber statt wertvoller Gefäße mit kostbaren Edelsteinen oder Gewürzen dem König die beiden einem zweiten Rätsel dienenden Blumen entgegen, die der jüdischen Überlieferung unbekannt sind.[342] Hertz fragt vor Abschluss seiner Abhandlung, ohne eine Antwort geben zu können: „Wo ist die gemeinsame Quelle für alle diese Darstellungen? – So gibt auch uns die Königin noch immer ihre Rätsel auf."[343]

Die äthiopische Geschichte über die Königin von Saba namens Makeda (nach Kebra Nagast 13. Jh., mit Bildern der äthiopischen Volksmalerei von 1928)

Hier finden wir in einer der vielen äthiopischen Bildlegenden zum Kebra Negast die Geschichte des Besuchs der Königin von Saba (sie heißt in Äthiopien Makeda) bei Salomo volkstümlich dargestellt und durch eine Vorgeschichte ergänzt. Die Szenen zeigen von links nach rechts:

in der ersten Reihe das jährliche Tieropfer für den Drachen, der das Volk von Aksum bedroht.[344] Mit Makedas Vater wird per Schwurhand verabredet,

Die Königin Makeda. Äthiopische Illustrationen zum *Kebra Negast*.

dass er den Drachen zu töten verspricht. Der wendet eine List an: er pflückt giftige Pflanzen von einem Baum, die seine Frau im Köcher verrührt und von ihm einer Ziege zur Speise gegeben werden; die Ziege wird dem Drachen zum Fraß gebracht, der Drache verendet daraufhin, durch die Ziege vergiftet.

In der zweiten Reihe wird zunächst als Dank für die Erlegung des Drachen die Krönung von Makedas Vater zum König gezeigt, danach präsentiert er seine Tochter als Königin und begibt sich auf sein Totenlager. Als Königin inthronisiert, sendet Makeda den Kaufmann Tarim mit einem Brief übers Rote Meer zu König Salomo, weil sie ihn und seine Weisheit kennen lernen möchte.

Die dritte Reihe zeigt nun, wie Salomo Tarim einen Brief mit einer Einladung für Makeda mitgibt, Makeda sich daraufhin zur Reise rüstet, zu Salomo übers Meer segelt, von ihm königlich empfangen und zu einem Gastmahl geladen wird.

Endlich deutet die vierte Reihe an, wie es dazu kam, dass Salomo und Makeda die Eltern eines Sohnes wurden, dem die Mutter später den Namen Menelik gab: Salomo möchte, dass Makeda nach dem Gastmahl bei ihm bleibt und verabredet mit ihr, sie nicht zu berühren, wenn auch sie sich nicht an dem vergreift, was ihm gehört. Doch durstig von der extra gut gewürzten Speise des Gastmahls, bittet Makeda in der Nacht, auch sie von dem Wasser trinken zu lassen, das ihre Magd sich bereits eingeschenkt hat. Salomo erwischt nun Makeda in flagranti beim Trinken; weil sie sich an Salomos Wasser vergriffen hat, ist er frei, nun mit ihr schlafen zu dürfen. Die Magd, die zunächst bei deren Beischlaf zuschaut, wird anschließend von Salomo besucht, wobei Makeda die Rolle der Zuschauerin einnimmt.[345] Zum Schluss zieht Makeda unter feierlichem Trompeten- und Flötenklang zurück nach Aksum, wo sie Menelik gebären wird.

Hier nicht mehr gezeigt wird, was in dieser wie in den anderen Bildergeschichten als Fortsetzung folgt: Menelik sucht, erwachsen geworden, seinen Vater, segelt zu ihm übers Meer und feiert in Jerusalem die Begegnung mit ihm; als die Rückreise ansteht, nimmt er nicht nur öffentlich Jerusalemer Priestersöhne, sondern heimlich auch die Bundeslade nach Aksum mit; sie ist seither bis heute das Zeichen für die religiöse Identität Äthiopiens als das wahre Gottesvolk, das Israel beerbt hat.

IV. Archäologische Spuren der Sabäer im Jemen und in Nordäthiopien

Bis nahe an die salomonische Zeit reichen inzwischen die Funde der Archäologen zu den Spuren der Sabäer zu beiden Seiten des Roten Meeres in Südarabien und im Norden Äthiopiens. In und um Marib, damals Hauptstadt des sabäischen Reiches und heute in der Mitte des Jemen gelegen, sind vor allem von Deutschen und Amerikanern sabäische Tempel- und Palastanlagen, die bis 900 v. Chr. reichen, und die Reste eines großen alten Staudamms ausgegraben; im Norden Äthiopiens haben deutsche Archäologen Tempel- und Palast- oder Verwaltungsanlagen in Yeha freigelegt, die bereits ab dem 8. Jahrhundert v.Chr. den Einfluss sabäischer Baukunst erkennen lassen und in deren Zusammenhang auch sabäische Inschriften gefunden wurden.

Von den Ausgrabungen seien abschließend die wichtigsten Bauten vor- und zur Diskussion gestellt. Drei davon finden sich im Jemen in Marib und Umgebung, im alten Zentrum des sabäischen Reiches, zwei in Nordäthiopien in Yeha, wohin sabäische Kultur über das Rote Meer schon in alter Zeit gelangt war. Ob es freilich damals ein großsabäisches Reich zu beiden Seiten des Meeres gegeben hat, ob also beide Bereiche in einem sabäischen Staatswesen vereinigt waren, oder ob sogar für beide Seiten ein gemeinsames Königreich bestand, ist weniger wahrscheinlich; vieles spricht eher nur für einen kulturellen Einfluss durch sabäische Einwanderer zum nördlichen Horn von Afrika.[1]

Archäologische Zeugnisse dafür, dass im 10. Jahrhundert v. Chr. (oder auch danach) eine Königin das sabäische Reich regiert hat, fehlen ganz.

1. Ausgrabungen in und um Marib im heutigen Jemen

Bis ca. 900 v. Chr. lässt sich ein palastartiger sabäischer Gebäudekomplex datieren, den das Deutsche Archäologische Institut (DAI) seit 2001 in Sirwah ca. 40 km westlich von Marib ausgegraben hat. Die typisch sabäischen, erhöht stehenden und über Stufen erreichbaren, hohen rechteckigen Pfeiler, Haupteingang und Umfassungsmauer kennzeichnen den Bau (vgl. Abb. S. 13).

In der Nähe der heutigen Stadt Marib ist eine vom DAI freigelegte sabäische Tempelanlage zu sehen, deren älteste erhaltene Teile ebenfalls bis ca. 900 v. Chr. zurückreichen. Nach einem Vorhof, auf dem links ein Opferaltar steht, an dessen rechter Seite ein Becken – möglicherweise zum Sammeln des Opferblutes? – zu sehen ist, betritt das Kultpersonal über eine zwölfstufige breite Treppe den von sechs Pfeilern markierten Tempeleingang, hinter dem im Hauptraum des Tempels (heute!) ein mit sabäischer Inschrift gekrönter Altarstein platziert ist. (vgl. Abb. S. 14 und 15). Die Tempelanlage wird im Volksmund Arsh Bilqis, „Thron der Bilqis", genannt; in dieser Bezeichnung vermischen sich vermutlich bereits seit mehreren Jahrhunderten sabäische, biblische und islamische Tradition. Der Tempel ist dem sabäischen Hauptgott Almaqa geweiht.[2]

Drittens sei auf den monumentalen Staudamm verwiesen, der spätestens seit dem 1. Jahrtausend v. Chr. dafür gesorgt hat, dass die Oase Marib verlässlich mit Wasser versorgt werden konnte. Maribs Gärten wurden vom Staudamm her über ein gut durchdachtes Kanalsystem bewässert[3] und erlangten in der Antike bis in die islamische Zeit große Berühmtheit (vgl. Sure 34,16-18). Wie monumental die Staumauern waren, zeigen noch heute die freigelegten Ruinen (vgl. Abb. S. 16); in der südlichen Schleusenanlage ist eine Inschrift des sabäischen Königs Yathama, der um 510 v. Chr. lebte, zu lesen.[4] In unserer Zeit ist erst 1986 der seit dem 6. Jahrhundert n. Chr.[5] zerstörte antike Staudamm durch eine kleinere Anlage etwas oberhalb der alten Stelle ersetzt worden, um die heutige Bevölkerung der Wüstenstadt Marib mit Wasser zu versorgen.[6]

2. Ausgrabungen in Nordäthiopien

Im Nordosten Äthiopiens gräbt das DAI seit 2009 in Yeha eine von sabäischer Baukunst geprägte Anlage mit über 2 ½ Jahrtausende alten repäsentativen Gebäuden aus. Unter ihnen ragt die dank ihrer späteren Verwendung als christliche Kirche noch bis 14 m Höhe erhaltene Tempelanlage hervor, deren heute sichtbare Bauphase ins 7. Jh. vor Christus reicht. Sie hat eine Vorhalle (10,60 x 5,10 m) und einen Hauptraum mit einem rechteckigen Grundriss von 15,20 x 18,90 m[7] (vgl. Abb. S. 18). Auch sie ist vermutlich für den sabäischen Hauptgott Almaqah bestimmt.[8]

Noch älter als der erhaltene Tempelbau ist in Yeha das monumentale Palast- oder Verwaltungsgebäude, das das DAI in jüngster Zeit ausgräbt und noch nicht zur Besichtigung freigegeben ist. Es wird spätestens um 800 v.Chr. datiert[9].

Zuletzt sei hier eine Ausgrabung in Aksum vorgestellt und erörtert, mit der der inzwischen verstorbene Hamburger Archäologe Helmut Ziegert Schlagzeilen gemacht hat. Als sensationeller Fund des Palastes der Königin von Saba ging seine Grabung im letzten Jahrzehnt durch die deutschen Medien. Gern zeigen seither äthiopische Touristenführer bei einem Gräberfeld an Aksums Westausgang eine Stelle im sog. Dongurpalast aus dem 5. Jh. n. Chr., an der Ziegert Anfang unseres Jh. 1. einen Tempel und Opferaltar Menelik I. gefunden haben will und 2. darunter den Palast der Königin. Als Beleg dafür reichen ihm, dass spätere Palastanlagen oft über älteren Vorgängern errichtet worden sind und tatsächlich unter dem Dongurpalast ältere Baustrukturen erkennbar sind, sowie die mündliche Tradition der Bauern im Umland des Palastes, die an diesem Ort „immer schon" den „Palast der Königin von Saba" vermuteten. Ziegert hält die orale Tradition der Einheimischen für eine verlässliche historische Quelle, die noch nach drei Jahrtausenden die historische Wahrheit festhalte; die nahe liegende, von allen anderen Wissenschaftlern für wahrscheinlich gehaltene Möglichkeit, dass die Ruine des großen Dongurpalastes aus dem 5./6. Jh n. Chr. und die Überlieferung des äthiopischen Volksepos Kebre Negast aus dem 13. Jh n. Chr., nach dem die Königin von Saba aus Aksum gekommen sei, in verständlichem Lokalpatriotismus in dieser mündlichen Tradition miteinander verbunden worden sind, zieht Ziegert demgegen-

Archäologische Spuren der Sabäe 147

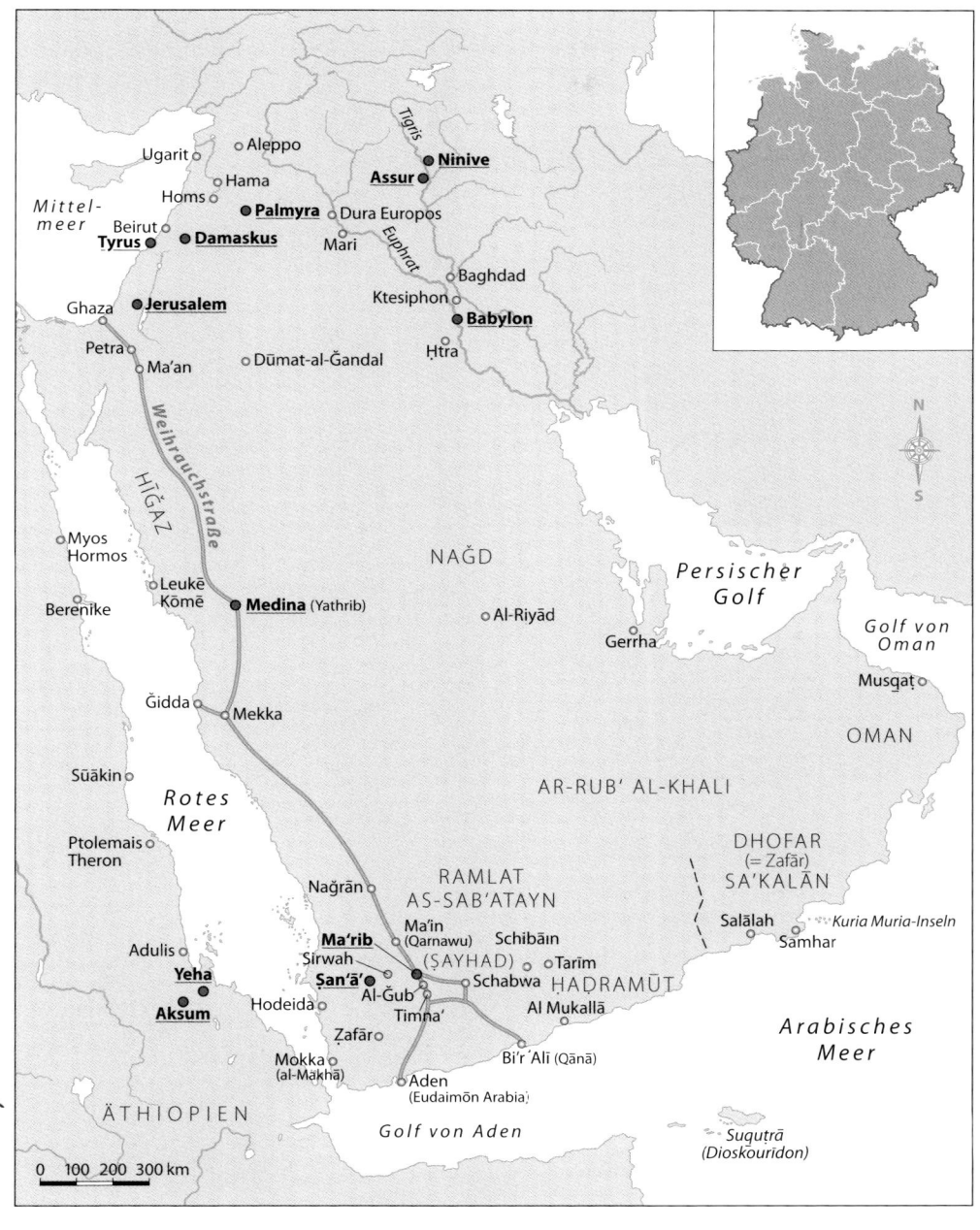

über nicht vor. Was von seinen Ausgrabungen im Dongurpalast zu sehen und zu halten ist, zeigt das Foto S. 19 und dessen Erläuterung.[10]

Insgesamt lässt sich feststellen, dass es im Jemen Belege für ein sabäisches Reich gibt, die bis ins 10. Jahrhundert v. Chr., also in die unmittelbare Nähe der Salomozeit, reichen, und in Äthiopien bauliche Zeugnisse und Inschriften, die sabäische Kultur dort mindestens ab dem 8. Jh. v. Chr. belegen.[11] Archäologische Hinweise auf eine Königin von Saba aus vorchristlicher Zeit finden wir aber weder im Jemen noch in Äthiopien. Deshalb bleiben wir auf die literarischen Quellen und ihre Erforschung angewiesen, wenn wir den Spuren der Königin folgen wollen. Entsprechend ist diese Publikation methodisch vorgegangen.

V. Fazit: Was drei Religionen verbindet
und was sie unterscheidet, aber nicht trennt
und warum nicht alle Rätsel gelöst sind

Wie ihre Historie insgesamt, so verbindet die Geschichte von der Königin von Saba und König Salomo alle drei Weltreligionen, die im Vorderen Orient ihre Wurzeln haben. Judentum, Christentum und Islam kennen und interpretieren je auf ihre Weise die Begegnung der beiden königlichen Hoheiten und fabulieren darüber, was vorher und nachher geschah. Gemeinsam ist ihnen, dass da zwei große Persönlichkeiten zusammenkommen, die einander fremd waren, aber in Macht und Reichtum, vor allem aber in Weisheit sich nahe. Sie erfahren voneinander durch Gerüchte oder durch Nachrichten von Boten, die mal die Gestalt eines Vogels – ein Wiedehopf oder ein Auerhahn –, mal die Gestalt eines Kaufmanns – Tarim bei den Äthiopiern – annehmen. Ursprünglich war es die Königin, die die Initiative ergriff und in den Rätselwettstreit mit Salomo eintrat. Später konnte es auch Salomo sein, der den Kontakt suchte; dann aber meist, damit sein Reich oder seine Religion expandieren. Da zeigt sich ein Unterschied zwischen Mann und Frau, der mit dem Verhältnis der Religionen zueinander verbunden ist: die Religion des Mannes dominiert, die der Frau kommt höchstens vor als eine, die zu überwinden ist; denn der Mann Salomo bzw. Suleyman vertritt Israel und das Judentum oder die christliche Kirche oder den Glauben des Propheten an Allah und soll sie im Zweifelsfall zum Sieg führen.

Trotz dieser männlichen religiösen Dominanz behauptet sich in allen drei monotheistischen Weltreligionen in immer neuen Variationen ein Blick auf die Königin, der sie als souverän handelnde Person wahrnimmt. Das beginnt im 1. Buch der Könige, zeigt sich in den Worten Jesu von Nazareth, kehrt wieder beim Juden Josephus, spiegelt sich in vielen Rätseln, nimmt Gestalt an in mittelalterlichen Glasfenstern, Skulpturen, Schnitzereien und bezaubert in safawidischen Miniaturen. Wenn es nicht um Macht und Religion, sondern um Weisheit geht, sind der weise König Salomo und Sabas Königin einander ebenbürtig; das christliche äthiopische Epos demonstriert es an Makedas „Lob der Weisheit".

Wo diese Ebenbürtigkeit verraten wird, wird Sabas Königin zur gefährlichen Frau, vor der man – der Mann und auch die sich dem Mann unterwerfende Frau – sich schützen muss. Dieses Widerspruchspotential hat insbesondere das Judentum, aber auch christliche Überlieferung bewahrt. Sabas Königin wird zur Lilith, die Adam und Eva bedroht und vor der selbst den Kindern angst und bange werden muss. Religiöse Überlieferung bewahrt zwar den Widerspruch (wobei im Islam dieser Widerspruch fast untergegangen ist), aber sie schätzt ihn nicht: In Lilith wird nicht mehr die verratene wehrhafte Frau, sondern nur die zu bekämpfende Dämonin gesehen.

Solche Sicht ist freilich die Ausnahme. Meist sieht man in Salomo und Sabas Königin das Paar, das glücklich sich gefunden hat. In Gemälden, auf Tellern und Kommoden gehen sie aufeinander zu oder präsentieren sich nebeneinander, um zu zeigen, dass sie zueinander gehören. So werden sie miteinander und einander ebenbürtig zum Vorbild für Braut- und Eheleute. Hier können sie dann auch einmal die High Society verlassen und in Bürgerstuben einkehren.

So vieles die vorderorientalischen Religionen in ihrer Art, die Geschichte zu erzählen, miteinander verbindet, so lassen sich doch auch deutliche Unterschiede markieren. Sie seien hier auch genannt:

Für das *Judentum* lässt sich je nach dem Status des Judentums in seiner Umwelt eine unterschiedliche Sicht der Königin feststellen, die das ganze Spektrum von Anerkennung, Machtphantasien und Bedrohungsszenerie des Judentums durchschreitet. Mal ist die Königin, wie zur Zeit der Entstehung der Erzählung, die interessante Fremde, in der sich zwei Völker, Religionen und Traditionen mit Respekt begegnen (etwa bei Josephus und in der Rätseltradition). Mal dient sie ganz im Gegensatz zur realen Ohmacht der Juden im byzantinischen Reich der Vervollkommnung salomonischer Weltherrschaftsphantasien (*Targum Scheni*). Und mal wird sie, in der Zeit mittelalterlicher Ghettos, zur gefährlichen Fremden, die die eigene (Geschlechter-)Ordnung, Religion, Tradition bedroht (Lilith).

Im *Christentum* ist die Königin in vieler Hinsicht ein Vor- und Leitbild. Das fängt im Neuen Testament an, wo Jesus sie ungläubigen Zeitgenossen als Maßstäbe setzendes Beispiel vor Augen führt, und wo Matthäus sie wie die weisen Könige als gläubige Anbeterin sieht; beide Wahrnehmungsweisen haben viele Nachahmer gefunden. Sie wird aber auch zum Ansporn für eine Kirchenbau fördernde Mäzenin (Testament Salomos). Nicht nur von Jesus gelobt, sondern auch auf ihn als Christus bezogen wird sie in mittelalterlichen Überlieferungen. Dort erscheint sie als Prophetin des Kreuzes (Jacobus de Voragine) oder als zu Christus einladende Kirche (Freiberg). Ein großes äthiopisches Epos schildert sie als Ahnherrin einer von jüdischen Überlieferungen geprägten christlichen afrikanischen Dynastie.

Endlich zeigt sich die Königin im Islam als Vorbild für die vormals Ungläubigen, dann aber zum Glauben an Allah Bekehrten (Koran). Als mustergültige orientalische Herrscherin thront sie deshalb später neben Allahs Propheten Süleyman – so in safawidischen Miniaturen. In ihnen zeigt sie aber auch ihre menschliche Seite: sehnsüchtig erwartet sie die Botschaft des Wiedehopfs; aufrichtig bekennt sie sich zum begehrlichen Blick auf andere Männer, weil sie um das Wohl ihres Kindes besorgt ist und seine Gesundheit gewinnen möchte (vgl. Abb. S. 56). Die Königin begegnet in Jerusalem Salomo. Der Name der Stadt bedeutet wohl: „Gründung des (Gottes) Salem". Ob mit dem Namen der Stadt wie mit dem Namen des Königs das hebräische Wort schalom (auf deutsch: ‚Frieden, Wohlergehen für alle') verbunden ist, ist nicht sicher. Aber für die Propheten gilt sie als Stadt des Friedens, und Salomo gilt der biblischen Geschichtsschreibung, anders als sein Vater David, als Friedensfürst. So kann auch die Erinnerung an die Erzählung von dem von gegenseitiger Wertschätzung getragenen Besuch der heidnischen Königin beim jüdischen König und an die Auslegung dieser Erzählung in den drei großen orientalischen Weltreligionen zur gegenseitigen Wertschätzung beitragen, die Verschiedenheit anerkennen, die problematischen Züge in den Interpretationen der Religionen benennen und das Gespräch miteinander fördern.

Nicht alle Rätsel, die die Königin von Saba aufgibt, sind gelöst. So manche Antwort bleibt offen, was die Geschichte ihrer Geschichte mit Salomo angeht. Fragen zur Begegnung von Mann und Frau, von Einheimischem und

Ausländerin, von einer Religion zur anderen und zum Geist der Zeit stellen sich weiterhin. Die Geschichte kann nicht zu Ende erzählt und auch dieses Buch nicht zu Ende geschrieben werden. Die nachdenkliche Leserin und der mitdenkende Leser sind nach einer langen Reise über gelegentlich sehr unwegsames Gelände zum guten Schluss – wie auch unterwegs an manchem Ort - wieder bei sich selbst angekommen. Wenn alles gut gegangen ist, sind wir reicher geworden auf unserem Weg und verständnisvoller für den anderen Menschen, das andere Geschlecht, das andere Volk, die andere Religion, die andere Zeit. Die Geschichte aber geht weiter – auch die von der Königin von Saba und König Salomo. Schreiben wir unsere eigene ...

Anhang

Textdokumente

(Die Orthographie der älteren Quellen wurde behutsam modernisiert.)

1. 1. Könige 10, 1–13
(in der Übersetzung von Ulfrid Kleinert)

1 Die Königin von Saba hörte von Salomos Ruf und kam, um ihn mit Rätselfragen auf die Probe zu stellen.

2 Sie kam nach Jerusalem mit sehr gewichtigem Aufgebot: mit Kamelen, die Balsamöle transportierten und sehr viel Gold und kostbare Steine. Sie kam zu Salomo und sagte ihm alles, was sie sich vorgenommen hatte.

3 Und Salomo gab ihren Worten Antwort. Nichts blieb dem König verborgen, alle ihre Fragen konnte er lösen.

4 Als nun die Königin von Saba all die Weisheit Salomos sah, und das Haus, das er gebaut hatte,

5 und die Speisen auf seinem Tisch, und die Art, wie seine Untergebenen saßen und wie seine Diener standen, und deren Gewänder, und seine Getränke, und sein Brandopfer, das er im Hause Jahwes darbrachte, da stockte ihr der Atem

6 und sie sprach zum König: Wahr ist es, was ich in meinem Land über dich und deine Weisheit gehört habe.

7 Ich habe es nicht glauben wollen bis ich hergekommen bin und es mit eigenen Augen sehe. Nicht mal die Hälfte davon ist mir mitgeteilt worden. Deine Weisheit und dein Reichtum übertrifft alles, was ich gehört habe.

8 Wie glücklich sind deine Frauen zu preisen! Glücklich all diese deine Diener, die dich umgeben und deine Weisheit hören!

9 Jahwe, dein Gott, sei gepriesen, der an dir Wohlgefallen hat, weil er dich auf den Thron Israels gesetzt hat, weil Jahwe (darin) seine Liebe zu Israel zeigt. Er hat dich als König eingesetzt, damit du Recht und Gerechtigkeit verwirklichst.

10 Und sie schenkte dem König 120 Talente Gold und sehr viel Balsamöl und kostbare Steine. Niemals mehr kam soviel Balsamöl (nach Israel) wie es die Königin von Saba König Salomo schenkte…

13 König Salomo aber gab der Königin von Saba alles, was sie begehrte und erbat, dazu auch, was er ihr schenkte wie ein König zu schenken pflegt. Danach kehrte sie um und zog in ihr Land mitsamt ihrem Gefolge.

*2. Aus Flavius Josephus, Jüdische Altertümer [Antiquitates Judaicae],
8. Buch, 6. Kapitel, 2. Teil, Abschnitte 5 und 6 (S. 495–498 der zitierten
Ausgabe) – 1. Jh. n. Chr.*

Die römischen Herrscher, die bei ihrer Geburt andere Namen erhalten haben, nennen sich mit dem einen gemeinschaftlichen Namen Caesar, den ihre Stellung und ihre Würde ihnen verleiht. Den väterlichen Namen legen sie alsdann ganz ab. Das halte ich für die Ursache, weshalb Herodot von Halikarnassos nach Minaios, dem Gründer von Memphis, noch von dreihundertdreißig Königen spricht, ohne ihre Namen zu nennen; sie hießen eben alle Pharao. Sobald aber eine Königin zur Regierung gelangt, nennt er ihren Namen Nikaule, offenbar weil alle Könige denselben Namen führten, den aber ein Weib sich nicht beilegen konnte, weshalb er die Königin mit ihrem Eigennamen nennen musste. Ich habe auch in unseren Archiven gefunden, dass nach dem Pharao, der Solomons Schwiegervater war, kein König der Ägypter mehr so genannt wird, und dass die vorhin erwähnte Königin als die Herrscherin von Ägypten und Äthiopien bezeichnet wird, die den Solomon besuchte. Von ihr werde ich gleich näheres bringen …

Die Beherrscherin von Ägypten und Äthiopien, die nach Weisheit dürstete und auch im übrigen vortreffliche Eigenschaften besaß, hatte so viel von Solomons Weisheit und Tugend gehört, dass sie vor Verlangen brannte, ihn persönlich zu sehen. Denn sie wollte aus eigener Erfahrung seine Vorzüge kennen lernen und sich nicht mit dem bloßen Gerücht begnügen, dessen Glaubwürdigkeit immer vom Berichterstatter abhängt und oft sehr zweifelhaft ist. Sie beschloss daher, sich zu Solomon zu begeben, um seine Weisheit auf die Probe zu stellen und ihm schwierige Fragen zur Entscheidung vorzulegen, und kam mit großer Pracht und glänzendem Aufwand nach Jerusalem. In ihrem Gefolge hatte sie Kamele, die mit Gold, verschiedenen Spezereien und kostbaren Edelsteinen reich beladen waren. Der König empfing sie mit besonderer Freundlichkeit und löste die ihm vorgelegten spitzfindigen Fragen infolge seines scharfen Verstandes schneller als man glaubte. Die Königin geriet in Erstaunen, da sie merkte, dass seine Weisheit nicht nur ihre eigene übertraf, sondern auch noch größer war, als das Gerücht sie bezeichnet hatte. Besonders aber erregte der Königspalast wegen seiner Schönheit, Größe und der kunstvollen

Anordnung der einzelnen Gebäude ihre Bewunderung: denn auch hierin prägte sich des Königs Weisheit aus. Namentlich ein Gebäude, das „Wald des Libanon" hieß, sowie die Pracht der täglichen Mahlzeiten, der Reichtum an Möbeln, die Kleidung der Dienerschaft und ihre Geschicklichkeit ließen sie aus dem Staunen nicht herauskommen. Auch die täglichen Opfer und die heiligen Handlungen der Priester und Leviten nahmen ihre Aufmerksamkeit in Anspruch. Sie musste sich gestehen, dass das, was sie sah, sie so wunderbar ergriff, dass sie sich vor Staunen kaum zu halten wusste, und sie erklärte daher dem Könige, dass ihre Erwartungen weit übertroffen worden seien. „Alles, o König", sagte sie, „was das Gerücht zu uns trägt, erregt Zweifel in uns. Von dem aber, was du besitzest, deiner Weisheit und Einsicht und deinen königlichen Schätzen, hat der Ruf nichts Unwahres berichtet, sondern ist vielmehr weit hinter der Wirklichkeit zurückgeblieben, was mir jetzt klar wird, da ich dein Glück vor Augen habe. Die Sage konnte wohl unser Ohr ergötzen, uns aber keinen Begriff von der Wirklichkeit beibringen. War schon das, was ich gehört hatte, wunderbar und kaum glaublich, so erreicht es doch bei weitem nicht das, was ich jetzt vor mir sehe. Wahrlich, das Volk der Hebräer und deine Diener und Freunde sind glücklich zu preisen, da sie täglich dein Angesicht schauen und deine Weisheit hören. Gott sei gelobt, der dieses Land und Volk so sehr liebt, dass er dich zum Könige darüber gemacht hat."

Darauf dankte sie dem Könige für die freundliche Aufnahme mit Worten und Geschenken. Sie gab ihm zwanzig Talente Gold sowie eine ungeheure Menge von Gewürzen und kostbaren Edelsteinen; auch soll sie ihm die ersten Pflanzen des Opobalsams, der jetzt noch in unserem Lande wächst, geschenkt haben. Solomon machte ihr darauf Gegengeschenke, wie sie ihrem Wunsche entsprachen. Er versagte ihr nichts, sondern bewies sich ihr gegenüber in wahrhaft königlicher Weise hochherzig und freigebig. Nachdem sie so gegenseitig ihre Geschenke ausgetauscht hatten, begab sich die Königin von Ägypten und Äthiopien auf den Heimweg.

3. Aus dem Testament Salomos,
Kapitel 19 und 21 (zitiert nach Busch 2006, S. 242) – 4. Jh. n. Chr.

[Kapitel 19]
1 Und ich, Salomo, war geehrt von allen Menschen unter dem Himmel.
So baute ich den Tempel Gottes
und mein Königtum war wohl geleitet.
2 Alle Könige kamen zu mir, um den Tempel Gottes, den ich baute,
anzuschauen
und sie brachten Gold und Silber zu mir,
ebenso trugen sie Bronze, Eisen, Blei und Holz für die Errichtung des Tempels bei.
3 Unter ihnen war auch Saba, die Königin des Südens,
die eine Hexe war.
Sie kam mit großem Hochmut an
und beugte sich schließlich doch vor mir.

[Mss PN=Rec B:]
1 Und ich, Salomo, hatte viel Ruhe auf der ganzen Erde und wandelte in tiefem Frieden,
geschätzt von allen Menschen und denen unter den Himmeln.
Ich baute den Tempel Gottes des Herrn,
und mein Königreich war wohlgeleitet
und mein Heer stand hinter mir,
und im Übrigen kam die Stadt Jerusalem zur Ruhe,
und es herrschten Freude und Unbeschwertheit.
2 Und alle Könige der Erde kamen zu mir, auch von den Grenzen der Erde,
um den Tempel zu sehen, den ich Gott dem Herrn baute.
Und als sie von der mir gegebenen Weisheit hörten,
beugten sie sich vor mir im Tempel.
Gold und Silber und viele Edelsteine brachten sie bei,
ebenso Bronze, Eisen, Blei und Zedernholz;
tadelloses Holz trugen sie mir zur Errichtung des Tempels Gottes zu.
3 Unter ihnen war auch die Königin des Südens,
die eine Hexe war
und mit großem Hochmut kam

und sich schließlich doch vor mir auf die Erde beugte,
da sie meine Weisheit kennen lernte
und daraufhin den Gott Israels verehrte.
Dabei untersuchte sie allerdings alle Beispiele für meine Weisheit,
die ich aufgrund der mir geschenkten Weisheit entwickelt hatte.
Und alle Söhne Israels verehrten Gott.

[Kapitel 21]
1 Und SABA, die Königin des Südens, geriet in Erstaunen, als sie den Tempel *des Herrn* sah,
DEN ICH BAUTE *der gebaut wurde*,
und lobte den Gott Israels
und gab dafür zehntausend Schekel aus *Gold und Silber und erlesenem* Kupfer.
2 Und sie betrat den Tempel und sah den Altar
und DIE CHERUBIM UND SERAPHIM, DIE DEN SÜHNEDECKEL BEWACHTEN
die ehernen Tragestangen des Altars,
ebenso die ZWEIHUNDERT Steine der Leuchter, die in den unterschiedlichsten Farben funkelten, Leuchter mit Smaragden, Hyazinthsteinen und Saphiren.
3 Und sie sah die Geräte aus Silber, Kupfer und Gold *und aus Holz*
und die purpurnen Decken aus Häuten,
auch die Säulenbasen *im Tempel des Herrn*, die wie ehernes Kettengeflecht gearbeitet waren.
Und sie sah das „eherne Meer",
das mit den SECHSUNDDREISSIG *sechzehn* Stieren in einer Reihe war.
4 Und ALLE WAREN IM HEILIGTUM GOTTES AN DER ARBEIT ....
FÜR DEN LOHN VON EINEM GOLDTALENT,
MIT AUSNAHME DER DÄMONEN.
Es waren die Arbeiter im Tempel des Herrn alle für ein Goldstück tätig,
mit Ausnahme der Dämonen, die ich zum Arbeiten verurteilt hatte.
Und Friede herrschte rund um mein Königtum auf der ganzen Erde.

4. Aus Sure 27, 15–44
(zitiert nach der Übersetzung von Hartmut Bobzin 2010, S. 328–330) –
7. Jahrhundert n. Chr.

15 David und Salomo haben wir Wissen verliehen.
   Sie sprachen: „Lobpreis sei Gott, der uns bevorzugt hat vor
   vielen seiner Knechte!"
16 Und Salomo beerbte David. Er sprach:
   „Ihr Menschen! Der Vögel Sprache wurde uns gelehrt!
   Ja, von allen Dingen wurde uns verliehen.
   Siehe, das ist fürwahr die klare Huld."
17 Die Heerscharen Salomos, aus Dschinnen, Vögeln, Menschen, wurden
   versammelt
   und aufgestellt in Reih und Glied,
18 bis sie in das Tal der Ameisen kamen.
   Da sprach eine Ameise: „Ameisen! Geht hinein in eure Wohnungen,
   auf dass euch Salomo und seine Heerscharen nicht zertreten,
   ohne es zu bemerken!"
19 Da lächelte er heiter über ihre Worte und sprach:
   „Mein Herr, sporne mich an, dir zu danken für die Gnade,
   die du mir und meinen Eltern gewährt hast,
   und Frommes zu tun, woran du Wohlgefallen findest.
   Nimm mich auf durch dein Erbarmen in deiner frommen Knechte
   Schar."
20 Er musterte die Vögel und sprach:
   „Warum kann ich den Wiedehopf nicht sehen?
   Zählt er vielleicht zu den Abwesenden?
21 Ich werde ihn in aller Strenge strafen oder gar töten,
   es sei denn, dass er eine klare Vollmacht bringt."
22 Er aber blieb nicht lange fern und sprach:
   „Erfahren habe ich, was du nicht erfahren hast.
   Aus Saba komme ich zu dir mit sicherer Kunde.
23 Siehe, dort fand ich eine Frau, die Königin über sie ist.
   Von allen Dingen wurde ihr gegeben,
   und sie besitzt einen großartigen Thron.

24 Ich fand heraus, dass sie und ihr Volk die Sonne
und nicht Gott anbeten.
Satan betörte sie mit ihren Werken und hielt sie ab vom Weg.
So waren sie nicht rechtgeleitet.
25 Dass sie nicht vor Gott niederfallen,
der das Verborgene in den Himmeln und auf Erden zutage bringt
und der weiß, was ihr verbergt und was ihr offenlegt?
26 Gott. Kein Gott ist außer ihm.
Er ist der Herr des großen Throns."
27 Er sprach: „Wir werden sehen, ob du die Wahrheit sprachst oder ein Lügner warst.
28 Geh hin mit diesem Brief von mir, und wirf ihnen den zu!
Dann ziehe dich zurück von ihnen, und sieh, was sie erwidern!"
29 Sie sprach: „Ihr Edlen! Mir wurde ein ehrenvoller Brief zugeworfen.
30 Siehe, er ist von Salomo und lautet:
‚Im Namen Gottes, des Erbarmers, des Barmherzigen.
31 Erhebt euch nicht gegen mich, und kommt als Gottergebene zu mir!'"
32 Sie sprach: „Ihr Ältesten! Gebt mir in meiner Sache einen Rat!
Ich habe noch nie etwas entschieden, ehe ihr zugegen wart."
33 Sie sprachen: „Wir haben Macht und große Schlagkraft.
Bei dir liegt die Befehlsgewalt, sieh zu, was du befehlen willst!"
34 Sie sprach: „Siehe, wenn Könige in eine Stadt eindringen, dann stürzen
sie sie ins Verderben und machen ihre Oberschicht zu Unterworfenen.
Genauso werden sie es tun.
35 Doch ich werde ein Geschenk zu ihnen senden, dann sehe ich, womit
die Abgesandten wiederkommen."
36 Und als er zu Salomo kam, sprach der:
„Wollt ihr mich etwa mit Geld überhäufen?
Was Gott mir gab, ist besser als das, was er euch gab.
Vielmehr sollt ihr euch selbst an dem Geschenk von euch erfreuen.
37 Kehre zurück zu ihnen!
Wir werden ganz gewiss mit Heerscharen zu ihnen kommen,
gegen die sie nichts vermögen,
und sie aus ihrer Stadt vertreiben als Unterworfene, Erniedrigte."

38 Er sprach: „Ihr Ältesten! Wer von euch kann mir ihren Thron herbringen, ehe sie als
Gottergebene zu mir kommen?"
39 Ein Starker aus dem Kreis der Dschinne sprach: „Ich werde ihn dir bringen, noch eh du dich von deinem Platz erhebst. Siehe, ich bin stark genug dafür und zuverlässig."
40 Es sprach derjenige, der Wissen aus dem Buch besaß: „Ich bringe ihn dir sofort!" Als er ihn bei sich stehen sah, sprach er: „Das hier gehört zur Huld meines Herrn, mich zu erproben, ob ich dankbar oder undankbar bin. Wer dankbar ist, tut sich das selbst zugute, doch wer undankbar ist – siehe, mein Herr ist auf keinen angewiesen, edelmütig."
41 Er sprach: „Macht ihren Thron für sie unkenntlich! Wir wollen sehen, ob sie rechtgeleitet ist oder zu denen gehört, die sich nicht rechtleiten lassen."
42 Als sie kam, wurde gesagt: „Ist so dein Thron?" Sie sprach: „Als ob er es wäre!" „Schon vor ihr wurde uns Wissen gebracht, und wir waren Gottergebene.
43 Abgehalten hat sie das, was sie an Gottes statt verehrte. Siehe, sie gehörte zu einem Volk Ungläubiger."
44 Es wurde zu ihr gesagt: „Tritt ein in den Palast!" Als sie ihn sah, dachte sie, er sei ein Wasser, und entblößte ihre Beine. Er sprach: „Es ist nur ein Palast, mit Glas vertäfelt." Sie sprach: „Mein Herr, ich habe an mir selbst gefrevelt. Mit Salomo ergebe ich mich Gott, dem Herrn der Weltbewohner."

5. Aus dem Targum Scheni zum Buch Esther
(zitiert nach Ego 1996, S. 73-77) – 7. Jahrhundert n. Chr.

...Und als die Könige des Hauses Davids sich [zur Königsherrschaft] erhoben hatten, regierten sie über die ganze Welt. Nach David erhob sich Salomo, sein Sohn, den der Heilige, gepriesen sei er, herrschen ließ über die Tiere des Feldes, die Vögel des Himmels, [ja] über die ganze Erde, über die Dämonen, über die Geister und über die Nachtgespenster, denn er [verstand] die Sprache aller, und sie verstanden seine Sprache denn so ist es geschrieben: „Und er sprach zu den Bäumen" (1. Könige 5,13). Und als der König Salomo fröhlich war beim Wein, da sandte er hin und lud alle Könige des Ostens und des Westens ein, die dem Lande Israel nahe waren, und er ließ sie zu Tische liegen inmitten des Palastes im Hause seiner Königsherrschaft. Und ferner, als der König Salomo fröhlich war beim Wein, da befahl er, die Tiere des Feldes, die Vögel des Himmels und das Gewürm der Erde kommen zu lassen, [sowie] Harfen, Handtrommeln, Zimbeln und Zithern zu bringen, mit denen David, sein Vater, musiziert hatte. Und ferner, als der König Salomo fröhlich war beim Wein, da befahl er, die Tiere des Feldes, die Vögel des Himmels, das Gewürm der Erde, die Dämonen, die Geister und die Nachtgespenster zu bringen, damit sie vor ihm tanzten und seine Größe allen Königen, die vor ihm zu Tische lagen, zeigten. Die Schreiber des Königs Salomo riefen sie bei ihrem Namen, und sie versammelten sich alle und kamen zu ihm, nicht gefangen und nicht gefesselt und ohne jemanden, der sie trieb. In dieser Stunde wurde der Auerhahn unter den Vögeln gesucht und nicht gefunden, woraufhin der König im Zorn befahl, daß man ihn herbeibringe, denn er wollte ihn vernichten. Da erwiderte der Auerhahn vor dem König Salomo und sagte zu ihm: „Höre meine Worte, Herr König, vernimm mit deinen Ohren und höre meine Reden: Sind es nicht drei Monate her, daß ich Rat und Ratschlag gab; Wahrheiten sind meine Worte. Speisen aß ich nicht, und Wasser trank ich nicht, seit ich mich umsah und in der ganzen Welt umherflog und sagte: Welches ist die Provinz, deren Herrscher meinem Herrn König nicht gehorcht? Ich schaute um mich und sah eine Provinz im Land des Ostens, [in der sich] eine Stadt namens Kitor [befindet]. Der Staub [dort] ist so wertvoll, und Gold und Silber sind wie Dung auf den Straßen. Bäume stehen dort seit der Schöpfung, und vom Garten Eden trinken sie Wasser. Dort sind große Menschenmengen, Kronen sind auf ihren Häuptern. Dort stehen sie seit dem Garten Eden. Weder wissen sie, sich zum Krieg zu erheben, noch können sie mit dem Bogen schießen. Doch wahrlich, ich sah eine einzige Frau, [die] herrscht über sie alle, und ihr Name ist Königin von Saba. Nun, wenn es dir, mein Herr, gefällt, will ich die Lenden gürten wie ein Held, und ich will mich auf den Weg machen in die Stadt Kitor in der Provinz Saba. Ihre Könige will ich mit Ketten binden und ihre Herrscher mit eisernen Fesseln, und ich will sie zu meinem Herrn König bringen."

[Die Rede fand gefallen vor dem König], und die Schreiber des Königs wurden gerufen; sie schrieben einen Brief, und sie befestigten den Brief an den Flügeln des Auerhahns, und er machte sich auf, stieg empor in den höchsten Himmel, zwitscherte laut und flog zwischen den Vögeln, und diese [wiederum] flogen hinter ihm, und sie kamen in die Stadt Kitor in die Provinz Saba. Als die Königin zur Zeit des Morgens hinausgegangen war, um den Tag anzubeten, da verfinsterten die Vögel die Sonne, daraufhin legte sie ihre Hand auf ihre Gewänder, zerriß sie und wunderte und verwunderte sich sehr. Als sie sich wunderte und verwunderte, da stieg der Auerhahn zu ihr nieder, und sie sah, daß ein Brief an seinen Flügeln befestigt war. Sie löste ihn und las ihn. Und was war darin geschrieben? „Von mir, der Königsherrschaft Salomos, Friede sei dir und Friede deinen Fürsten! Denn du sollst wissen, daß der Heilige, gepriesen sei er, mich zum König gemacht hat über die Tiere des Feldes, die Vögel des Himmels, über die Dämonen und die Nachtgespenster, und alle Könige des Ostens und des Westens, des Südens und des Nordens kommen, um mir Frieden zu wünschen. Nun, wenn du kommen und mir Frieden wünschen willst, dann werde ich dir große Ehre erweisen unter allen, die vor mir zu Tische lagen. Wenn du [aber] nicht kommen und mir Frieden wünschen willst, dann werde ich gegen dich Könige, Legionen [und Reiter] senden, [die] dem König Salomo gehören. Die Tiere des Feldes – das sind die Könige; die Vögel des Himmels – das sind die Reiter; die Heere – das sind die Geister; und die Dämonen und Nachtgespenster – das sind die Legionen, die euch auf euren Betten in euren Häusern erwürgen; die Tiere des Feldes töten euch auf dem Acker; die Vögel des Himmels fressen euch das Fleisch vom Leib." Als die Königin von Saba die Worte des Sendschreibens hörte, da legte sie noch einmal ihre Hand auf ihre Gewänder und zerriß sie. [Daraufhin] schickte sie nach den Ältesten und Fürsten und sagte zu ihnen: „Wißt ihr nicht, was mir der König Salomo gesandt hat?" Sie antworteten und sprachen zu ihr: „Wir kennen den König Salomo nicht, und wir anerkennen seine Königsherrschaft nicht!" Aber sie vertraute ihnen nicht, und sie hörte nicht auf ihre Worte. Vielmehr sandte sie aus und rief alle Schiffe des Meeres und belud sie mit Armbändern und mit edlen Perlen. Auch schickte sie ihm 6000 Jungen und Mädchen, alle waren in derselben Stunde [geboren], alle waren von einer Größe, alle waren von einer Gestalt, und alle waren in ein Purpurgewand gekleidet. Und sie schrieb einen Brief und sandte ihn durch sie an den König Salomo: „Von der Stadt Kitor in das Land Israel ist es eine Wegstrecke von sieben Jahren. Nun [aber], um deiner Bitte und um deinem Wunsche [nachzukommen], daß ich dich aufsuche, werde ich [bereits] am Ende von drei Jahren zu dir kommen."

Am Ende von drei Jahren kam die Königin von Saba zum König Salomo. Als dem König Salomo gesagt wurde, daß die Königin von Saba gekommen war, da ließ er Benaja bar Jojada zu ihr hinaus gehen; der glich der Morgenröte, die hervorgeht zur Zeit des Morgens, und er glich dem Stern, der aufstrahlt und zwischen den Sternen steht, und er glich der Rose, die an Wasserläufen steht. Als die Königin von Saba Benaja bar Jojada sah, stieg sie vom Wagen. Da hob Benaja an und sagte zur Königin von Saba: „Warum bist du aus deinem Wagen gestiegen?" Sie antwortete und sagte zu ihm: „Bist du nicht der König Salomo?" Er entgegnete und sprach: „Ich bin nicht der König Salomo, sondern einer seiner Diener, die vor ihm stehen." Sogleich wandte sie sich um und sprach zu den Fürsten in Sprichworten: „Wenn ihr schon nicht den Löwen gesehen habt, dann habt ihr [wenigstens] sein Lager gesehen. Und wenn ihr schon nicht den König Salomo gesehen habt, dann habt ihr [wenigstens] die Schönheit eines Mannes gesehen, der vor ihm steht." Da brachte sie Benaja bar Jojada vor den König Salomo. Als der König Salomo hörte, daß sie zu ihm kam, erhob er sich und ging hin und setzte sich in das Glashaus. Als die Königin von Saba sah, daß der König Salomo im Glashaus saß, da dachte sie in ihrem Herzen, daß der König Salomo im Wasser säße, und sie hob ihr Gewand, daß sie hinübergehen könne. Da sah er, daß sie Haare an den Beinen hatte. Der König Salomo hob an und sprach: „Deine Schönheit ist die Schönheit von Frauen, aber deine Haare sind Männerhaare. Haare sind bei einem Manne schön, aber bei einer Frau sind sie häßlich." Die Königin von Saba erwiderte und sagte zum ihm: „Mein Herr König, ich werde dir drei Rätsel aufgeben. Wenn du sie mir löst, dann weiß ich, daß du ein weiser Mann bist, und wenn nicht, dann bist du wie der Rest der Menschen." Sie hob an und sagte zu ihm: „Was ist das: Ein Brunnen aus Holz und ein Schöpfeimer aus Eisen, die Steine schöpfen und Wasser spenden?" Er antwortete und sagte: „Ein Rohr mit Augenschminke." Sie erwiderte und sagte: „Was ist das? Es kommt hervor als Staub vom Ackerboden, und seine Speise ist Staub aus der Erde; es läßt sich ausgießen wie Wasser und erleuchtet das Haus." Er antwortete und sprach zu ihr: „Naphtha". Sie erwiderte und sprach zu ihm: „Was ist das? Ein Sturmwind, der über die Häupter von ihnen allen geht und der ein großes und bitteres Geschrei erhebt; sein Haupt ist wie Schilf; ein Ruhm für die Freien [und] eine Schande für die Armen, ein Ruhm für die Toten, eine Schande für die Lebenden, eine Freude für die Vögel, ein Unglück für die Fische." Er antwortete und sprach zu ihr: „Flachs". Und sie entgegnete und sagte zu ihm: „Ich habe den Worten nicht glauben wollen … Glücklich sind deine Männer und glücklich sind diese deine Knechte" [1. Könige 10,7f.]." Und er führte sie mitten in den Palast im Hause seiner Königsherrschaft; und [als] die Königin von Saba die Pracht und die Herrlichkeit des Königs Salomo sah, pries sie den, der ihn erschaffen hatte, und sprach: „‚Gepriesen sei der Herr, dein Gott' [1. Könige 10,9], der an dir Wohlgefallen hatte und dich auf den Thron seiner Königsherrschaft setzte, … damit du Gerechtigkeit und Recht übst [vgl. 1. Könige 10,10], und der König gab ihr alles, was sie wollte [vgl. 1. Könige 10,13]. Als die Könige des Ostens und des Westens, des Nordens und des Südens davon hörten, erzitterten sie alle zusammen und kamen von ihren Orten mit großer Ehrerbietung und mit großen Huldigungen und mit Gold, Silber, Edelsteinen und Perlen.

6. Aus dem Midrasch Mischle
(zitiert nach Wünsche 1993, S. 2f.) – 11. Jahrhundert n. Chr.

Die Worte Hiobs: „Wo wird die Weisheit gefunden?" beziehen sich auf die Königin von Saba, welche kam, um seine Weisheit zu hören, wie es heißt 1 Reg. [1 Könige] 10,1: „Und die Königin von Saba hörte den Ruf Salomos durch den Ewigen und sie kam, um ihn mit Rätseln zu versuchen." Rabbi Jeremja bar Schallum hat gesagt: Was heisst das: mit Rätseln? Sie sprach nämlich zu ihm: Ist das wahr, was ich über dich und dein Reich und über deine Weisheit vernommen habe? Er antwortete ihr: Jawohl! Wirst du mir wohl, fuhr sie fort, wenn ich an dich eine Frage stelle, sie beantworten? Er antwortete ihr mit den Worten Prov. [Sprüche] 2,6: „Der Ewige gibt Weisheit." Nun, sprach sie zu ihm, was ist das: Sieben gehen hinaus, neun kommen herein, zwei mischen [schenken] ein und einer trinkt? Er antwortete ihr: Wahrhaftig! Sieben Tage der Absonderung gehen hinaus, neun Monate der Schwangerschaft kommen herein, zwei Brüste mischen [schenken ein] und einer trinkt. Ferner frage ich noch: Was ist das: Eine Mutter sagt zu ihrem Sohne: Dein Vater ist mein Vater und dein Großvater ist mein Mann, du bist mein Sohn und ich bin deine Schwester? Er antwortete ihr: Wahrhaftig! Das sind Lots zwei Töchter. Und etwas Ähnliches machte sie. Sie brachte nämlich Männliche und Weibliche, alle von gleicher Gestalt und gleichem Wuchse und gleicher Kleidung. Sie sprach darauf zu ihm: Sondre mir die Männlichen von den Weiblichen aus! Da winkte der König seinen Verschnittenen und sie brachten Nüsse und Sangen herbei und er begann sie vor ihnen zu verteilen. Die Männlichen, welche sich nicht schämten, nahmen dieselben in ihre Kleider, die Weiblichen aber, welche schamhaft waren, nahmen sie in ihre Tücher. Darauf sprach er: Jene sind die Männlichen und diese die Weiblichen. Sie sprach zu ihm: Mein Sohn! Du bist ein großer weiser Mann. Darauf machte sie noch etwas Ähnliches. Sie führte ihm nämlich Beschnittene und Unbeschnittene vor und sprach zu ihm: Sondere mir die Beschnittenen aus! Sogleich winkte er dem Oberpriester und dieser öffnete die Bundeslade. Die Beschnittenen von ihnen verneigten sich nur mit der Hälfte ihres Wuchses (ihrer Figur), und nicht nur das, sondern ihre Angesichter wurden erfüllt vom Glanze der Schechina; die Unbeschnittenen von ihnen dagegen fielen auf ihre Angesichter nieder. Nun sprach er zu ihr: Jene sind beschnitten, diese aber nicht. Woher weißt du das? fragte sie ihn. Das weiß ich, entgegnete er, von Bileam, von dem geschrieben steht Num. 24,16: „Hinfallend mit offenen Augen" d. i. wenn er nicht hingefallen wäre, so hätte er nichts gesehen.

7. Aus Heinrich von Freiberg (?), Legende vom Heiligen Kreuz
(zitiert nach Beyer 1987, S. 142) – um 1275

Aus einem Zweig des Paradiesesgartens ist bis zur Zeit Salomos ein großer Baum geworden. Salomo möchte ihn zum Bau des Tempels oder eines Waldhauses verwenden, aber sein Stamm (Balken) fügt sich dem Bauplan nicht (mal ist er zu lang, mal zu kurz). Schließlich findet er als Brückensteg über den Kidronbach Verwendung. Dort sieht ihn Sabas Königin, als sie kommt, um Salomo zu besuchen. Sie erkennt, dass der Balken später für das Kreuz Christi benutzt wird:

> So lag der Balken lange Zeit
> als Brücke über jenem Bach,
> bis in der Jahre Lauf danach
> der Morgenlande Königin
> Sibilla zu dem Stege hin
> gelangte auf der Fahrt zu dem
> Beherrscher von Jerusalem,
> dass sie von seiner Weisheit lerne,
> die hochgerühmt war in der Ferne.
> Und auf der Wand'rung trat sie vor
> Jerusalem zum Eingangstor.
> Doch ehe sie zur Pforte kam,
> bemerkte sie den heil'gen Stamm.
> Da beugte sich die Herrscherin,
> kniefällig betend fiel sie hin,
> und lüftete den Saum der Kleider
> mit bloßem Fuß, den sie enthüllt.
> Darauf sprach sie, vom Geist erfüllt,
> demütiglich das Haupt gesenkt,
> und zu sich selbst das Wort gelenkt:
> Das Zeichen des Gerichtes ward
> vor meinen Blicken offenbart,
> davon wird alles auf der Erden
> in seinem Schweiß gebadet werden.

8. Aus Kapitel 24 des Kebra Negast
(Übersetzung aus dem Ge'ez von Carl Bezold, 1905/1909) –
13. Jahrhundert n. Chr.

[Ein Lob der Weisheit: Worte Makedas, der Königin von Saba, vor der Abreise zu Salomo nach Jerusalem, an ihren Hofstaat…]

Die Weisheit ist besser als alles, was auf Erden erschaffen ist.
Mit was unter dem Himmel soll man die Weisheit vergleichen?!
Sie ist süßer als Honig und erfreulicher als Wein,
sie ist leuchtender als die Sonne und begehrenswerter als kostbare Edelsteine;
sie macht fetter als Öl, satter als süße Leckerbissen
und ruhmreicher als Mengen von Gold und Silber,
eine Freudenspenderin fürs Herz, eine Lichtquelle für die Augen,
Beflüglerin für die Füße, Panzer für die Brust, Helm für das Haupt,
Kette für den Hals, Gürtel für die Lenden,
Verkünderin für die Ohren, Unterweiserin für das Herz,
Lehre für die Kenntnisreichen, Trösterin für die Klugen,
Ruhmesspenderin für die Suchenden.
Ein Reich kann nicht bestehen ohne die Weisheit,
und Reichtum kann nicht erhalten werden ohne die Weisheit,
und was die Zunge spricht, findet keinen Gefallen ohne die Weisheit.

Wer Weisheit sammelt, dem kann sie niemand aus seinem Herzen rauben.

Die Weisheit ist hoch und reich.
Ich will sie lieben wie eine Mutter, und sie wird mich umfangen wie ihr Kind.
Ich will der Spur der Weisheit folgen, und sie wird mich ewiglich bewahren.

Ich will die Weisheit suchen, und sie wird fortan mir gehören.
Ich werde ihrer Spur folgen und von ihr nicht verstoßen werden.
Ich will mich auf sie stützen, und sie wird mir eine Mauer von Demant sein.
Ich will meine Zuflucht zu ihr nehmen, und sie wird mir Kraft und Stärke sein.
Ich will mich an ihr erfreuen, und sie wird mir eine große Freude sein.
Denn es geziemt sich, dass wir der Spur der Weisheit folgen
und unsere Sohle die Schwelle der Türe der Weisheit betrete.
Lasst uns sie suchen, und wir werden sie finden.
Lasst uns sie lieben, und sie wird nicht von uns weichen.
Lasst uns sie erbitten, und wir werden sie erhalten.
Lasst uns ihr unser Herz zuwenden, dass wir sie niemals vergessen.
Denn wenn man sich ihrer erinnert, so erinnert auch sie sich.

Die Ehrung der Weisheit besteht in der Ehrung des Weisen,
und die Liebe zur Weisheit in der Liebe zum Weisen.
Liebe den Weisen und weiche nicht von ihm.
Durch seinen Anblick wirst du weise werden.
Höre auf das Auftun seines Mundes, dass du werdest wie er.
Blicke auf seinen Fußtritt, dass du da bleibest, wo er hingetreten ist.
Und entferne dich nicht von ihm, damit du die Reste seiner Weisheit erhältst!

Ich habe ihn schon vom Hörensagen lieb gewonnen, ehe ich ihn gesehen habe.
Denn der ganze Bericht von seiner Geschichte war mir ein Herzensgenuss
wie das Wasser dem Lechzenden.

Verzeichnis der Abbildungen

Sirwah (Foto Irmgard Wagner, DAI): S. 13
Marib 1 (Foto Irmgard Wagner, DAI): S.14
Marib 2 (Foto Kleinert): S. 15
Marib 3 (Foto Kleinert): S. 15
Staudamm 1 (Foto Kleinert): S. 16
Staudamm 2 (Foto Kleinert): S. 16
Staudamm 3 (Foto Kleinert): S. 16
Yeha (Foto Irmgard Wagner, DAI): S. 18
Aksum (Foto Kleinert): S. 19
Francesco del Cossa, Hochzeitstablett (Museum of Fine Arts): S. 42
Elisabethkirche, Marburg (Photo Marburg): S. 43
Verduner Altar, Klosterneuburg (akg-images): S. 51
Chorgestühl Bamberger Dom, Die verführerische Saba (Fotos Kleinert): S. 52
Chorgestühl Bamberger Dom, Die verführerische Saba (Fotos Kleinert): S. 52
Die Königin von Saba und der Wiedehopf (bpk Berlin): S. 55
Salomo und Bilqis mit ihrem gelähmten Kind (Aus: Werner Daum, Die Königin von Saba (1988) 132): S. 56
Schutzamulett (Israel Museum, Jerusalem): S. 93
Freiberg: Goldene Pforte (akg-images): S. 101
Freiberg: Goldene Pforte (Foto Kleinert): S. 101
Freiberg: Tympanon (akg-images): S. 103
Freiberg: Abrahamsarchivolte (akg-images): S. 104
Freiberg: Auferstehungsarchivolte (Foto Kleinert): S. 104
Freiberg: Daniel, Königin von Saba, Salomo und Johannes der Täufer (Foto Kleinert): S. 105
Freiberg: Salomo und Königin von Saba (Foto Kleinert): S. 106
Freiberg: Aaron, Bathseba, David und Johannes (Foto Kleinert): S. 107
Chartres: Königin von Saba, Bileam und Salomo (akg-images): S. 108
Köln: Älteres Bibelfenster (Foto Kleinert): S. 111
Köln: Jüngeres Bibelfenster, Königin von Saba (Foto Kleinert): S. 112
Köln: Jüngeres Bibelfenster, 3 Könige (Foto Kleinert): S. 115

Pierro della Francesca, Kreuzanbetung (Bridgeman): S. 118/119
Safawidische Miniaturen links (British Library): S. 130
Safawidische Miniaturen rechts (bpk Berlin): S. 130
Gina Lollobrigida, Filmplakat (akg-images): S 133
Raffael (bpk Berlin): S. 137
Holbein (Bridgeman): S. 138
Gobelin von Kirschkau (Metropolitan Museum): S. 141
Kirschkauer Kirche heute (Foto Kleinert): S. 141
Kebra Negast (Aus: Werner Daum, Die Königin von Saba (1988) S. 122): S. 142
Karte Orient (Peter Palm, Berlin): S. 147

Verzeichnis der Abkürzungen und Siglen

AJSL	*American Journal of Semitic Languages and Literatures*
ANET3	*Ancient Near Eastern Texts Relating to the Old Testament*, 3. Auflage, hg. v. James B. Pritchard, Princeton 1969.
Art.	Artikel
BKAT	*Biblischer Kommentar, Altes Testament*, hg. v. Siegfried Herrmann u. a., Neukirchen-Vluyn.
par(r)	parallele Bibelstelle(n)
RGG$_4$	*Religion in Geschichte und Gegenwart*, 4. Auflage, hg. v. Hans Dieter Betz, Don S. Browning, Bernd Janowski und Eberhard Jüngel, Tübingen 1998–2005.
sc.	scilicet (ergänze)
Sp.	Spalte(n)
SSG	Salomo-Saba-Geschichte
TRE	*Theologische Realenzyklopädie*, hg. v. Gerhard Müller, Horst Balz und Gerhard Krause, Berlin 1976–2004.
V.	Vers(e)
WUB	*Welt und Umwelt der Bibel. Archäologie, Kunst, Geschichte*, Stuttgart 1996ff.

Literatur

Allgemein

Rolf Beyer, Die Königin von Saba, Bergisch-Gladbach 1987.

Werner Daum (Hg.), Die Königin von Saba, Stuttgart 1988.

Inge Diederichs (Hg.), Märchen aus dem Land der Königin von Saba, München 1987.

Walter Dietrich und Michael Lattke, Art. „Salomo", in: RGG$_4$, Bd. 7, Sp. 801–804.

Michael Lattke, Art. „Salomoschriften", in: RGG$_4$, Bd. 7, Sp. 805–809

Walter W. Müller, Art. „Saba", in: Neues Bibellexikon, hg. v. Manfred Görg und Bernhard Lang, Bd. 3, Zürich 2001.

Hermann Michael Niemann, „Salomo und die Königin von Saba. Heiliger Text zwischen Theologie und Historizität, Literatur und Archäologie", in: Bibel und Kirche 57 (2002), S. 220–223.

James B. Pritchard (Hg.), Solomon and Sheba, London 1974.

Salomo. König voller Widersprüche, Themenheft von WUB (4/2012), Stuttgart 2012.

Pekka Särkiö, Die Weisheit und Macht Salomos in der israelitischen Historiographie. Eine traditions- und redaktionskritische Untersuchung über 1 Kön 3–5 und 9–11, Göttingen 1994.

Erster Teil:
Am Ursprung der Geschichte
Fünf Beobachtungen zur Entstehenung

Joachim Becker, Das 2. Buch der Chronik, Würzburg 1988, S.36–40.

Ulrich Berges, Jesaja 40–48, Freiburg 2008.

Walter Dietrich, Die frühe Königszeit in Israel. 10. Jahrhundert v. Chr. (= Biblische Enzyklopädie, 3), Stuttgart 1997.

Walter Dietrich, Art. „Deuteronomistisches Geschichtswerk", in: RGG$_4$, Bd. 2, Sp. 688–692.

Jürgen Ebach, Streiten mit Gott: Hiob II. Hiob 21–42, Neukirchen 1996.

Israel Finkelstein und Neil Asher Silberman, David und Salomo. Archäologen entschlüsseln einen Mythos, München 2006.

Georg Fischer, Jeremia 1–25, Freiburg 2005.

Volkmar Fritz, 1. Königsbuch, Göttingen 1996, S. 110–114.

Kurt Galling, Die Bücher der Chronik, Esra und Nehemia, Göttingen 1954, S.95–101.

Felix Gradl, Das Buch Hiob, Stuttgart 2001.

Moshe Greenberg, Ezechiel 21–37, Freiburg 2005.

Georg Hentschel, 1 Könige, Die Neue Echter Bibel, Würzburg/Leipzig 1985, S. 69–71.

Hans-Jürgen Hermisson, Art. „Deuterojesaja", in: RGG$_4$, Bd. 2, Sp.684–688.

Frank-Lothar Hossfeld, Die Psalmen 51–100, Würzburg 2002.

Sara Japhet, 1 Chronik, Freiburg 2002.

Sara Japhet, 2 Chronik, Freiburg 2003.

Sara Japhet, Art. „Chronikbücher", in: RGG$_4$, Bd. 2, Sp. 344–348.

Othmar Keel, Jerusalem und der eine Gott. Eine Religionsgeschichte, Göttingen 2011.

Hans-Joachim Kraus, Psalmen I, BKAT, Bd. 15/1, Neukirchen 1961.

Rüdiger Lutz (Hg.), Ideales Königtum. Studien zu David und Salomo, Leipzig 2005, darin insbesondere Susanne Gillmayr-Bucher, „Salomo in all seiner Pracht", S.127–152.

Martin Noth, Könige 1, BKAT, Bd. 9, Neukirchen 1968, S. 200–238.

Konrad Schmid, Art. „Tritojesaja", in: RGG$_4$, Bd. 8, Sp. 625–627.

Werner H. Schmidt, Das Buch Jeremia, Göttingen 2008.
Horst Seebass, Genesis, BKAT, Bd. 2/1, Neukirchen 1997.
Stefan Wälchli, Der weise König Salomo. Eine Studie zu den Erzählungen von der Weisheit Salomos in ihrem alttestamentlichen und altorientalischen Kontext, Stuttgart 1999.
Artur Weiser, Die Psalmen, Berlin 1955.
Artur Weiser, Das Buch Hiob, Göttingen 1959.
Artur Weiser, Jesaja, Göttingen 1966.
Jürgen Werlitz, Die Bücher der Könige, Stuttgart 2002.
Claus Westermann Das Buch Jesaja. Kapitel 40–66, Göttingen 1966.
Claus Westermann, Genesis, Bd. 1, BKAT, Bd. 1/1, 2. Auflage, Neukirchen 1974.
Claus Westermann, Genesis, Bd. 2, BKAT, Bd. 1/2, Neukirchen 1966.
Thomas Willi, Chronik, BKAT, Bd. 24/1, Neukirchen 1991.
Hans Walter Wolff, Dodekapropheton 2. Joel, Amos, BKAT, Bd. 14/2, Neukirchen 1969.
Ernst Würthwein, 1. Könige 1–17, Altes Testament Deutsch, Göttingen 1985, S. 119–122.
Burkhard Zapff, Jesaja 40–55, Würzburg 2001.
Burkhard Zapff, Jesaja 56–66, Würzburg 2006.
Erich Zenger, Psalmen. Auslegungen, Bd. 3 (Dein Angesicht suche ich), Freiburg 2003.
Walther Zimmerli, Ezechiel 1–24, BKAT, Bd. 13/1, Neukirchen 1962.
Walther Zimmerli, Ezechiel 25–48, BKAT, Bd. 13/2, Neukirchen 1965.

Exkurs:
Das Königspaar und das Hohelied der Liebe oder: gendergerechte Begegnung der Geschlechter
Katharina Elliger, „Das Hohelied in seinen Deutungen", in: Gabriele Miller und Franz W. Niehl (Hg.), Von Batseba – und andere Geschichten. Biblische Texte spannend ausgelegt, München 1996, S. 62–74.

Gillis Gerlemann, Ruth. Das Hohelied, BKAT, Bd. 18, Neukirchen 1965.
Herbert Haag und Katharina Elliger, „Wenn er mich doch küsste …" Das Hohe Lied der Liebe. Mit Bildern von Marc Chagall, Solothurn/Düsseldorf 1994.
Stefan Schreiner, Das Hohelied. Das Lied der Lieder von Schelomo, Frankfurt am Main 2007.
Yair Zakovitch, Das Hohelied, Freiburg 2004.

Lernen von der Königin:
wie Jesus im Neuen Testament von ihr erzählt und was die Weisen aus dem Morgenland mit ihr verbinden

François Bovon, Das Evangelium nach Lukas, 2. Teilband, Neukirchen 1996.
Wilfried Eckey, Das Lukasevangelium, Neukirchen 2004.
Peter Fiedler, Das Matthäusevangelium, Stuttgart 2006.
Hubert Frankemölle, Matthäus. Kommentar 1, Düsseldorf 1994.
Hubert Frankemölle, Das Matthäusevangelium, Stuttgart 2010.
Joachim Gnilka, Das Matthäusevangelium, Erster Teil. Kommentar zu Kap. 1,1–13,58, 2. Auflage, Freiburg 1993.
Walter Grundmann, Das Evangelium nach Matthäus, Berlin 1968.
Hans Klein, Das Lukasevangelium, Göttingen 2006.
Ulrich Luz, Das Evangelium nach Matthäus. Band 1 (Mt 1–7), Neukirchen 1997, S. 156–178; Band 2 (Mt 8–17), Neukirchen 1999, S. 271–285.
Gerhard Schmidt, Die Armenbibeln des XIV. Jahrhunderts, Graz 1959.
Rudolf Schnackenburg, Das Matthäusevangelium 1,1–16,20, 2. Auflage, Würzburg 1991.
Eduard Schweizer, Das Evangelium nach Matthäus, Göttingen 1973.
Michael Wolter, Das Lukasevangelium, Tübingen 2008.

Zweiter Teil:
Die Geschichte verzweigt sich – Darstellungen jüdischer, christlicher und islamischer Tradition

Allgemein
Admiel Kosman, „Der Besuch der Königin von Saba in Jerusalem – oder Salomos ‚Zähmung der rebellischen Königin'", in: Begegnungen 4/2012, S.27–30.

Jacob Lassner, Demonizing the Queen of Sheba: Boundaries of Gender and Culture in Postbiblical Judaism and Medieval Islam, Chicago und London 1993.

Gustav Rösch, „Die Königin von Saba als Königin Bilquis", in: Jahrbuch für Protestantische Theologie 6 (1880), S. 524–572.

Roswitha Germana Stiegner, Die Königin von Saba in ihren Namen, Graz 1979.

Josephus
Per Bilde, „Josephus stellt Griechen und Römern das Judentum vor. Seine Schriften Antiquitates Judaicae und Contra Apionem", in: Flavius Josephus, Themenheft von WUB (9/2004), S. 28–34.

Flavius Josephus, Jüdische Altertümer, übersetzt und mit Anmerkungen versehen von Heinrich Clementz, 11. Auflage, Wiesbaden 1993.

Herodot, Historien. Griechisch-deutsch, Bd. 1 (Buch I–V), hg. v. Josef Feix, München 1963.

Tessa Rajak, Art. „Josephus, Flavius", in: RGG$_4$, Bd. 4, Sp.585–587.

Piotr O. Scholz, Nubien. Geheimnisvolles Goldland der Ägypter, Stuttgart 2006.

Testament Salomos
Aetheria/Egeria, Itinerarium. Reisebericht, übersetzt und eingeleitet von Georg Röwekamp, Freiburg 1995.

Peter Busch, Das Testament Salomos. Die älteste christliche Dämonologie, kommentiert und in deutscher Erstübersetzung, Berlin und New York 2006.

Reimund Leicht, Art. „Testament Salomos", in: RGG$_4$, Bd. 7, Sp. 809–810.

Sure 27 und 34,15-19
Hartmut Bobzin, Der Koran. Neu übertragen, München 2010.

A. H. Johns, „Solomon and the Queen of Sheba: Fakhr al-Din al-Razi's Treatment of the Qur'anic Telling of the Story", in: Abr-Nahrain 24 (1986), S.76–80.

A. H. Johns, „Solomon and the Horses: The Theology and Exegesis of a Koranic Story", Mélanges de l'Institut Dominicain d'Études Orientales du Caire 23 (1997), S. 259–282.

Adel Theodor Khoury, Der Koran, arabisch–deutsch. Übersetzung und wissenschaftlicher Kommentar, Gütersloh 1999.

Mustansir Mir, „The Queen of Sheba's Conversion in Q. 27,44: A Problem Examined", in: Journal of Qur'anic Studies 9 (2007), S.43–56.

Rudi Paret, Der Koran. Kommentar und Konkordanz, Stuttgart 1980.

Heinrich Speyer, Die biblischen Erzählungen im Qoran, Hildesheim 1988 [1931].

Hans Zirker, Der Koran. Zugänge und Lesarten, Darmstadt 1999.

Targum Scheni
Beate Ego, Targum Scheni zu Esther. Übersetzung, Kommentar und theologische Deutung, Tübingen 1996.

Claudia Ott, Tausendundeine Nacht. Nach der ältesten arabischen Handschrift in der Ausgabe von Muhsin Mahdi erstmals ins Deutsche übertragen, 9. Auflage, München 2007.

Rätsel
Heike Bismarck und Tomas Tomasek, Art. „Rätsel", in: Reallexikon der deutschen Literaturwissenschaft, Bd. 3, Berlin und New York 2003, S. 212–214.

Franz Delitzsch, „Über den Gobelin von Krischkau [sic! Richtig: Kirschkau]", in: Neue Christoterpe 5 (1883), S. 354–365.

Helmut Fischer, Lutz Röhrich und Christine Goldberg, Art. „Rätsel", „Rätsel des Teufels", „Rätselmärchen", in: Enzyklopädie des Märchens. Handwörterbuch zur historischen und vergleichenden Erzählforschung, Bd. 11, Berlin und New York 2004, Sp. 267–294.

Ulla Fix, „Das Rätsel. Bestand und Wandel einer Textsorte", in: Irmhild Barz u. a. (Hg.), Sprachgeschichte als Textsortengeschichte. Festschrift für Gotthardt Lerchner, Frankfurt am Main 2000, S. 183–210.

Gottfried Gabriel, „Zur Logik und Rhetorik des Erkennens", in: Lutz Dannebert u. a. (Hg.), Metapher und Innovation. Die Rolle der Metapher im Wandel von Sprache und Wissenschaft, Bern 1995, S. 172–195.

Mathilde Hahn, Rätsel, Stuttgart 1966.

W. Hertz, „Die Rätsel der Königin von Saba", in: Zeitschrift für Deutsches Altertum 27 (1883) und in: Ders., Gesammelte Abhandlungen, Stuttgart 1905, S. 413–455.

Vera K. Ostoia, „Two Riddles of the Queen of Sheba", in: Metropolitan Museum Journal 6 (1972), S.73–96.

Art. „Rätsel", in: Der Neue Pauly. Enzyklopädie der Antike, Bd. 10, Stuttgart und Weimar 2001, Sp. 754–758.

Claudia Schittek, Die Sprach- und Erkenntnisformen der Rätsel, Stuttgart 1991.

Helga Venzlaff und Ditte König, „Salomo und das Rätsel der Perle", in: Islam 62 (1985) S. 298–310.

August Wünsche, Die Rätselweisheit bei den Hebräern mit Blick auf andere alte Völker, Leipzig 1883.

August Wünsche, Der Midrasch Mischle. Das ist die allegorische Auslegung der Sprüche Salomonis, Hildesheim 1993 [Reprint der Ausgabe Leipzig 1880].

Ben Sira

Beth E. McDonald, „In Possession of the Night: Lilith as Goddess, Demon and Vampire", in: Roberta Sterman Sabbath (Hg.), Sacred Tropes: Tanakh, New Testament, and Qur'an as Literature and Culture, Leiden 2009, S. 173–182.

Gershom Scholem, Art. „Lilith", in: Encyklopaedia Judaica, Bd. 10, Berlin 1934, Sp. 972–974.

Otto Schönberger (Hg.), Physiologus. Griechisch–deutsch, Stuttgart 2001.

Hans Wildberger, Jesaja 28–39, BKAT, Bd. 10/3, Neukirchen 1979.

Goldene Pforte zum Freiberger Dom

Martin Büchsel, Die Skulptur des Querhauses der Kathedrale von Chartres, Berlin 1995.

Günter Krüger, Die Marienkirche zu Freiberg i. S. und ihre goldene Pforte. Beiträge zur Geschichte der Architektur und Plastik des 13. Jahrhunderts in der Markgrafschaft Meißen, Diss. Berlin 1960.

Heinrich Magirius, Der Freiberger Dom. Forschungen und Denkmalpflege, Weimar 1972.

Heinrich Magirius, Der Dom zu Freiberg, Berlin 1977.

Wolfgang Medding, Die Westportale der Kathedrale von Amiens und ihre Meister, Augsburg 1930.

Bibelfenster des Kölner Doms, Bamberger Chorgestühl, Kreuzesprophetin und Sybille

Margarete Bessau, Das Chorgestühl im Westchor des Bamberger Doms, München 1951, S.38–45.

Samuel Krauss, „Die Königin von Saba in den byzantinischen Chroniken", in: Byzantinische Zeitschrift 11 (1902), S.120–131.

Herbert Rode, Die mittelalterlichen Glasmalereien des Kölner Doms, Berlin 1974.

Björn Tammen, Musik und Bild im Chorraum mittelalterlicher Kirchen, 1100–1500, Berlin 2000, S.269–270.

Jacobus de Voragine, Die Legenda aurea. Aus dem Lateinischen übersetzt von Richard Benz, Heidelberg 1979, S.349–358.

Makeda

Wendy Laura Belcher, „African Rewritings of the Jewish and Islamic Solomonic Tradition: The Triumph of the Queen of Sheba in the Ethiopian Fourteenth-Century Text Kebrä Nägäst" in: Roberta Sterman Sabbath (Hg.), Sacred Tropes: Tanakh, New Testament, and Qur'an as Literature and Culture, Leiden 2009, S. 441–459.

Carl Bezold, Kebra Negast. Die Herrlichkeit der Könige, München 1909.

Elisabeth Biasio, Heilige und Helden. Äthiopiens zeitgenössische Malerei im traditionellen Stil, Zürich 2006.

Alice Jankowski, Die Königin von Saba und Salomo. Die amharische Version der Handschrift Berlin Hs.Or. 3542, Hamburg 1987.

Dritter Teil: Archäologie zu Sabäern im Jemen und in Äthiopien

Marib und das sabäische Reich im Jemen

Werner Daum (Hg.), Jemen, Ausstellungskatalog Völkerkundemuseum München 1987.

Werner Daum (Hg.), Im Land der Königin von Saba. Kunstschätze aus dem antiken Jemen, Ausstellungskatalog Völkerkundemuseum München 1999

Eva Gerlach, Sand über den Tempeln Arabiens. Archäologen auf den Spuren der Königin von Saba, Leipzig 1967

Gabriel Mandel, Das Reich der Königin von Saba. Archäologen graben im Paradies und enträtseln die Frühgeschichte Arabiens, Bern 1976.

Wilfried Seipel (Hg.), Kunst und Archäologie im Land der Königin von Saba, Ausstellungskatalog Kunsthistorisches Museum Wien 1998.

Hermann von Wissmann, Das Großreich der Sabäer bis zu seinem Ende im frühen 4. Jh. v. Chr., Wien 1982

Yeha, Aksum und Spuren der Sabäer in Nord-Äthiopien

Sarah Japp, Iris Gerlach, Holger Hitgen und Mike Schnelle, „Yeha and Hawelti: Cultural Contacts between Saba and DMT", in: Proceedings of the Seminar for Arabian Studies 41 (2011), S.1–16.

Alexander Sedov (Hg.), New Research in Archaeology and Epigraphy of South Arabia and Its Neighbors, Moskau 2012, darin: Iris Gerlach, S. 215–240 zu Yeha; Holger Hitgen, S. 259–278 zu Hawlan; und Mike Schnelle, S.387–415 zu Yeha.

Anmerkungen

1 Deuteronomist wird in der Forschung die Redaktion der biblischen Bücher vom 5. Buch Mose bis 2. Könige 25 genannt. Sie hat die Geschichte Israels vom Auszug aus Ägypten bis zum Ende des Nordreichs Israel in diesen Büchern nach Kriterien gestaltet, die dem 5. Buch Mose, das traditionell die griechische Bezeichnung „Deuteronomium" trägt, entnommen sind. Zur deuteronomistischen Interpretation der Geschichte siehe unten Abschnitt I.2. S. 23ff.
2 In anderen Handschriften sind es „deine Männer", die die Königin als glücklich preist.
3 Die Weihrauchstraße hat ihren Anfang im heutigen Oman. Ihre erste Etappe wurde über Jahrhunderte von den Sabäern kontrolliert, bevor die in Nordarabien beheimateten Nabatäer die Kontrolle insgesamt übernahmen. Die Wüstenstraße führte durch ganz Arabien über Mekka, Medina und Petra schließlich ans Mittelmeer nach Gaza.

I. Am Ursprung der Geschichte

1 Das geschieht in den bisher erschienenen Standardwerken leider nicht (z. B. bei Beyer 1987 und Daum 1988; im Literaturverzeichnis enthaltene Titel werden in den Fußnoten nach Autor[in] und Erscheinungsjahr zitiert).
2 Vgl. die in Susa gefundene und im Pariser Louvre (in Kopie auch im Berliner Pergamonmuseum) ausgestellte babylonische Stele aus dem 18. Jahrhundert vor Christus, auf der der König Hammurabi dem Gott Schemesch huldigt – über einem der ältesten Rechtstexte der Menschheitsgeschichte, in dem es um die Verwirklichung von Recht und Gerechtigkeit auch im Interesse der Armen geht. Sie zu vollziehen ist Gott wohlgefällig und Beweis der Weisheit des Königs.
3 „Wenn die Königin von Saba Jahwe rühmt als den ‚Gott Salomos', als den, der ihn auf den Thron gesetzt hat, als den, der ‚Israel liebt', so ist das kein eigenes Glaubensbekenntnis zu Jahwe, sondern nur die übliche Anerkennung des Landesgottes seitens eines fremden Besuchers, der die mächtigen und guten Wirkungen dieses Gottes in seinem Machtbereich zur Kenntnis nimmt." (Noth 1968, S. 226). Noth geht in dieser an sich zutreffenden Bemerkung nicht auf die gegenüber dem Kontext veränderte (vermutlich deuteronomistische) Sprache und mögliche Absichten von deren Verfassern ein.
4 Gar nicht in die Übersetzung einbezogen habe ich V. 11–12 – ein Text, der versehentlich mitten in die Erzählung platzt und inhaltlich zur Notiz 1. Könige 9, 26–28 gehört. Er ist in 1. Könige 10 hinter V. 10 möglicherweise von einem Abschreiber deshalb nachgetragen, weil es in diesen Versen zwar nicht um Geschenke, aber doch um Handelsgüter für Salomo ging; sie ließ König Hiram aus Tyros nicht kostenlos zu Salomo bringen.
5 Ich wähle in diesem Buch die traditionelle Bezeichnung „Altes Testament" für den hebräisch geschriebenen Teil der Bibel. Moderne Exegeten bezeichnen es auch als Erstes Testament, weil sie die Assoziation „alt = überholt" ausschließen wollen. Für mich aber hat „alt" auch die Bedeutung von ‚ehrwürdig', ‚schon lange gültig'.
6 Einzig das aramäische Fragment einer Steleninschrift, das vor einigen Jahren in der nahe Israels Grenze zum Libanon ausgegrabenen Stadt Dan gefunden worden ist und wahrscheinlich aus dem 9. Jahrhundert vor Chr. stammt, enthält den Hinweis auf ein „Haus Davids". Zum „Haus Davids" gehört nach biblischer Überlieferung Salomo als unmittelbarer Nachfolger Davids auf dem Königsthron. (Die Dan-Inschrift wird vorgestellt und diskutiert bei Dietrich 1997,

S. 136–141 und bei Finkelstein/Silberman 2006, S. 231–233).
7 Vgl. von Wissmann 1982, bes. S. 225ff. Wissmann findet Zeugnisse sabäischer Kultur frühestens im 9. Jahrhundert v. Chr. Inzwischen lassen aber neue Ausgrabungen die Möglichkeit zu, dass es bereits im 10. Jh sabäische Herrschaft und Kultur gegeben hat (vgl. Gerlach/Schnelle 2011).
8 Für Priester-Königen in Saba gibt es erst ab dem 7. Jahrhundert v. Chr. Belege. Zu sabäischen Königinnen oder gar zu einer Reise einer der ihren nach Jerusalem fehlt jeder Hinweis. Wohl aber berichten assyrische Quellen ab dem 8. Jahrhundert vor Chr. von Königinnen im Norden der arabischen Halbinsel (vgl. N. Abbot, „Pre-Islamic Arab Queens", in: AJSL 58 (1941), S. 1–22. Dort verweist Abbot auf verschiedene Stellen aus den Annalen Tiglat-Pilesers III.: Tiglat-Pileser nennt darin als Tributbringerin eine Königin der Araber namens Zabibe (738 v. Chr.) und als Gegnerin eine Königin der Araber namens Samsi (732 v. Chr.). Vgl. Noth 1968, S. 223. Greenberg 2005, S. 228 verweist auch darauf, dass Tiglat-Pileser III nach ANET, 283b von den besiegten Arabern als Abgaben „Gold, Silber, Kamele, sowie Gewürze und Duftstoffe" erhielt. Das Saba dürfte jedoch – wie auch sonst zumeist im Alten Testament – als weit entfernt gedacht sein; es liegt im Süden der Halbinsel, im Gebiet des heutigen Jemen. Von Sabäern geprägt waren zeitweilig auch Territorien im Westen jenseits des Roten Meeres, im Gebiet des heutigen Nord-Äthiopien, worauf archäologische Funde hinweisen. Moshe Greenberg fragt in seinem Kommentar zu Ezechiel 27,22, ob das nördliche Saba der Ursprung des späteren, gut belegten südlichen Königreichs sein könne oder ob nicht vielmehr selbst dessen Handelskolonie sei (ebd.).
9 Erst Jahrhunderte später erhält die Königin von Saba einen Namen. Josephus nennt sie im 1. Jahrhundert n. Chr. Nikaule (siehe unten S. 59f). In der muslimischen Tradition erhält sie seit etwa dem 8. Jahrhundert n. Chr. den Namen Bilqis (siehe unten S. 95ff.), in Äthiopien heißt sie, zum ersten Mal im 13. Jahrhundert n. Chr. belegt, Makeda (siehe unten S. 121ff.). Das Bedürfnis einer Namensgebung ist also groß; ein Motiv, weshalb ein ursprünglicher Name weggelassen sein sollte, ist nicht erkennbar: es hat ihn gar nicht gegeben!
10 Vgl. zusammenfassend Walter Dietrich und Michael Lattke, Art. „Salomo", in: RGG4, Bd. 7, Sp. 801–804.
11 Vgl. Walter Dietrich, Art. „Deuteronomistisches Geschichtswerk", in: RGG4, Bd. 2, Sp. 688–692, hier: 691.
12 Damit stelle ich eine Entstehungshypothese für einen weit bemessenen Zeitraum zur Diskussion, die im Folgenden einer weiteren Überprüfung und Präzisierung unterzogen wird. Sie würde, folgt man Dietrichs Analyse der Entstehung der Königsbücher, an das Ende der Entwicklung des deuteronomistischen Geschichtswerks geraten. Tatsächlich ist es schwierig, sichere Zeitangaben zu gewinnen, da es sich in 1. Könige 10 um eine volkstümliche Erzählung handelt, die keine über Standards hinausgehende präzise Orts-, Namens- und Detailangaben enthält.
13 So hielt es Kyros der Große mit allen Völkern in den von ihm eroberten Gebieten.
14 Wie unten S. 34 aufgezeigt, entschied sich angesichts der neuen Möglichkeiten nur ein Teil der Exilfamilien für die Rückkehr nach Jerusalem. Die anderen blieben freiwillig in Babylon und anderswo.
15 Vgl. Genesis 32,22–32.
16 Vgl. Gal. 3,29 und Römer 9,7 sowie das Kapitel Römer 4.
17 Vgl. Sure 2,135f. u. a.
18 Vgl. Genesis 36,9. Sie leiten sich von Jakobs älterem Zwillingsbruder Esau her. Ihr Siedlungsgebiet liegt östlich des Jordans und südlich des Jabbok im heutigen Jordanien.
19 Mit Saras Magd Hagar hatte Abraham einen Sohn namens Ismael, der vor Isaak geboren wurde (vgl. Genesis 16 und 21, 1–21). Von Ismael leiten sich die Araber her – und auch die Moslems im Unterschied zu den Juden. In der islamischen Überlieferung wird Ismael anstelle von Isaak (vgl. Genesis 22) von seinem Vater Abraham auf den Berg mitgenommen, auf dem er geopfert werden soll, aber dann nach Gottes Intervention durch ein Opfertier ersetzt – Ausgangspunkt des großen Opferfestes, eines Hauptfeiertags der Muslime bis heute.
20 Zum differenzierten Bild von Edom und Ismael in der alttestamentlichen Überlieferung vgl. Walter Dietrich, Art. „Edom", in: RGG4, Bd. 2, Sp. 1062f. beziehungsweise Ernst Axel Knauf, Art. „Ismael", in: RGG4, Bd. 4, Sp. 282.
21 Was in der Bibel am Anfang steht, ist als biblische Überlieferung vergleichsweise spät entstanden: älter als Geschichten von der Schöpfung und der Menschheit sind die Erzählungen über die eigenen Vorfahren und das eigene Volk.
22 Den Titel „Gesalbter" = hebräisch-gräzisiert „Messias"= griechisch-latinisiert „Christus" erhält ein halbes Jahrtausend später Jesus von Nazareth!

23 Das ist nachzulesen in Jesaja 41,1–5; 44,28; 45,1.13; 46,11; 48,12–15.
24 Im Übrigen weist bei Deuterojesaja auch ein alle Welt einbeziehender Schöpfungsglaube auf seinen universalen Horizont.
25 Die Jonanovelle ist frühestens Ende des 6. Jahrhunderts, wahrscheinlich aber später entstanden. Sie wird hier einbezogen, weil sie nach übereinstimmender Meinung der Forschung eine nachexilische Sicht wiedergibt.
26 Seine Texte stehen in Jesaja 56–66. Sie sind zwischen 515 v. Chr. (der Tempel ist bereits in Jerusalem neu gebaut) und 445 v. Chr. (der Bau der Stadtmauer Jerusalems steht noch bevor) entstanden (so z. B. Konrad Schmidt, Art. „Tritojesaja", in: RGG4, Bd. 8, Sp. 625–627).
27 In dieser Vision wird Wirklichkeit, was in Psalm 72,10 auf Verpflichtung beschrieben wird und dabei ebenfalls auf Saba Bezug nimmt: „Könige von Saba und Seba müssen Gaben bringen (Tribut geben)" (siehe hierzu auch den Abschnitt zu Psalm 72 unten S. 32f). In Jesaja 60,6 kommen Sabas Gaben nicht als geschuldeter Tribut an den König, sondern wie bei der Königin von Saba als freies Geschenk.
28 Allerdings handelt es sich hier um Königinnen aus dem Norden, nicht aus dem Süden Arabiens (siehe oben Anm. 8).
29 Diese Königin kommt nun aus dem weit(er) entfernten Saba. Im 1. Buch der Könige ist sie das Gegenbild der Isebel, der herrischen Königstochter aus Tyrus, die einst König Ahab von Israel im 9. Jahrhundert heiratete. Isebel wurde berühmt durch ihren Versuch, einen anderen Glauben in Israel einführen zu wollen und dem Propheten Elias das Leben zu nehmen. Die Königin von Saba aber ist nach Vers 9 voller Respekt vor dem Gott Israels.
30 Oder sind es Israelitinnen, die an der – mündlichen – Entstehung dieser Geschichte mitgewirkt haben und sich dabei von der Tradition arabischer Königinnen haben inspirieren lassen?
31 Nach neuen archäologischen Erkenntnissen gibt es sogar die Möglichkeit zeitlichen Kongruenz zwischen Salomos Regierungszeit und der Zeit der Sabäer-Reiche.
Im Übrigen lässt sich der ganze Entstehungsvorgang auch anders herum denken: für den weisen König Salomo wurde viele Jahre nach seiner Lebenszeit eine Entsprechung gesucht und in einer (namenlosen) legendären sabäischen Königin gefunden. Dafür spricht die Zentrierung der Erzählung auf Salomo, auf seine Weisheit (und, in vermutlich nachträglich ergänzten Worten, auf seinen Hofstaat), die zu bewundern die Rolle der Königin von Saba wird.
32 Wälchli 1999, S. 109–111. Wälchli S. 214 zählt zu dieser vorexilischen Salomogeschichte „die Erzählungen von Salomos Weisheit" 1. Könige 3; 5,9–14; 10,1–8.10.13.23–25, aber auch die Schilderungen von Salomos Verwaltung 1. Könige 4–5,8, des Tempelbaus 1. Könige *5,15–*8,13 sowie andere Bauten und Reichtümer Salomos 1. Könige *9–*10. Außerdem weist er S. 188f. - mit Särkiö 1994, S. 62ff. – auf die engen Berührungen der Salomogeschichte mit der Josephsgeschichte Genesis 37 und 39–50 hin.
33 Wälchli 1999, S. 205f. Zur Datierung in die Hiskiazeit vgl. S. 195–198. Wälchlis Lehrer Walter Dietrich stellt in Dietrich 1997, S. 257–259 in ähnlicher Weise die Salomogeschichte als „Buch der Salomogeschichte" vor: sie biete „eher eine phantasievoll entworfene und hübsch dekorierte Zeichnung als eine exakte Photographie des ersten Nachfolgers Davids" (S. 259).
34 Vgl. Wälchli 1999, S. 206f.
35 So Finkelstein/Silberman 2006, S. 157f. u.a.
36 Ernst Axel Knauf in: WUB, 4/2012, S. 22. Es handelt sich um Knaufs Übersetzung ins Deutsche aus: Hayim Tadmor, The Inscriptions of Tiglath-Pileser III, King of Assyria, Jerusalem 1994, S. 228–229.
37 A. a. O.
38 A. a. O. Der Text Tiglat-Pilesers lautet in der Übersetzung Knaufs: „Was Samsi anbelangt, *die Königin* von den Arabern....: Die Stämme Massa, Tema, *Saba*, Hayappa, Badanu, Hatte, Idiba'ilu... die am Rande der Westländer wohnen und von denen keiner (meiner Vorfahren) je gehört hat und deren Gebiete weit entfernt sind – sie *hörten den Ruhm* meiner Majestät und meiner Heldentaten und flehten meine Herrschaft an. *Gold*, Silber, *Kamele*, Kamelstuten, Spezereien aller Art – ihren Tribut, wie ein Mann, *brachten sie zu mir* und küssten meine Füße." (*Kursivschreibung* entspricht Knaufs Fettdruck der entscheidenden Stichworte in der Reihenfolge der biblischen Erzählung).
39 Dass es spätere Ergänzungen dieser ersten schriftlichen Fixierung in der exilisch-nachexilischen Zeit gegeben haben kann (siehe meine Übersetzung von 1. Könige 10 und ihre Kommentierung), bleibt davon unberührt. Dass die Geschichte bereits vor der Existenz einer mehr oder minder feststehenden ‚Salomogeschichte' isoliert schriftlich fixiert war, ist eher unwahrscheinlich. Schon ihr volkstümlicher Grundcharakter

40 So Seebass 1997 mit Bezug auf Lipinski. verweist darauf, dass sie zunächst mündlich erzählt wurde.
41 Joksan und Joktan meinen wohl dieselbe Person vgl. Westermann, Genesis, Bd. 2, 1966, S. 485.
42 Vgl. Jeremia 7,1–15.
43 Vgl. W. Schmidt 2008, S. 165–169. „Selbst feinste, kostbare Gaben – Weihrauch und Gewürzrohr aus Südarabien – können das Tun von Gottes Willen nicht ersetzen" (S. 168).
44 Vgl. den Abschnitt zu Kyros als Messias und Deuterojesaja oben S. 26.
45 Vgl. Berges 2008, S. 274f.; Weiser 1966, S. 94–97 und Zapf 2001, S. 98.
46 Davon, dass Sabäer zu beiden Seiten des Roten Meeres gelebt haben, s. u. S. 144ff.
47 Davon zeugen z. B. die deutschen Ausgrabungen auf der Nilinsel Elephantine gegenüber von Assuan. Dort sind Ruinen freigelegt und Texte gefunden worden, die deutlich machen, dass hier im 6. und 5. vorchristlichen Jahrhundert eine persische Kolonie bestand mit einer den Grenzraum Ägyptens bewachenden Garnison, in der jüdische Soldaten beschäftigt waren; sie hatten dort einen eigenen Tempel geplant und vermutlich auch gebaut.
48 Die sogenannte „Faladscha", die im letzten Drittel des vorigen Jahrhunderts in großen, zum Teil von Israel finanzierten Aktionen nach Israel umgesiedelt wurden beziehungsweise ausgewandert sind.
49 Zum „Grundpsalm" gehören nach Meinung der meisten Exegeten die Verse 1–17. V. 18–20 gehörten ursprünglich nicht zum Psalm 72 selbst: Vers 20 beendet eine Sammlung von „Gebeten Davids"; dabei wird es sich um die Teilsammlung der Psalmen handeln, die mit Psalm 42 beginnt und mit Psalm 72 endet. Diese Teilsammlung ist in die größere Sammlung Psalm 2–89 eingebettet, diese wiederum Hauptbestandteil des gesamten Psalters (Psalm 1–150). Jede dieser Psalmsammlungen endet mit einer Doxologie (vgl. Psalm 41,14; 72,18f.; 89,53 - cf Zenger 2003, S. 166f. - und die Halleluja-Psalmen 146–150 am Ende des gesamten Psalters). Entsprechend gehört die Doxologie Psalm 72,18f. nicht zum Psalm selbst, sondern bildet den üblichen Abschluss einer Psalmenteilsammlung (so Kraus 1961, S. 495 und Zenger 2003, S. 157, anders Weiser 1955, S. 330).
50 Zenger 2003, S. 157. Kraus 1961, S. 495 meint sogar, er „könnte in verhältnismäßig frühe Zeit angesetzt werden".
51 V. 1–4 und 12–14.
52 V. 5–7 und 16–17a.
53 Zenger 2003, S. 157f.
54 Vgl. Zenger 2003, S. 165f.
55 Erich Zenger in Hossfeld 2002, S. 306 vermutet aus dem Zusammenhang, dass nicht der König in V. 15a Empfänger des Goldes aus Saba ist, sondern einer, „der dieses an den Armen und Elenden verteilt". Eine schöne Deutung dessen, was Salomo mit all den reichen Gaben der Königin machen sollte!
56 Vgl. oben S. 27f. den Abschnitt über die „Völkerwallfahrt zum Zion".
57 So die Datierung der Grundschicht des Textes von Jes. 60 bei Zapf 2006, S. 382.
58 Das könnte gut als Zusammenfassung des Besuchs der Königin von Saba durchgehen! Zum Zusammenhang vgl. schon Weiser 1966, S. 285: „In der Heimkehr der ersten Exilierten nach dem Kyros-Edikt konnte er (sc. Tritojesaja) eine wirkliche Wandlung noch nicht sehen. Das war ein schmales Rinnsal, das sich auf den Zion zu bewegt hatte; was erst noch kommen und das Heil bringen musste, war ein starker Strom, der Strom der Völker nach Jerusalem."
59 Vgl. Zimmerli 1965, S. 634–638.
60 Alexander soll für den Bau des Damms gesorgt haben, durch den Tyrus mit dem Festland verbunden wurde und so erst zu erobern war.
61 Alexander war nach dem Sieg über die Perser bei Issos auf seinem Marsch an der phönizischen Küste entlang nur in Tyrus auf massiven Widerstand gestoßen. Vgl. Alexander Demandt, Alexander der Große. Leben und Legende, München 2013, S. 154–157.
62 Greenberg 2005, S. 228 diskutiert zur Stelle die Frage der Herkunft der Sabäer und hält es für ungewiss, ob sie aus Nord- oder aus Südarabien kommen. „Ist das nördliche Saba der Ursprung des späteren, gut belegten südlichen Königreichs oder dessen Handelskolonie?" Für ähnlich ungewiss hält Greenberg auch die Frage der Herkunft der „Königin von Saba".
63 Ragma ist nach Genesis 10,7 der Vater von Saba und Dedan!
64 Dedan wird als Ort an der Weihrauchstraße zwischen Medina und Petra identifiziert.
65 Zimmerli 1965, S. 957.
66 Vgl. z. B. Hermann Spieckermann, Art. „Hiob/Hiobbuch", in: RGG4, Bd. 3, Sp. 1777–1781, hier 1778.
67 Hiobs Freunde vertreten die alte, nicht nur im Orient gebräuchliche Weltordnung, dass es dem gut ergeht, der gut handelt, und dem schlecht, der schlecht handelt. An Hiobs

68 Wer Südäthiopien heute besucht, lernt Völker wie die Hamar und die Mursi kennen, deren Männer noch heute stolz Narben von Verletzungen präsentieren, die sie sich als Siegeszeichen selbst zugefügt haben nach erfolgreichen Überfällen auf das Vieh von Nachbarvölkern und nach der geglückten Ermordung der Hirten dieses Viehs: je mehr Narben einer hat, desto tüchtiger ist der Mann.

Leiden aber wird deutlich, dass diese Ordnung nicht mehr gilt. Gott selbst gibt ihm darin recht (Hiob 42,7).

69 Es handelt sich also in gewisser Weise genau um eine Umkehrung der Rollen von Jesaja 43,3: dort muss Saba um Israels willen leiden, hier der Vertreter Israels um Sabas willen!

70 Vgl. Greenberg 2005, S. 228. Ebach 1996, S. 18 erwägt mit späteren jüdischen Auslegern des Textes, dass „die Erwähnung des sprichwörtlich fernen Saba ... zeigen (soll), wie sich der Satan die Instrumente seines Versuchs von weit herholte". Andererseits könnte Saba hier als dem Aufenthaltsort Hiobs benachbart gedacht werden. Dann verschiebt sich die Lokalisierung Sabas je nach Mutmaßung über den Ort des Familienfests im Hause Hiob.

71 Gradl 2001, S. 45f.

72 Ebach 1996 formuliert auf S. 73: „Auch die Kundigsten sind verlassen, wenn sie solche ‚Freunde' haben." Bei Weiser 1959, S. 6 heißt es: „Enttäuscht in seinem Vertrauen steht Hiob vor ihnen wie die arabischen Handelskarawanen von Tema und Saba vor den vertrockneten Wasserläufen, auf die sie ihre Hoffnung gesetzt hatten".

73 Vgl. zu diesem Abschnitt Sara Japhet, Art. „Chronikbücher", in: RGG4, Bd. 2, Sp. 344–348.

74 Vgl. Willi 1991, S. 15–33. Saba gehört wie in Genesis 10 und 25 erstens nach 1. Chronik 1, 9 zum Stammbaum Chams als dessen Urenkel (und als Enkel von Kusch und Sohn von Ragma), zweitens nach 1. Chronik 1,22 zum Stammbaum Sems als dessen Ururenkel und als Sohn Joktans und drittens nach 1. Chronik 1,32 zusammen mit Dedan zum Stammbaum Keturas als ihr Enkel und als Sohn Jokschans (vgl. dazu die Tafel bei Willi 1991, S. 33). In der Konzeption der Chronikbücher gehört Saba gleich dreimal zu der Gesamtheit der siebzig Völker der Welt (vgl. Willi 1991, S. 29). Zum Ganzen vgl. auch Japhet 2002, S. 82–90.

75 So ist die dreimalige Erwähnung des „Kommens" der Königin von Saba von 1. Könige 10, 1f. auf einmalige Erwähnung gestrafft. 2. Chronik 9,4 macht aus dem „Brandopfer" von 1. Könige 10,5 ein „Obergemach" Salomos (vgl. Noth 1968, S. 225).

76 Japhet 2003, S. 119 Es ist freilich hier auch anzumerken, dass 1. Könige 10,1ff. so etwas wie eine Illustration zu 1. Könige 5,4 ist, also auch in den Königsbüchern eine royalistische, nicht nur demokratische Verehrung stattfindet.

77 Vgl. Japhet 2003, S. 118. Dieser Unterschied ist auffällig, wenn man 1. Könige 10 im Zusammenhang des deuteronomistischen Geschichtswerks liest und mit der chronistischen Darstellung vergleicht. In 1. Könige 10 selbst gibt es freilich anders als im Kontext 1. Könige 1–2 und 11,1–40 keine Kritik an Salomo!

78 Die einzige in diesem Abschnitt nicht vorgestellte alttestamentliche Bezeugung von Saba steht in Joel 4,8. Es handelt sich hier nach Wolff um einen späteren Einschub ins Joelbuch aus persischer Zeit (zwischen 400 und 342). In ihm werden die Sabäer – genau wie in 1. Könige 10! – als „fernes Volk" angesehen. Das Gericht über die Feinde Judas vollzieht sich hier u. a. dadurch, dass die, die Juda versklavt haben, selbst versklavt werden und dabei ans Ende der Welt, eben zu den Sabäern verkauft werden (vgl. Wolff 1963, S. 85).

79 Vorher gab es unserer Kenntnis nach keine arabischen Königinnen, auch keine Gerüchte von ihnen. Die Zeit Salomos lag nach V. 10b Generationen zurück. Das spricht gegen Noth 1968, S. 223, der meint, annehmen zu müssen, „dass diese Geschichte von einem geschichtlichen Vorkommnis ausgeht".

80 Vgl. Wälchli 1999.

81 Vgl. Wälchli 1999 und Dietrich 1997.

82 Vgl. Fritz 1996, der meint, 120 Talente Gold seien „entweder 4112 kg oder etwa 4935 kg". Wie er auf diese Zahlen kommt, verrät er nicht.

83 Einige Anmerkungen zu Details seien hier für genauer Interessierte ebenfalls nachgetragen:
1. Die Weisheit, um die es in unserer Geschichte geht, ist eine Weisheit, die nicht mit weiser und gerechter Staatsführung zu tun hat oder mit in Sprüche gegossener Lebensweisheit. Nein, seine Weisheit erweist sich hier im scharfsinnigen Lösen von Rätseln – ein nach Noth nach wie vor „im Orient ... beliebtes gesellschaftliches Spiel des Geistes" (Noth 1968, S. 224). Vgl. dazu das einzige im Alten Testament überlieferte Rätsel; Simson gibt es in Richter 14,12–18

seinen philistäischen Hochzeitsgästen auf.
2. Im Unterschied zu den aus Indien kommenden Bodenschätzen Gold und Silber, die für die Sabäer Import-Export-Handelsgüter waren, sind Balsamsträucher in Südarabien selbst beheimatet; wahrscheinlicher als schwer transportierbare Sträucher werden in V. 1 und 10 „bereits verarbeitete wohlriechende Essenzen" gemeint sein, „die in Tongefäßen transportiert wurden" (Noth 1968, S. 224) – so in der Vorstellung der Erzähler!
3. Auffälligerweise schenkt die Königin Salomo genau soviel Gold, wie er in 1. Könige 9,14 von Hiram von Tyrus als Entlohnung für die Abtretung des Gebietes um Kabul erhalten hat!
4. Endlich sei darauf hingewiesen, dass es zu V. 8a auch handschriftliche Belege dafür gibt, nach denen nicht Frauen aus der Umgebung Salomos, sondern Männer glücklich gepriesen werden. Ich habe mich mit Würthwein 1985, S. 119 und Fritz 1996, S. 111 gegen Noth 1967, S. 201,203f., 225f. und Hentschel 1985, S. 70 für Frauen entschieden, auch weil hier eine Frau spricht und es um eine Frauengeschichte geht.

84 Zu dieser Dimension der Begegnung gehört selbstverständlich auch der Handelsverkehr zwischen den beiden Völkern.

85 Das hebräische Wort für „kommen" (bo) in V. 2b wird auch als terminus technicus für den Koitus (= „Zusammenkommen") gebraucht (vgl. auch Beyer 1987, S. 10, 21f., 29f., 34f.).

86 Davon handeln unten die Kapitel zum Alphabet des Ben Sira S. 85ff und zum äthiopischen Epos Kebra Negast S. 121ff. In jüdischer Tradition ist Nebukadnezar der Sohn dieser Verbindung, in der äthiopischen König Menelik I.

87 Vgl. 1. Könige 11, 1–3. Die vielen Frauen verführen ihn nach 1. Könige 11, 2.4–8 zum Götzendienst.

88 Vgl. 1. Könige 11, 1.

89 Vgl. 1. Könige 5, 9–14 und das Fallbeispiel 1. Könige 3, 16–28. Von 1005 Liedern Salomos wird in 1 Könige 5, 12 berichtet.

90 Vgl. Hoheslied 3,11; mit Salomo/Schelomo ist hier nach Schreiner „nicht der israelitische König dieses Namens ... angesprochen, sondern ‚Schelomo' ist Ehrenname des Bräutigams" (Schreiner 2007, S. 45 vgl. auch, S. 116f.); der Bräutigam wird im Ritus des Hochzeitsspiels tatsächlich mit einer Krone gekrönt (Hoheslied 3,11). Seine Braut kann in diesem Hochzeitsspiel die Rolle der Königin von Saba eingenommen haben – so wie es auch ein späterer europäischer christlicher Brauch nahe legt; diesem Brauch zufolge werden den Brautleuten Hochzeitsteller und -truhen mit Abbildungen des königlichen Paares als Vorbild und Ansporn für ihre Ehe überreicht (siehe dazu Abb. S. 42).

91 Andere haben in der anonymen Partnerin des liebenden Mannes durchgängig die Sulamitin gesehen, die in Hoheslied 7,1 ausdrücklich namentlich zum Tanz aufgefordert wird. Wieder andere (wie Theodor von Mopsuestia) meinen, es handle sich um eine Ägypterin, mit der Salomo eine Liaison hatte, die mit dem Hohenlied der Liebe salonfähig werde (vgl. dazu Gerlemann 1965, S. 45; in Gerlemanns Kommentar zum Hohenlied kommt die Königin von Saba als Partnerin Salomos nicht vor).

92 Die Königin von Saba gilt als schwarze Frau in Unterschied zu den hellhäutigeren Israeliten.

93 Vgl. Schreiner 2007, S. 23, 76 und 45f.: „Das Lied besingt ... die Einholung der Braut durch die Freunde des Bräutigams, der nach altem Brauch die dazugehörige Sänfte auszustatten hatte." Anders als Schreiner zähle ich mit Zakovitch 2004, S. 170 den Vers selbst in seiner vorliegenden Formulierung nicht zum Hochzeitslied, unbeschadet dessen, dass er mit seinem Fragecharakter gut in eine Brautprozession hineinpasst.

94 In der Übersetzung folge ich in diesem Exkurs Stefan Schreiner.

95 Zakovitch 2004, S. 170. Zakovitch fährt auf S. 171 (allzu) forsch fort, es könne sein, dass „ein Redaktor, der die Tradition von der sexuellen Verbindung zwischen König Salomo und der Königin von Saba kannte, in der in unserem Vers erwähnten jungen Frau die Königin von Saba erblickte, wie sie zu König Salomos Bett hinaufsteigt". Zakovitch erwägt dann allerdings auch, mit den Rauchsäulen könne ein Hinweis auf die Wolken- und Feuersäule gegeben sein, so dass hier auf die Beziehung zwischen Gott und Israel zur Zeit der Wüstenwanderung angespielt wäre – was ich schon deshalb für abwegig halte, als dann die (von Gott dem Volk Israel den Weg weisende) Wolken- und Feuersäule mit Israel als der Braut verbunden werden müsste.

96 „U. a." meine ich deshalb, weil auch das Verhältnis Salomos zur Sulamitin gemeint sein kann (s.o. Anm. 91; die Sulamitin ist nur eine der vielen möglichen Partnerinnen Salomos. Auch andere Liebespaare der Geschichte – z. B. David und Abigail – lassen sich mit hinreichender Phantasie in den Liedern wiederfinden).

97 So die Kategorie von Schreiner 2007, S. 80f. für 1,9–17 und 2,1–3.
98 Schreiner 2007, S. 84f. spricht hier von einer Erlebnisschilderung; dazu zählt er außer 6,11 auch 5,2–7 und 3,1–5. Zur Kategorie der Prahllieder gehören für Schreiner 6,8–10; 8,11f. , in denen wohl nicht ganz zufällig ausschließlich er zu Wort kommt.
99 Schreiner 2007, S. 78f. zählt sie zur Gruppe der Sehnsuchtslieder.
100 In ihr Glück ist der Schmerz der (vorübergehenden) Trennung einbezogen (Hoheslied 3,1–4; Schreiner 2007, S. 84f. zählt dieses Lied zu den „Erlebnisschilderungen"), sie sind sich der Gefahr der „Füchse" bewusst (Hoheslied 2,15) und beschwören wiederholt ihr ungestörtes Beisammensein (Hoheslied 2,7; 3,5; 8,4).
101 Vgl. Abb. unten. Wenn Heinrich de Groote und seine Frau Sibilia Maria sich als Salomo und Königin von Saba porträtieren lassen (vgl. Abb. 60 in Beyer 1987), so stehen sie als Beispiel für viele. Es wird in diesem Zusammenhang freilich übersehen, dass die Liebenden des Hohenliedes nicht unbedingt verheiratet sind (vgl. Helmut Gollwitzer, Das hohe Lied der Liebe, München 1967, passim). Schreiner 2007, S. 76f. unterscheidet inhaltlich zwischen den Hochzeitsliedern 1,2–4; 1,9–17; 3,6–11; 4,8–11; 7,1–10: 8,5–7 und „nichthochzeitlichen Liebesliedern" – freilich ohne dies im Einzelnen zu begründen.
102 Vgl. unten das Kapitel zu den safawidischen Miniaturen S. 130ff sowie Daum 1988, S. 129–152.
103 Beyer 1987 nennt sie S. 100–109 „Frauenrätsel". Vgl. unten das Kapitel zu den Rätseln der Königin von Saba S. 75ff.
104 So auch im Chorgestühl des Bamberger Doms von 1380. Dort fällt eine schwungvoller langer (blonder?) Zopf über ihren schlanken Rücken (vgl. Abb. S. 52).
105 Belege bei Beyer 1987, S. 55f. Zu beachten ist freilich, dass dies (nicht nur) in orientalischen Erzählungen oft umgekehrt ist: der Mann will Liebe, die Frau den reichen Mann.
106 Vgl. unten die Kapitel zur ‚Hexe Saba' und zur Saba-Lilith-Überlieferung S. 61ff und vor allem S. 85ff.
107 Vgl. das Glasfenster aus dem 13. Jahrhundert in der Marburger Elisabethkirche „Lilith als Schlange reicht Eva den Apfel" (vgl. Abb. oben).
108 Vgl. Beyer 1987, S. 262ff. Beyer hat die hierhin gehörenden neuzeitlichen Versionen der Königin von Saba in einem eigenen Kapitel unter dem Titel „Die Verführerin" zusammengestellt.
109 Dass es in diesem Film freilich auch andere Dimensionen gibt, wird die ausführlichere Darstellung S. 132ff erweisen.
110 Ich habe in diesem Exkurs durchgehend das Hohelied so interpretiert, wie es historisch gemeint war: als Sammlung von Liedern der wechselseitigen Liebe zwischen einem Mann und einer Frau. Als solches ist das Hohelied auch in den Kanon der Heiligen Schriften aufgenommen worden; seit dem 1. Jahrhundert vor Chr. wird das wörtliche Verständnis zusehends zurückgedrängt, ehe es durch Johann Gottfried Herder im 18. Jahrhundert entschieden wieder aufgenommen wird (vgl. Elliger 1996, S. 66f.; Schreiner 2007, S. 94f. nennt es das „natürliche" Verständnis). Zwischenzeitlich, beginnend mit dem 1. Jahrhundert n. Chr., war solche Auslegung verpönt. Von Rabbi Akiba (um 90 n. Chr.) wissen wir, dass keinen Anteil an der zukünftigen Welt habe, wer die Lieder auf einem weltlichen Fest erklingen lasse (Elliger 1996, S. 68; vgl. auch Schreiner 2007, S. 100); in jüdischer Tradition wird das Lied allegorisch ausgelegt: die Liebe zwischen Mann und Frau wird zur Liebe Gottes zu seinem Volk Israel; es gehört spätestens seit dem 11. Jahrhundert n. Chr. am 7./8. Tag des Pessachfestes zur Liturgie des Festes (vgl. Schreiner 2007, S. 93). Ebenfalls allegorisch legen Christen seit dem 2. Jahrhundert n. Chr. die Lieder aus: für sie ist entweder – ekklesiologisch – Christus der Bräutigam und die Kirche die Braut (seit Origenes und Hippolyt von Rom) oder – mariologisch – Maria die Braut Christi (seit Ambrosius 4. Jh n. Chr.) oder – mystisch – die einzelne Seele des Christen Christi Braut (seit Bernhard von Clairvaux 12. Jahrhundert n. Chr., später besonders Mechthild von Magdeburg und Johannes vom Kreuz) (vgl. Elliger 1996, S. 69–72 und Schreiner 2007, S. 95–109). Auch die Moderne folgt nicht einhellig einem „natürlichen" Verständnis des Hohenlieds: in der religionsgeschichtlichen Schule wird es mythologisch verstanden als Liebesbeziehung zwischen Gottheiten (hieros gamos) (vgl. Schreiner 2007, S. 109–111).

II. Lernen von der Königin

1 Lukas 11,31; der Text in Matthäus 12,42 ist identisch – mit einer Ausnahme: bei ihm geht es insgesamt um „dieses Geschlecht", anders als bei Lukas ist hier nicht nur von den „Männern" dieses Geschlechts die Rede.
2 Vgl. Frankemölle 2010, S. 100 mit Verweis auf Matthäus 16,1. Jesus verweigert dieses

Zeichen, indem er auf sein Wirken selbst verweist – so wie Salomo und Jona gewirkt haben, „hier aber ist mehr als Salomo".

3 Gemeint ist das Gericht am Ende der Zeit, in dem nicht nur zeitbedingt, sondern nach Gottes Maßstäben geurteilt wird.

4 Vgl. u. a. Lukas 11,20.

5 Luz 1999, S. 281 A 64 meint, möglicherweise sei Jesu Wort der erste Beleg dafür, dass das Land der Königin des Südens, die auch in der Jesus bekannten Fassung der (alttestamentlichen) Bibel „Königin von Saba" hieß, im Jemen als dem entferntesten Zipfel der arabischen Halbinsel zu suchen sei. Andere verweisen auch auf Josephus und seine Lokalisierung der „Königin" in Äthiopien (Eckey 2004, S. 538f.).

6 Vgl. Bovon 1996, S. 203: „Die Königin des Südlands wird am Tag des Gerichts auf der Seite der Guten stehen, denn sie hat sich die Mühe genommen, hinzugehen, um zu sehen, hat sich überzeugen lassen und schließlich die Wahrheit mit Freude angenommen." Eckey 2004, S. 539 formuliert: „Eine Ablehnung Jesu bedeutet die Zurückweisung der Weisheit Gottes, die sich durch ihn definitiv offenbart."

7 Vgl. Bovon 1996, S. 203: „Die Worte ‚Und siehe, hier ist mehr als Salomo' sind ein erweitertes Echo auf den lobenden Ausruf der Königin des Südlands." Wolter 425 nennt dieses „Mehr" ein argumentum a comparatione (vgl. auch Frankemölle 2010, S. 101 und Frankemölle 1997, S. 153 sowie Schweizer 1973, S. 190f., Grundmann 1968, S. 334 und – fragend – Luz 1999, S. 280f.).

8 Die Reihenfolge der beiden Sprüche von den Niniviten und der Königin von Saba ist bei Lukas und Matthäus unterschiedlich. Lukas nennt, der alttestamentlichen Reihenfolge entsprechend – das 2. Buch der Könige steht in allen Ausgaben der hebräischen Bibel vor dem Jonabuch –, zuerst die Königin von Saba. Wenn Matthäus zuerst die Niniviten nennt, so knüpft er direkt an das bei ihm zuvor überlieferte Wort über Jona Matthäus 12,38–40 an.

9 Einzelne Forscher halten es für möglich, dass in dieser oben bereits erwähnten Spruchquelle Q nicht nur Worte Jesu, sondern auch prophetische Worte aus frühen Christengemeinden gesammelt sind, in denen Jesus spricht; sie wurden als Aussagen des auferstandenen Jesus verstanden und nahmen zu Situationen, mit denen die frühen Christengemeinden konfrontiert waren, Stellung (vgl. Bovon 1996, S. 195 und 197, auch Klein 2006, S. 419, der präzisiert, dass es sich um – wie Jesus – „aramäisch sprechendes Urchristentum" handeln müsse). Luz 1999, S. 175 äußert sich abwägend zu den beiden Möglichkeiten, ob Lukas 11,31f. beziehungsweise Matthäus 12,41f. Worte des historischen Jesus sind oder frühchristlicher Propheten im Namen Jesu.

10 Diese Gaben sind nicht weniger typisch für Saba als Balsamöle, Gold und Edelsteine, die Sabas Königin tonnenweise zu Salomo schleppt! Denn Weihrauch kommt aus Südarabien (mit Schwerpunkt im östlich des Jemen gelegenen heutigen Oman), auch in Äthiopien gibt es vereinzelt Bestände des Weihrauchbaumes. Und Myrrhe war damals ein wichtiges Handelsgut der Sabäer.

11 Sie sind noch dazu später aufgeteilt worden nach Lebensaltersstufen und nach Herkunft aus drei Erdteilen. Und ihnen wurden Namen gegeben, deren Initialen alljährlich noch heute am 6. Januar weiß auf schwarz an die Balken der Eingangstüren katholischer Gebäude geschrieben werden: die drei Buchstaben CMB stehen da 1. für den schwarzen jugendlichen Afrikaner Caspar, 2. für den weißen alten Europäer Melchior und 3. für den braunen erwachsenen Asiaten Balthasar. Nach Luz 1997, S. 165 war es Beda, der zuerst die Herkunft der Magier aus den drei Erdteilen annahm; er hielt sie zugleich für die drei Söhne Noahs. Ihre Namen tauchen nach Luz 1997, S. 178 zuerst im 6. Jahrhundert auf; nach Luz ist Balthasar „später der Schwarze".
Die Buchstaben CMB werden dann auch verstanden als Abkürzung für den lateinischen Satz, der als Wunsch für das neue Jahr den Bewohnern der Häuser mitgeteilt wird: „Christus Mansionem Benedicat", zu deutsch: Christus segne dieses Haus.

12 Nach Schweizer 1973, S. 18 sind die Magier durch den Einfluss u. a. von Psalm 72,10f.15 und Jesaja 60,3.6.10 – insbesondere, weil dort die drei Geschenke als Königsgaben erscheinen – zu drei Königen geworden.

13 Vgl. Zenger 2003, S. 329f., Fiedler 2006, S. 57 und 61f.; Frankemölle 2010, S. 25 und 1994, S. 166 und 168, auch Luz 1997, S. 175.

14 Vgl. die Bibliae Pauperum, die Bibelfenster des Kölner Doms (s. u. S. 110ff) und Hieronymus Boschs Gemälde Die Anbetung der Könige (im Prado, Madrid); dort ist die Königin von Saba auf dem Kragen eines der drei Könige abgebildet. Auch in Johann Sebastian Bachs Kantate zum Fest der Hl. drei Könige (Epiphanias) BWV 65 von 1724 wird eine Verbindung zwischen Saba

und den drei Königen hergestellt, hier allerdings nicht von 1. Könige 10 her, sondern in Verbindung mit Jesaja 60,6, das eingangs vom Chor zitiert wird; anschließend erklingt der Choral: „Die Kön'ge aus Saba (!) kamen da, Gold, Weihrauch, Myrrhen brachten sie dar." In Rezitativ und Arie des Basses wird das Kind in der Krippe dann gefragt: „Was aber bring ich wohl, du Himmelskönig? Ist dir mein Herze nicht zu wenig, so nimm es gnädig an, weil ich nichts Edlers bringen kann. Gold aus Ophir ist zu schlecht, weg, nur weg mit eitlen Gaben, die ihr aus der Erde brecht! Jesus will das Herze haben. Schenke dies, o Christenschar, Jesu zu dem neuen Jahr!"

15 Vgl. Exodus 2,1–10.
16 Vgl. Matthäus 2, 12–21.
17 Vgl. Frankemölle 1994, S. 166f. und Fiedler 2006, S. 56 und 61. Es ist ein wundersamer Stern (vgl. Luz 1997, S. 173). Er wandert unmöglicherweise von Norden (Jerusalem) nach Süden (Bethlehem); er bleibt über dem Haus Marias stehen (von Stall und Krippe ist hier keine Rede vgl. Schweizer 1973, S. 18). Auch wird von Kometen bei der Geburt von Göttern und großen Geistern berichtet (vgl. Mithriades und Mithras nach Luz 1997, S. 160f.). Für 66 n. Chr. berichtet Sueton von einer Reise des Armenierkönigs Tiridates nach Rom, er wollte dort Nero huldigen (vgl. Schweizer 1973, S. 17); dabei könne es auch eine auffällige Himmelserscheinung gegeben haben, die ihm den Weg wies. Weil die Magier anders als Tiridates nicht einem amtierenden Herrscher huldigten, sondern einem Kind, könne Matthäus 2 von dem Evangelisten auch als „eine subversive Gegengeschichte zur Reise des Tiridates" konzipiert worden sein, erwägt Luz 1997, S. 161f.
Das Sternmotiv kann sich auch auf Numeri 24,17 beziehen; dort prophezeit der Heide Bileam gegen den Willen seiner Auftraggeber einen „Stern aus Jakob"; nach christlicher Überlieferung weist er damit bereits auf Jesus hin. Eine astronomische Deutung lehnt u. a. Luz 1997, S. 162 ab, auch weil Jupiter und Saturn im Jahre 7/6 v. Chr. „nie so nahe beisammen" waren, „dass man sie als einen Stern hätte sehen können".
18 Luz 1997, S. 172: „Magos meint zunächst einen Angehörigen der persischen Priesterkaste", vgl. auch Luz 1997, S. 167f. zu der Darstellung der Magier in der Justinianzeit in Ravenna. Luz stellt auf S. 177 auch andere Möglichkeiten ihrer Herkunft (und ihrer Zahl) vor. Fiedler 2006, S. 56f. sieht in ihnen „Bileams Nachfahren", also Nachfahren des heidnischen Zauberers, der Israel segnet statt ihm zu fluchen, wie es von ihm erwartet wird (vgl. Numeri 22–24).
19 Matthäus 2,12b.
20 Es war die Zeit, in der auch einer der drei Könige, Balthasar, schwarz gemalt wurde. Und wenige Jahrzehnte später (1250) wurde Moritz alias Mauritius, der thebaische Soldatenheilige aus dem 4. Jh., im Magdeburger Dom, dessen ottonischer Vorgängerbau ihm gewidmet war, als Schwarzafrikaner aus Mauretanien dargestellt.
Beyer S. 202f weist auch auf das in dieser Zeit entstandene Messformular von Adam von St. Viktor hin; in der Messfeier von St. Victor werde am Dreikönigsfest lateinisch gesungen, was in dürftiger deutscher Übersetzung heißt: „Hierher ist gekommen des Ostens Königin, Salomos göttliche Weisheit stellt sie fest. Schwarz ist sie, aber lieblich, von Myrrhe und Weihrauch geschwärzt, eine schwarze Jungfrau."
21 Über der Szene von Saba mit ihren beiden Dienern und Salomo steht die Bildunterschrift zu den drei Königen zu lesen: „tres magi cum donis", „die drei Magier mit Geschenken".
22 Rechts neben der Szene stehen senkrecht in großen Lettern die Worte „sub lege", „unter dem Gesetz", während darüber die Szene aus dem Neuen Testament „sub gratia", „unter der Gnade" steht. (hier nicht mehr im Bild).
23 Als „regina saba", „Königin Saba" wird die schwarze Königin in der Unterschrift der Szene vorgestellt; Saba bezeichnet hier also ihren Eigenname, nicht ihre Herkunft (vgl. unten S. 61f). Als „ecclesia", „Kirche" wird sie Ende des 12./Anfang des 13. Jh. wiederholt verstanden (vgl. unten die Interpretation der Freiberger Goldenen Pforte S. 86ff). Mit dem auf Salomo=Christus verweisenden Zeigefinger ihrer rechten Hand wird sie transparent auch für Maria. Ihre linke Hand ruht auf den Schultern des knieenden, Kelchgaben spendenden Dieners, scheint ihn behutsam an Salomo heran zu schieben und verbindet ihn mit ihr.
24 So Ju Sobing in ihrer Deutung des Klosterneuburger Altars in der Radebeuler Ausgabe meines Sababuches 2007 S. 55 (anders Sobing S. 56, wo die Gaben eher dazu bestimmt sein sollen, „Salomo in seiner Weisheit Ehre zu erzeigen"). Für diese Version gibt es wiederum zwei Deutungsmöglichkeiten der Verbindung von Gaben und Probe: sie kann additiv gemeint sein (im Sinne von: „die Königin (kommt) mit ihren Gaben (und) stellt Salomos Glauben

auf die Probe") oder instrumentell (im Sinne von: „die Königin stellt mit ihren Gaben Salomos Glauben auf die Probe", sie prüft also, ob ihm ihre Gaben wichtiger sind als die Weisheit und der Glaube, nach denen die Königin sucht); wahrscheinlicher erscheint für diese Version die additive Interpretation.
25 So Beyer S. 203. Auch diese Version lässt mindestens zwei Interpretationen zu, bei denen der Genetiv „Glauben Salomos" unterschiedlich verstanden wird, nämlich als genetivus objectivus (so Beyer a. a. O., nach dieser Deutung drücken die Geschenke die Wertschätzung für Salomo, den Glauben an ihn aus) oder als genetivus subiectivus: dann drücken die Geschenke die Wertschätzung des Glaubens Salomos aus als eines Glaubens an den wahren Gott; diese zweite Interpretation entspricht dem biblischen Text und weist zugleich darauf hin, dass die Königin am Ende der Geschichte den Gottesglauben Salomos sich zu eigen machen wird.
26 Das Wort steht abgekürzt als (mise-)ricor im Zwickel oben links im Bild.
27 Oben rechts im Zwickel.
28 Es kann sich hier auch um die Raffinesse eines Kleides handeln, das den ganzen Körper mitsamt den Armen bedeckt. Der Künstler hat die Figur allerdings so gestaltet, dass nicht erkennbar ist, wo das Kleid, das den Unterleib vollständig bedeckt, beginnt; es könnte ansatzlos beim Hals einsetzen; aber auf dem Rücken der Figur ist genauso wie vorn nirgends zu erkennen, wie und wo sich das Kleid öffnen lässt. Es fließt um die Gestalt, sie reizvoll betonend.
29 Sie ist nach Auskunft von Sandra Bali, die zur Zeit mit einer Arbeit über das Bamberger Chorgestühl promoviert, 1903/04 auf Fotos der Messbildstelle noch zu sehen, sei aber schon damals „offensichtlich angestückt gewesen". Sandra Bali verdankt der Autor wichtige Hinweise auf die verschiedenen Interpretationen der Aufsatzfiguren des westlichen Chorgestühls des Bamberger Doms.
30 Siehe zum Verhältnis von Körper und Kleidung die vorletzte Anmerkung.
31 Vgl. 2. Samuel 11,2f. Nach Sandra Bali votieren: für die Königin von Saba eher als für Bathseba oder eine Sibylle Margarete Bessau (1951), für Bathseba Bruno Müller (1959) und Björn Tammen (2000). Bali weist darauf hin, dass bereits in einem Traktat des Bamberger Domherrn Albrecht von Eyb im 15. Jh. von einem „über die Maßen schönen Mädchen mit geflochtenen Haaren, hübschem Gesicht, anmutigen Armen und sehr weiblich geformtem Körper" die Rede ist, das er bemerkt, als er im hohen Chor zu Bamberg saß (so Max Herrmann in seinem Aufsatz „Albrecht von Eyb und die Frühzeit des deutschen Humanismus, Berlin 1893 S.100ff).
32 Siehe Dokumentation im Anhang S. 160.
33 Es sei nur auf den zweiten Vogel rechts hinter dem Wiedehopf aufmerksam gemacht und auf die Zeichnung des weich um die Frau geschlungenen langen Mantels: der Wiedehopf taucht dort rechts unter ihrem Gesicht auf, als wenn sie mit ihm spräche; auch Tiere, Gesichter sind zu sehen, erinnernd an die Kreaturen, die Salomos und Bilqis Thron auf anderen Bildern umgeben.
34 Vgl. hierzu wie zu den Daten insgesamt die Bemerkungen zum Bild von Dorothea Duda in: Daum S.149
35 Vgl. Nizami Die sieben Geschichten der sieben Prinzessinnen, aus dem Persischen verdeutscht und herausgegeben von Rudolf Gelpke, Zürich (Manesse) 1959, S.77-81.
36 Vgl. die Informationen von Dorothea Duda in: Daum S.130
37 Wörtlich sagt sie zu Salomo: „Trotz deiner Schönheit und Jugend, deines Königtums und deiner Begnadung geschah es doch, dass ich, wenn ich den oder jenen Jüngling betrachtete, von Begehren nicht frei war."
38 Von der Bedeutung, sexuelle Phantasien dem Partner gegenüber offen anzusprechen, spricht auch Daniel Bergner im Interview mit der Süddeutschen Zeitung am 13.3. 2014 S.12: „Solche Phantasien sind Teil der Energie, von der du möchtest, dass dein Partner sie in die Beziehung einbringt."
39 Nizami S. 80f

III. Die Geschichte verzweigt sich

1 Vgl. den Titel von Jacob Lassners Monographie zur jüdischen Interpretation der Saba-Geschichte: Demonizing the Queen of Sheba (Lassner 1993). Er bezieht in die Untersuchung auch islamische Zeugnisse ein, die sich unter diesen Titel stellen lassen.
2 Für diese Unterscheidung erweist sich als irrelevant, ob die Königin dabei wie in 1. Könige 10 anonym bleibt oder ob sie einen Namen erhält wie jüdisch bei Josephus (bei ihm heißt sie Nikaule), christlich im Testament Salomos (wo Saba ihr Eigenname wird) und in Äthiopien (dort heißt sie Makeda) oder nachkoranisch-islamisch (ihr Name dort: Bilqis).
3 Von ihnen her lassen sich in der Regel auch die vielen anderen in diesem Buch nicht vorgestellten literarischen und künstlerischen Darstellungen zur Geschichte der Königin

interpretieren. Sie alle in ihrer fast unendlichen Fülle zu präsentieren, würde den Rahmen dieses Buches bei weitem sprengen.
4 Für die folgenden Beispiele 1–5 und 10–11 können im Anhang S. 155–169 Quellentexte nachgelesen werden.
5 Zu den Zeitangaben und dem Zusammenhang vgl. Tessa Rajak, Art. „Josephus, Flavius", in: RGG4, Bd. 4, Sp.585–587, hier 586. Ebenso Bilde 2004.
6 Im 3. Abschnitt des 5. Kapitels ist neben König Hiram von Tyros auch noch ein Abdemon-Sohn als Rätselsteller genannt. Welche Rätsel sie Salomo aufgegeben haben, wird auch hier nicht gesagt.
7 In den Abschnitten 1, 3 und 4 von Kapitel 6 berichtet Josephus über Befestigungsmaßnahmen in Jerusalem und über die Städtegründungen von Hazor, Megiddo und Thadmor/Palmyra, wobei er auch hier dem 1. Königsbuch folgt.
8 Bei Herodot, Historien, II, 100 heißt die Königin aber nicht Nikaule, sondern Nitokris. Herodot berichtet im 2. Buch seiner Historien von 331 ägyptischen Königen. „In allen diesen Generationen befanden sich 18 Aithiopier und nur eine einzige einheimische Frau; alle anderen waren Männer aus Ägypten. Die Königin hieß wie jene babylonische: Nitokris." Sie habe ihren Bruder in der Thronfolge abgelöst, nachdem er von Ägyptern ermordet worden sei. Sie habe sich für diesen Mord an ihrem Bruder dadurch gerächt, dass sie „viele Ägypter durch eine List umbringen" ließ. Nach der Schilderung der List (Ertränken der Ägypter beim Gastmahl anlässlich der Einweihung eines unterirdischen Saales durch Umleitung eines großen geheimen Kanals in den Saal) schreibt Herodot: „Mehr berichtet man von dieser Königin nicht; nur soll sie sich nach der Tat in einen Raum voller Asche gestürzt haben, um der Rache zu entgehen" (S. 280–283 der zitierten Ausgabe München 1963). Josephus hat von Herodot also nur ihren vermeintlichen Namen übernommen, und den noch nicht einmal korrekt wiedergegeben.
9 Äthiopien ist dem sabäischen Reich lange Zeit eng verbunden gewesen. Nach Ägypten hin hat sich dieses Reich freilich nie ausgedehnt. Möglicherweise nimmt Josephus hier Erinnerungen daran auf, dass Ägypten zeitweilig von Nubien aus beherrscht wurde beziehungsweise dem mero(w)itischen Reich unterstand (vgl. die Studien von Piotr O. Scholz, z.B. Scholz 2006, S. 73ff.).
10 „Sie wollte aus eigener Erfahrung seine Vorzüge kennen lernen und sich nicht mit dem bloßen Gerücht begnügen, dessen Glaubwürdigkeit immer vom Berichterstatter abhängt und oft sehr zweifelhaft ist." Salomo konnte „nicht nur alle ihre Fragen lösen" (so 1. Könige 10,3), sondern er „löste die ihm vorgelegten spitzfindigen Fragen infolge seines Verstandes schneller als man glaubte". Zum Schluss resümiert die Königin mit Blick auf Salomos Weisheit und Reichtum bei Josephus: "Die Sage konnte wohl unser Ohr ergötzen, uns aber keinen Begriff von der Wirklichkeit beibringen." (In der Übersetzung folge ich jeweils der Ausgabe von Heinrich Clementz.)
11 Vgl. Bilde 2004, S. 30–32. Bilde zufolge zeigt Josephus große biblische Gestalten des Judentums gern als „Gelehrte, Philosophen oder Heerführer", wie er es z. B. in den Jüdischen Altertümern im 8. Buch, 2. Kapitel, Abschnitt 5. (S. 474 der zitierten Ausgabe Wiesbaden 1993) im Blick auf Salomos Kenntnisse von Flora und Fauna tut; dort ist auch erstmals davon die Rede, dass Gott Salomo die Kunst lehrte, „böse Geister zum Nutzen und Heile der Menschen zu bannen"(S. 474f.) – eine Fähigkeit, die er, wie sich zeigen wird, in der späteren Tradition auch gegenüber der Saba-Königin brauchte! Josephus berichtet auch an anderen Stellen gern über „das Wohlwollen von nichtjüdischen Königen und Kaisern gegenüber den Juden" (Bilde 2004, S. 31). Er ermahnt seine Leser, „ihren Sinn auf Gott zu richten" (Jüdische Altertümer, 1. Buch, Vorwort, Abschnitt 3. (S. 16) vgl. Bilde 2004, S. 32). Beiden Intentionen dient seine Fassung der Sabageschichte.
12 In späteren Zeugnissen versteht er sogar die Sprache der Tiere und Pflanzen und kann ihnen Aufträge erteilen.
13 Vgl. Busch 2006, S. 20, auch Reimund Leicht, Art. „Testament Salomos", in: RGG4, Bd. 7, Sp. 809–810, hier 810; Leicht sieht das Testament als „Dokument einer Synthese mit synkretistischen Zügen", „die in griechisch-christlichem Umfeld im 4. oder 5. Jahrhundert entstand".
14 So der Untertitel von Buschs Monographie über das Testament Salomos.
15 So scheint das Testament Salomos Jesu Worte über die Königin des Südens aus Matthäus 12,42 par zu kennen (vgl. oben S. 44ff). Auch malt das Testament in 21,2 ein Bild vom Tempel Salomos, das dem christlichen Kirchenbau angepasst ist (der „Altar" steht wie in jeder Kirche im Gebäude selbst, nicht wie beim jüdischen und griechischen Tempel davor).
16 Dämonen werden schon in jüdischer Tradition in den Bau des Tempels einbezogen und so gebannt. Wenn der Tempel

17 Testament Salomos, Kapitel 20 erzählt eine Episode, in der Salomos Macht über Dämonen an seinem Umgang mit einem Konflikt zwischen einem Greis und seinem Sohn beschrieben wird. Durch diesen retardierenden Einschub zwischen Kap. 19 und 21 wird das Gewicht der Entscheidung der Königin verstärkt, den Tempelbau in Jerusalem finanziell zu unterstützen. zerstört wird – wie es beim herodianischen Nachfolgebau des Salomotempels durch die Römer 69 n. Chr. geschah – werden die Dämonen wieder frei.

18 Das griechische Wort goēs kann auch einen Scharlatan bezeichnen (Wilhelm Gemolls Griechisch-deutsches Schul- und Handwörterbuch, 10. Auflage, München 2006, spricht einerseits von einem „Zauberer", andererseits von einem „Gaukler, der Zauberformeln in heulendem Tone ausspricht"). In jedem Fall handelt es sich um eine Person, die dem jüdischen und christlichen Glauben distanziert – feindlich oder ihn nicht ernst nehmend – gegenüber steht. Die Königin von Saba wird im Salomotestament zwar nach und neben den Dämonen genannt, ist aber selbst keine Dämonin. Dazu wird sie erst Jahrhunderte später in einem spezifischen Traditionsstrang, der an ihrer Deutung als Hexe aus dem Testament Salomos anknüpfen kann.

19 Testament Salomos 19, 3b.

20 Testament Salomos 19,3.

21 Dafür spricht die übereinstimmende Bezeichnung der Königin als „Königin des Südens" und die implizite Verbindung von 1. Könige 5,14 und 1. Könige 10 in Matthäus 12,42 und dem Testament Salomos 19,2f. (vgl. Busch 2006, S. 244f.). Das Testament Salomos hält sich einerseits an die Formulierungen bei Matthäus 12, 42 („Königin des Südens"); andererseits gibt es – zumindest in der Handschrift Rec. A – der Königin den Eigennamen Saba (vgl. Busch 2006, S. 245). Es scheint also die Identifikation „des Südens" von Matthäus 12,42 mit „Saba" von 1. Kön. 10,1.13 par nicht zu kennen und Saba nur für einen weiblichen Eigennamen zu halten.

22 Busch 2006, S. 254. Nur in Salomos Testament gibt die Königin Salomo ein Geschenk speziell für den Tempelbau!

23 Tatsächlich waren diese Waren Handelsgüter. Im Kontext des Testaments Salomos, der alttestamentlichen Aussagen zur Wallfahrt nach Zion und der ausdrücklich in Geldwert genannten Gaben der Königin sind sie aber als Geschenke verstanden.

24 Dass im 4. Jahrhundert n. Chr. ein enger Zusammenhang zwischen dem Bau der Jerusalemer Grabeskirche und dem Tempelbau Salomos gesehen wurde, zeigt der Bericht der Pilgerin Egeria aus dieser Zeit. Sie berichtet über die Verehrung von Salomoreliquien im Anastasiskomplex der Kirche, die mit der Deutung der Kirche als „neuer" Tempel zusammenhängt. Mit dem Gebrauch von Salomos Ring durch Christen ist die Beschwörung der Dämonen verbunden. Das Salbhorn der Könige von Juda wurde in der Grabeskirche verehrt. Alle Christen werden bei der Taufe nach dem Vorbild Salomos gesalbt (vgl. Röwekamp 1995, S. 58 und den von ihm übersetzten Text des Reiseberichts der Egeria/Aetheria, S. 272–275). Auch der in der Kirche praktizierte morgendliche Brauch des Exorzismus für die Katecheten ist hier zu nennen (Röwekamp 1995, S. 296f.).

25 Busch 2006, S. 246 spricht von einer „freiwilligen Kapitulation" als einem „zum Exorzismus alternativen Modus der Unterwerfung einer dämonischen Gestalt". Die Königin „wird von Salomo nicht exorkisiert (sic!), sondern unterwirft sich freiwillig".

26 Vgl. Markus 3,22–27 parr und Markus 5,1–20.

27 Im Testament redet Salomo immer in erster Person.

28 Solche Unterstützung gibt es nur im Testament Salomos; denn im alttestamentlichen Text von 1. Könige 10,4f. steht für die Königin der fertige Palast, nicht der Tempel im Mittelpunkt ihres Interesses, an Baumaßnahmen hat sie sich weder beim Palast, noch beim Tempel beteiligt!

29 Nicht zwingend geklärt ist damit aber die Frage, warum sie zuvor als goēs eingeführt werden musste. Kann es nur ihre analoge Rolle zu den Dämonen gewesen sein mit dem Unterschied, dass diese gezwungenermaßen halfen, sie aber freiwillig?

30 Die Sure heißt so, obwohl Ameisen nur in einer kleinen Episode am Anfang der Salomo-Saba-Geschichte in Vers 18f. vorkommen. Die Ameisen wollen sich ängstlich vor Salomos Heerscharen verkriechen, weil sie fürchten, zertreten zu werden. Darüber lächelt der von Gottes Gnade lebende, fromm handelnde und betende Salomo „heiter", weil er selbstverständlich auch vor diesen kleinen Tieren als Gottes Geschöpfen achtsam ist. Da Ameisen – anders als König Salomo und das Land Saba – ansonsten im Koran nicht vorkommen, geben sie der Sure ihren Namen.

31 Theodor Nöldeke, Geschichte des Qorans,

bearbeitet von Friedrich Schwally, Leipzig 1909, Nachdruck Hildesheim 1961, S. 140.
32 In der von Angelika Neuwirth verantworteten, im Verlag der Weltreligionen erscheinenden epochalen Kommentarreihe zum Koran liegt bisher leider nur Band 1 zu den frühmekkanischen Suren (Berlin 2011) vor. In Bd. 3 ist die Auslegung der 27. Sure als eine der mittelmekkanischen Suren zu erwarten (siehe bereits Angelika Neuwirth, Studien zur Komposition der mekkanischen Suren, 2. Auflage, Berlin und New York 2007 [1980], S. 178).
33 Ich folge jeweils der sprachlich präzisen und ästhetisch ansprechenden Übersetzung des Koran von Hartmut Bobzin, München 2010.
34 Sie halten die Zeichen, die Moses im Auftrag Gottes tut, für Zauberei.
35 Thamud wird bei Hegra, der alten Nabatäerstadt im heutigen Saudi-Arabien nördlich von Medina, vermutet. Die Stadt wird wegen ihres Unglaubens „ganz verwüstet" (V. 52), aber „wir retteten die, die glaubten und gottesfürchtig waren" (V. 53).
36 Die Städtenamen Sodom und Gomorrha werden hier nicht ausdrücklich genannt. Dass dessen Bewohner zu Lots Volk erklärt werden, überrascht den, der die biblische Überlieferung kennt.
37 Nur Lot „und die Seinen – nicht aber seine Frau" werden nach V. 57 gerettet.
38 Gott ist in dem etwas isoliert dazwischen stehenden V. 62 auch der, der dem in Not geratenen Beter hilft. In jedem der Verse 60–64 wird wie ein Refrain die rhetorische Frage gestellt: „Gibt es denn einen (anderen) Gott neben Gott?
39 Siehe dazu unten insbesondere zu V. 42b.
40 Gelegentlich vergleiche ich dabei mit dem Targum Scheni, das im folgenden Abschnitt genauer vorgestellt wird.
41 Damit erfolgt eine wichtige Weichenstellung: nicht von der Königin geht die Initiative aus (so die Bibel), sondern von Salomo.
42 Im Targum Scheni handelt es sich um einen Auerhahn.
43 Darauf weist schon das Gegeneinander der beiden Throne hin: des großartigen der Königin und des (wahrhaft) großen Gottes. Während Sure 27 die Ablehnung des Herrschaftsanspruchs Gottes gleichzeitig als gegen Salomo gerichtet versteht (V. 31), geht es im Targum Scheni nicht um den Herrschaftsanspruch Gottes, sondern um die Anerkennung der Herrschaft Salomos selbst.
44 Im Targum sind es die Fürsten und Ältesten.
45 Ähnlich wie ihm Targum Scheni!
46 Im Targum plädieren die Edlen dafür, Salomo und sein Schreiben zu ignorieren. Ob dahinter auch ihr Vertrauen auf die militärische Macht Sabas steht, ist offen.
47 V. 34 spiegelt die Königin in diesen Worten die bittere Erfahrung, die auch Jerusalem und seine Oberschicht zur Zeit Nebukadnezars am Anfang des 6. Jahrhunderts v. Chr. gemacht haben. Hier wird angekündigt, dass auch Salomo mit Saba so verfahren werde, wenn die Königin seinen „Wünschen" (sie gewinnen hier Befehlscharakter) nicht entspricht.
48 Die Antwort oszilliert zwischen barscher Zurückweisung, hochmütigem Stolz und Respekt vor dem, was Königin wie König von Gott gegeben ist. Die beigefügte Drohbotschaft macht sie freilich eindeutig im Sinne der barschen Zurückweisung.
49 Nach Khoury 1999, S. 212 kann hier auch „der Abgesandte der Königin" gemeint sein.
50 Mit dem Targum Scheni stimmt die zweite Überraschung, der gläserne Palast, überein. Anstelle des Empfangs durch Salomos schönen Diener Benaja, von dem im Targum berichtet wird, steht im Koran als erste Überraschung, dass die Königin bei Salomo ihren eigenen Thron vorfindet.
51 Bobzin übersetzt Sure 2,256a: „Kein Zwang ist in der Religion." In selben Vers heißt es dann stattdessen positiv: „Wer nicht an die Götzen glaubt, sondern an Gott, der hat den stärksten Halt ergriffen, der nicht reißt".
52 Zuvor hatte sich schon „ein Starker aus dem Kreis der Dschinne" Salomo für diese Aufgabe angeboten; er wollte den Thron herbeischaffen, ehe sich Salomo von seinem Platz erhebt. Der, „der Wissen aus dem Buch besaß," aber schafft den Throntransport sofort. Wer genau der Dschinn ist, darüber gibt es viele Vermutungen. Khoury 1999, S. 212f. nennt verschiedene Angaben muslimischer Kommentatoren zur Identität dieses Dschinn; es sei „ein Engel: Gabriel oder ein anderer" oder „eher ein Mensch: al-Khidr" ... oder „ein Minister Salomos, ein Gerechter, dem Gott seinen höchsten Namen offenbart hatte, so dass er ihn erhörte, wenn er ihn mit diesem Namen anrief" oder „ein anderer großer Mann, der den höchsten Gott kannte"...oder der „Redner sei Salomo selbst und der Angesprochene sei der Dschinn: Salomo wolle selbst ein Wunder zeigen." Khoury fährt fort: „Mit dem Buch ist entweder das bei Gott aufbewahrte Buch oder eine Heilige Schrift gemeint."

53 Khoury 1999, S. 212 meint: „Dies soll ein Beweis seiner Wunderkraft sein."
54 Hingewiesen sei auch auf die Bedeutung des Thrones Salomos im Targum Scheni (s.u. S. 68ff).
55 Sicher ist dies deshalb nicht, weil Text und Übersetzung von V. 42b strittig sind. Bobzin, dem ich hier folge, lässt Salomo den Vorgang Dritten gegenüber kommentieren: „Schon vor ihr wurde uns Wissen gebracht, und wir waren Gottergebene. Abgehalten hat sie, was sie an Gottes statt verehrte. Siehe, sie gehörte zu einem Volk Ungläubiger." Erst die Begegnung mit Salomo und die Überraschungen, die ihr dort widerfahren, machen sie zur Gläubigen. Khoury 1999, S. 213 lässt die Königin sagen, ihr sei schon „vor dem Wissen", also „vor diesem Zeichen" (sc. des Thronwunders, U. K.) bewusst gewesen, „dass Salomo von Gott begnadet" sei; Khoury lässt die Königin fortfahren: „Eigentlich waren wir schon gottergeben ..." Der Sonnenkult habe sie aber noch abgehalten; schließlich stellt auch Khoury 1999, S. 214 fest: „Die Königin konnte ihre Verbindung zur Tradition ihres Volkes noch nicht überwinden. Erst am Ende der Erzählung wird sie sich deutlich zu Gott bekennen."
56 Er spielt auch im Targum Scheni eine wichtige Rolle, während das Thronmotiv im Targum fehlt.
57 So Khoury 1999, S. 214.
58 Im Targum Scheni sind sie behaart, was sie als nicht weiblich oder (siehe 3. Version) als dämonisch ausweisen könnte. In beiden Fällen würde der koranische Text mit Hilfe eines jüdischen interpretiert, was angesichts des Kontextes (Mohammeds Biographie und die Stadtkultur Mekkas) methodisch möglich ist.
59 Khoury 1999, S. 214. Khoury hat mit dem Urteil „schön" sicher nicht nur den Stil, sondern auch den Inhalt der Sure gemeint. Selbstverständlich ist dies sein subjektives Urteil; die Geschichte beschreibt jedenfalls eine Grenzverletzung.
60 Außer in Sure 27 taucht Saba nur an einer weiteren Stelle im Koran auf. Zwar nicht die Königin, aber ihr Land Saba ist Thema der Verse 15–19 in Sure 34. Sie enthalten eine historische Erinnerung an die beiden fruchtbaren Gärten, die durch das Kanalsystem der vor drei Jahrtausenden gebauten alten Damm von Marib bewässert wurden. Die Gärten sind nach einem Bruch des Damms, der im Jahr 575 n. Chr. datiert wird (vgl. Gerd Simper und Petra Brixel, Reisehandbuch Jemen, 6. Auflage, Bielefeld 2008, S. 333), vertrocknet; im Koran heißt es dazu: weil die Sabäer undankbar waren, also sich nicht zu Allah bekehrt hatten, „schickten wir gegen sie des Dammes Wassermassen und tauschten ihnen ihre beiden Gärten ein gegen zwei andere mit Dornbuschfrüchten, Tamarisken und geringem Bewuchs an Zizyphus. So vergalten wir ihnen, dass sie undankbar waren." (34, 16–17a). Die Reste des alten Damms und des Kanalsystems sind heute noch in der Nähe der alten Hauptstadt Marib zu besichtigen (siehe oben S. 16); inzwischen wurde etwas oberhalb des Wadis 1986 n. Chr. ein neuer Damm für die Wasserversorgung der Wüstenstadt gebaut.
61 Speyer 1988, S. 391 geht kühn davon aus, dass „Mohammed die jüdische Erzählung (des Targum, U. K.) einfach übernommen habe". Trotz vieler verwandter Züge beider Texte gibt es viele klare Unterschiede zwischen Targum und Sure, die gegen eine direkte Abhängigkeit sprechen. Wer von den beiden – Sure 27 oder das Targum Scheni – evtl. einige Jahre älter sein könnte als die/das andere, lässt sich nicht entscheiden. Ich betrachte die beiden Texte nur deshalb in der vorliegenden Reihenfolge, weil sich der Abschnitt zu den Rätseln der Königin nahtlos an das Targum anschließt; in dem Targum nämlich werden Salomo erstmals konkrete Rätsel von der Königin gestellt.
62 Targume heißen im Judentum Übersetzungen mit Erläuterungen zu den Büchern der hebräischen Bibel. „Sheni" ist das „zweite" Targum, das zum biblischen Buch Esther im 7. Jahrhundert n. Chr. aufgeschrieben wurde.
63 Vgl. die Hinweise zur Erzählsprache von 1001 Nacht bei Ott 2007, S. 663f.
64 Vgl. Ego 1996, S. 73–76. (im Anhang unten S. 162–165) Im Folgenden wird aus Egos Übersetzung zitiert.
65 In diesem Sinn erweitert das Targum den Sinn von 1. Könige 5,13 – einen Vers, den das Targum an dieser Stelle zitiert: „...und er (sc. Salomo, U. K.) sprach zu den Bäumen".
66 Zu den Königen der beiden Himmelsrichtungen des Sonnenauf- und -untergangs kommen hier die Lebewesen, die auf, über und unter der Erde zu finden sind (vgl. Ego 1996, S. 171; S. 73 Anm. 56 hält Ego allerdings „Tiere des Feldes" und „Gewürm der Erde" für Dittographie).
67 Das Targum verweist darauf, dass dies die Musikinstrumente sind, auf denen Salomos Vater David gespielt hat. Nach Ego 1996, S. 170 soll damit auch ausdrücklich auf die Kontinuität zwischen Salomo und David hingewiesen werden. Jedenfalls gehört Musik zu einem großen Festmahl.

68 Warum es gerade der Auerhahn ist und nicht, wie in Sure 27 des Korans, der Wiedehopf – oder ob es sich hier nur um einen Übersetzungsfehler handelt –, ist bisher meiner Kenntnis nach nirgends erklärt worden.

69 Es geht also nicht nur um einen Vogel, der nicht so ‚spurt', wie es der König in der Laune des Augenblicks will. Der Auerhahn hat den Willen des Königs in einem tieferen Sinn erfüllt: im Interesse seiner Weltherrschaft wollte er erfahren, ob Salomos Herrschaft wirklich grenzenlos ist.

70 Obwohl, wie die Fortsetzung zeigt, eindeutig das Land Saba gemeint ist und das sabäische Reich südlich von Israel zu finden ist, wird es hier nicht wie sonst Land „des Südens", sondern des Ostens genannt. Wir erinnern uns: aus dem Osten, dem Morgenland, waren auch die Weisen gekommen!

71 Vgl. Ego 1996, S. 171; dort wird in Anm. 160 auch belegt, dass das Targum von einer Lokalisierung des Landes Saba in Arabien, dem Weihrauchland, ausgeht.

72 Ist dies ein Hinweis darauf, dass sie alle Könige sind im Königreich der Königin von Saba? Dann wäre hier die Erinnerung an das Paradies bewahrt, in dem ebenfalls jeder Mensch, nicht nur wie in anderen altorientalischen Traditionen nur der Pharao oder der König Gottes Ebenbild ist (vgl. Genesis 1,27). Dem steht aber die in der folgenden Anmerkung genannte Hierarchie entgegen.

73 Hier wird nun von männlichen Herrschern als Widerpart Salomos ausgegangen; aus der Königin sind Könige geworden. Tatsächlich gibt es im Fortgang der Erzählung zwar nicht Könige, aber männliche Berater der Königin; sie werden der Königin raten, Salomo zu ignorieren. Sie müssen aber zur Änderung ihrer Meinung von Salomo nicht mit Gewalt bezwungen werden; denn die Königin wird entgegen ihrem Rat einen eigenen Weg gehen. Er ist ein diplomatischer und gewaltfreier Weg, der zu einer anderen, realistischen, Lösung des Konflikts führen soll.

74 Die Königin verehrt offensichtlich die Sonne als Astralgottheit. Ausgrabungen im alten sabäischen Reich lassen jedoch offen, ob der sabäische Hauptgott Almaqa eine Astralgottheit war – und ggfls welche (Sonne oder Mond?).

75 So wie man es im Orient bei äußerster Erregung in Trauer oder Erschrecken tut. Ihre Reaktion ist verständlich, weil die von ihr angebetete Sonne(ngottheit) so plötzlich hinter dem alles verfinsternden Vogelschwarm verschwunden ist.

76 In späteren Überlieferungen werden wir den Auerhahn alias Wiedehopf bei der Übergabe des Briefes an die Königin sehr viel aktiver, ja als unverschämt erleben, wenn er nämlich den Brief ihr ins Gesicht wirft oder in den Brustausschnitt fallen lässt.

77 Salomo schreibt der Königin:„Du sollst wissen, dass der Heilige, gepriesen sei er, mich zum König gemacht hat über die Tiere des Feldes, die Vögel des Himmels, über die Dämonen und die Nachtgespenster, und alle Könige des Ostens und des Westens und des Südens und des Nordens kommen, um mir Frieden zu wünschen" – hier werden der Vollständigkeit halber und unmissverständlich alle Himmelsrichtungen genannt, aus denen die Könige zur Huldigung kommen!

78 Falls sie sich für diese Möglichkeit der Alternative entscheidet, will Salomo ihr „große Ehre erweisen unter allen, die vor mir zu Tische" liegen. Der Friedenswunsch für Salomo ist eine diplomatische Umschreibung für die Anerkennung seiner Herrschaft; diese Anerkennung drückt sich auch schon in der Tatsache des Besuches selbst aus.

79 Als „Legionen" hat Salomo zuvor die Dämonen und Nachtgespenster, als „Tiere auf dem Felde" die gegen die Königin ins Feld geführten Könige, als „Vögel des Himmels" die Reiter identifiziert.

80 Ego 1996, S. 172 findet hier wie auch in den anderen Beschreibungen zu recht „einen wunderbaren und märchenhaften Ton". Das Motiv von den gleichaltrigen und gleich aussehenden Jungen und Mädchen wird später aufgenommen in einer Rätselaufgabe, die Salomo gestellt wird: er soll herausfinden, wer von den Kindern zu den Jungen gehört und wer zu den Mädchen (im Targum Scheni wird dieses Rätsel aber nicht gestellt – es wäre dort das 4. Rätsel der Königin). Tatsächlich ist das Geschlechtsbestimmungsrätsel im Midrasch Mischle (11. Jahrhundert) von der Königin Salomo gestellt worden (vgl. das folgende Kapitel S. 75ff zu den Rätseln der Königin von Saba und auch Ego 1996, Anm. 162). Vermutlich war das Rätsel ursprünglich mit der Sendung der 6000 Kinder verbunden, ist aber im Targum weggefallen, weil es dort nicht in den weiteren Zusammenhang passte.

81 Ein Verständnis der Überraschungen als dem Bereich der Genderproblematik zuzurechnende Fallen würde die Züge der SSG verstärken, in denen es um Geschlechterverwechslung geht (wie beim Geschlechterrätsel und bei der Interpretation der Behaarung der Königin). Siehe dazu im folgenden Text.

82 Ego 1996, S. 173 weist darauf hin, dass entsprechend der Hohepriester in Sirach

50,6ff. beschrieben wird, „wodurch indirekt auf Salomo als den Erbauer des Tempels hingewiesen wird".

83 Ich verwende dieses doppeldeutige Wort, obwohl andere Übersetzungen genauso angebracht sind; denn es dürfte nicht nur an ein schlichtes Haus, sondern an einen dem König angemessenen Palast gedacht gewesen sein; Glasbau an sich ist damals aber bereits als luxuriös anzusehen. Auch die Übersetzung „Spiegelsaal" ist zutreffend, insbesondere, wenn man die in der folgenden Anmerkung angestellten Überlegungen einbezieht.

84 Wobei als Unterschied zwischen König und Königin auch festgehalten werden muss, dass die Königin ihre Prüfung Salomo ankündigt, wohingegen er sie mit seinen „Überraschungen" beziehungsweise Fallen überfällt!

85 Bemerkenswerterweise ist es hier des Königs Palast, nicht der von ihm gebaute Tempel, der den religiösen Lobpreis der Königin auslöst. Archäologen wie Israel Finkelstein gehen im Übrigen davon aus, dass der königliche Palast im alten Israel auch relativ beeindruckender und größer gewesen sein soll als der Tempel (vgl. Finkelstein/Silberman 2006).

86 Tatsächlich ist die Antwort auf die Frage, warum das Targum im 7. Jahrhundert an seinem Ort ein solches Interesse an Salomos Weltherrschaft hat, nicht einfach zu beantworten. Ist es eine Kompensation für jüdische Machtlosigkeit gegenüber den weltlichen Mächten der Zeit, die sich in der Geschichte ausdrückt? Angesichts byzantinischer Herrschaft – und des aufkommenden Islam? – war das Judentum im 7. Jahrhundert jedenfalls in der Defensive. Umso erstaunlicher, mit welcher erzählerischen Souveränität der Text offensiv auf diese Situation reagiert – gerade auch im Vergleich zur lehrhaften Enge und zur einseitig dominanten Rolle Salomos in Sure 27!

87 Vasti hatte ihrem Mann Ahasveros nicht gehorcht, als er sie in ihrer Schönheit einer Männergesellschaft präsentieren wollte (Esther 1,10ff.). Zur Strafe dafür wird sie von ihm verstoßen. Denn die orientalische – elamitisch-medisch-persische – Welt würde zusammenbrechen, wenn eine Frau ihrem Mann nicht gehorcht und dafür nicht bestraft wird.

88 Er ist hier wohl gemeint, da im Aramäischen wie im Hebräischen die Konsonanten für ein Wort maßgebend sind, so dass aus Scheschonk Schischak geworden sein kann. Scheschonk I. regierte von 945–926 v. Chr.

und wurde u. a. durch einen Feldzug nach Palästina berühmt.

89 Ego 1996 vermutet in Anm. 54, dass mit Anipranis, dem Sohn des Antiochus, Epiphanes gemeint gewesen sein muss. Seine imposante Grabanlage aus dem 2. vorchristlichen Jahrhundert befindet sich auf dem Nemrut Dag in der heutigen Südosttürkei.

90 Kyros war es, der mit seinem Edikt 538 v. Chr. den Israeliten die Rückkehr aus der babylonischen Gefangenschaft nach Jerusalem erlaubte; wie er am Ende, so stand Nebukadnezar am Anfang dieser Gefangenschaft. Während für Kyros der Thron Salomos nicht unstatthaft erscheint, wird er für Nebukadnezar zur Belastung, ebenso für Schischak und Epiphanes; die ersten beiden sollen sich verletzt haben, als sie ihn besteigen wollten, beim letzten bricht ein Fuß des Thrones und kann nicht wieder repariert werden (vgl. Ego 1996, S. 72). Die Reihenfolge, in der die Könige als Thron(be)sitzer genannt werden, ist anachronistisch.

91 Ego 1996 S. 169. Vgl. dazu unten S. 88ff.

92 Dort steht, wie wir gesehen haben, anstelle der ersten Überraschung das Wunder, ihren viel gerühmten, von Salomos buchkundigem Dschinn blitzschnell herbeigezauberten Thron bei Salomo wiederzusehen. Die Überraschung des Glaspalastes fanden wir auch dort.

93 Das Targum muss dieses Rätsel, von dem unten weiter zu reden sein wird, gekannt haben, denn die Königin hatte dem König schon 6000 genau gleich aussehende Jungen und Mädchen vorausgeschickt; sie haben ihre Funktion in der Erzählung verloren und kommen im Fortgang der Erzählung des Targums nicht mehr vor (siehe Anm. 80).

94 Art. „Rätsel", in: Der Neue Pauly. Enzyklopädie der Antike, Bd. 10, Stuttgart 2003, S. 754f. Diese Definition verdeutlicht die Souveränität der Königin gegenüber dem König.

95 Fischer 2004, Sp. 268. Dort steht freilich „in Textgestalt", was die falsche Assoziation mit sich bringt, als handele sich in der Regel um eine schriftliche Form.

96 Erinnert sei hier an Josephus, der König Salomo im Rätselwettstreit mit König Hiram zeigt, seinem wohlhabenden Handelspartner aus Tyrus, wobei Josephus die Rätsel selbst nicht wiedergibt (Jüdische Altertümer, 8. Buch, 5. Kapitel). Wie oben vermerkt, sind bei Josephus die Rätsel der Königin von Saba zugunsten Hirams ganz entfallen.

97 Das galt für die sogenannten Halslöserätsel;

sie boten die Chance, einer Todesstrafe zu entgehen. Bei den Rätseln des Teufels kann es darum gehen, entweder eine Aufgabe des Teufels lösen zu müssen oder – viel häufiger – der Teufel musste eine Aufgabe des Menschen lösen und forderte, wenn er erfolgreich war, seinen Lohn (vgl. Röhrich 2004, Sp. 275f.).

98 Zu beachten ist, dass in der äthiopischen Version der Geschichte Salomo trotz seiner Weisheit von der Königin nicht freiwillig als ihr Bräutigam anerkannt wird (vgl. unten S. 121ff).

99 So bei dem klassischen Rätsel der Bibel, das Simson seinen philistäischen Hochzeitsgästen stellt und bei dem es um dreißig Gewänder und dreißig Feierkleider Wetteinsatz geht. Simson lässt seinen Gästen sieben Tage Zeit, um des folgenden Rätsels Lösung zu finden: „Was ist das: Speise ging aus vom Fresser und Süßigkeit vom Starken?" Die Antwort finden die Philister nur, weil sie mit Simsons „Kalb gepflügt" (Richter 14,18b) haben: seine Braut Delilah erpresste unter Tränen von Simson die Antwort (jeden der Hochzeitsfeiertage weinte sie so lange, bis er ihr des Rätsels Lösung verriet) und gab sie anschließend den Philistern preis, so dass die Philister am siebten Tag Simson die Rätsellösung nennen konnten: „Was ist süßer als Honig? Was ist stärker als der Löwe?" war ihre Rückfrage, die die Antwort verriet. Der starke Simson hatte nämlich zuvor einen Löwen zerrissen wie ein Böcklein, und als er Tage später nach dem Aas sehen wollte, fand er in dessen Maul ein Bienennest mit Honig und gab seiner neuen Familie davon zu essen. Weil seine Hochzeitsgäste die Geschichte von Simsons Heldentat richtig geraten und er folglich die Wette verloren hatte, musste er die sechzig Kleidungsstücke besorgen (vgl. Richter 14).

100 Übersetzung hier wie im Folgenden siehe Ego 1996, S. 76.
101 Vgl. Ego 1996, S. 174.
102 Ego 1996, S. 175. Sie weist darauf hin, dass dieses Rätsel im Unterschied zu den anderen und zum Text des Targums ansonsten (dort wird aramäisch gesprochen) in hebräischer Sprache formuliert ist.
103 Vgl. Ego 1996, S. 175.
104 Wobei es natürlich schade ist, dass die Qualität Salomos als komparativisch und in Abgrenzung zu anderen beschrieben wird und nicht für sich steht.
105 Interessant ist deshalb auch zu fragen, von wem die Rätsel im Targum stammen. Normalerweise haben Männer Targume verfasst. Wie kommt es hier zu einem weiblichen Blick?
106 Dabei folge ich chronologisch dem mutmaßlichen Zeitpunkt ihrer uns vorliegenden schriftlichen oder anderweitig (z. B. in der Darstellung von Bildern) gestalteten Form – in dem Wissen, dass dieser fixierten Form oft bereits eine längere Zeit mündlicher Überlieferung vorausgeht, die für uns nicht genauer erfassbar ist.
107 Salomo hatte der Königin zuvor auf die Frage nach dem Herkunfts- und Fundort der Weisheit geantwortet: „Der Ewige gibt Weisheit." Salomo stellt dann durch die Lösung der Rätsel der Königin unter Beweis, dass Gott ihm diese Weisheit gegeben hat.
108 Die genannten ‚Tage der Absonderung' sind die Zeiträume, in denen nach jüdischer Tradition die Frau im rituellen Sinne ‚unrein' ist: nach der Geburt sowie – hier gemeint – während der Monatsblutung.
109 Lots Töchter sorgen dafür, dass der lebenswichtige Nachwuchs nicht ausbleibt. Die Namen der Söhne – Moab und Ammon – deuten aber auch auf eine kritische Sicht des Vorgangs (wegen des Verbots der Inzucht) hin; so werden Moab und Ammon Väter fremder Völker, der Moabiter und Ammoniter. Sie haben sich jenseits des Jordans (im heutigen Jordanien) niedergelassen und haben sich Israel gegenüber wiederholt feindlich verhalten. Wie ambivalent die Angelegenheit ist, zeigt sich andererseits daran, dass eine Moabiterin, nämlich Ruth, die Urgroßmutter König Davids wird; so dient Moab der Stammesgeschichte Israels bis hin zum großen König, auf den sich Israel bis heute bezieht (vgl. das alttestamentliche Buch Ruth).
Auffälligerweise taucht das Rätsel in zwei Versionen (s. u. S. 81f) auf; der Vorgang scheint also besonders interessant, weil ambivalent zu sein. Er verdeutlicht aber zugleich auch das couragierte (freche, unkonventionelle) Verhalten von zwei Frauen, das ihnen (wie der Sippe, zu der sie gehören) ihr Lebensrecht verschafft. Voraussetzung des ganzen Vorgangs ist allerdings auch das Verbot, einen Mann aus fremdem Stamm zu heiraten.
110 Vgl. unten S. 140f. zum Kirschkauer Gobelin.
111 In der als „Süleymanname" bekannten Sammlung osmanischer Miniaturen mit Szenen aus dem Leben Sultan Süleymans I. stehen sich in der Darstellung dieser Episode je 100 Kinder gegenüber; die Geschlechter unterscheiden sich hier durch

111 unterschiedliche Arten, sich nach dem Essen die Hände zu waschen: „die Mädchen fangen das Wasser nach der Gewohnheit des Harem mit der hohlen Hand auf, die Knaben dagegen mit dem Rücken der Hand". In den Annalen des byzantinischen Gelehrten Michael Glycas (Annal. 1,1) liegt der Unterschied in der Technik des Gesichtwaschens: die Jungen reiben es stark, die Mädchen zart (vgl. Einleitung zum Midrasch Mischle in Wünsche 1993, S. II und insgesamt Delitzsch 1883).

112 Die Mädchen nehmen die Früchte nicht direkt an ihren Körper. Warum das so ist, könnte daran liegen, dass sie sonst ihr Kleid zum Sammeln der Früchte hochraffen müssten, also genau das machen würden, weswegen sich die Königin im Glaspalast Salomos geschämt hat; auf diese Interpretation scheint die Verwendung des Wortes „sich schämen" (Mädchen) beziehungsweise „sich nicht schämen" (Jungen) zur Erklärung des Verhaltens der Kinder hinzuweisen.

113 Dabei ist vorausgesetzt, dass die an der Vorhaut ihres Gliedes Beschnittenen Juden sind. Das stimmt zwar historisch z. B. in Babylon (die Babylonier wurden nicht beschnitten), trifft aber nicht für den Orient insgesamt zu, da es dort Beschneidung von Jungen auch außerhalb des Judentums gibt.

114 Denn sie kennen die biblische Aussage über Bileam, der nach Numeri 24,15f. nur soweit „hinfällt", dass er noch mit geöffneten Augen sehen kann.

115 „Schechina" meint die Einwohnung Gottes.

116 Lassner 1993, S. 14 Die Tradition dieser Rätselsammlung hat sich im Übrigen lange gehalten. Wir finden sie ziemlich genau im Tiklal, einem jemenitischen Gebetbuch aus dem 18. Jahrhundert, wieder (vgl. A. Klein-Franke in Daum 1988, S. 106–108).

117 Von denen die ersten vier als Prosa formuliert sind; sie stehen ähnlich im Midrasch Mischle, die anderen , uns bisher unbekannten, 15 Rätsel haben eine strengere sprachliche Form.

118 Die Lösung ist biologisch nicht unbedingt korrekt, entspricht aber dem Denken der Zeit. Auch scheinen die Zahlen nicht immer korrekt wiedergegeben: mal gehört der Nabel zu den zehn Öffnungen, mal kommt er zu ihnen hinzu.

119 Siehe auch die Erwähnung dieser Episode oben S.65f; die Geschichte scheint den Rätselstellern, die die Königin die Frage stellen lassen, besonders interessant, weshalb sie gleich zweimal vorkommt und die Antwort auf zwei verschiedene Rätselfragen enthält.

120 Vgl. oben S. 77 das Naphtha-Rätsel im Targum Scheni.

121 Auch dieses Rätsel wird doppelt tradiert, es ist Lösung für zwei verschiedene Rätselfragen. Die Rätsel werden der Königin in den Mund gelegt; in ihnen geht es um die Durchsetzung von Rechten von Frauen und die Sicherstellung von Nachkommenschaft. Haben Männer diese Rätsel wegen ihrer Pikanterie überliefert oder ist die Überlieferung von Frauen (mit)bestimmt?

122 Möglicherweise ist es nicht zufällig, dass das Simson-Rätsel am Ende der Sammlung steht. Vor der Königin war er ja der erste, der in der Bibel (ein) Rätsel stellt. Beyer 1987, S. 105ff. erklärt die Rätsel als Initiationsrätsel, ohne dies unzweifelhaft belegen zu können.

123 Siehe oben S. 79.

124 Die Frage der Königin auf dem Kirschkauer Teppich lautet: „Bescheide mich, König, ob Blumen und Kind von Art gleich oder ungleich sind." Und Salomo antwortet: „Die Bien' die rechte Blum' nicht spart, dieses Kind zeigt an sein' weiblich' Art." (Vgl. S. 140f.).

125 Die ältesten stammen von dem in der nordpersischen Region Tabaristan geborenen und hauptsächlich in Bagdad lehrenden Historiker Al-Tabari, der um 900 n. Chr. lebte. In seinem vielbändigen Geschichtswerk A'rīch ar-rusul wa-'l-mulūk wa-'l-chulafā' („Die Geschichte der Propheten, Könige und Kalifen") erzählt er die Geschichte von Sulaiman und der Königin von Saba mit drei Rätseln. (vgl. Daum 1988, S. 83–86).

126 Vgl. Daum 1988, S. 85f., nach einem Diamanten wird gefragt bei Hertz 1905, S. 420f.424 und Rösch 1880, S. 570.

127 Venzlaff und König argumentieren, dass hier die Spur nach Indien weist, wo Termiten anders als in der arabischen Welt in der Mythologie eine zentrale Rolle spielen (bes. S. 305ff.).

128 Hertz 1905, S. 420; Rösch 1880, S. 570, Daum 1988, S. 85f.; in einer Spielart des Rätsels muss es – wie das Geschlechtsunterscheidungsrätsel – experimentell gelöst werden: da schickt Salomo ein Pferd mit einem Reiter auf einen Schweiß treibenden Ritt; das Rätsel wird später auch variiert und handelt dann von einer Träne vgl. Hertz 1905, S. 424.

129 Daum 1988, S. 85f.

130 Auf das Märchen von der verbotenen Frage verweist Hertz 1905, S. 422.

131 Im Islam erstreckt es sich nicht nur auf Allah und seine(n) Propheten, sondern auf

131 alle Lebewesen. Deshalb hat der Islam seine Kunst in Kalligraphie (Schreiben von [Koran-]Versen) und Ornamentik entfaltet, nicht aber in Gemälden und plastischen Darstellungen.
132 Kabbala ist eine Form jüdischer Mystik und Esoterik, die sich von Italien kommend im Spanien des 13. Jahrhunderts entwickelte und seit dem 16. Jahrhundert auch in Galiläa (Safed) und Osteuropa (Chassidim) ausbreitete.
133 Ich halte mich im Folgenden insbesondere an S. 113–115 dieses Kapitels. Beyer hat in seinem Buch sehr kundig eine Fülle von Material zur Königin von Saba zusammen gestellt. So hervorragend diese seine Kenntnisse sind, so sehr erscheint die Systematik seines Buches problematisch. Das Kapitel „Die unbeschuhte Dämonin" ist sein 8. Kapitel (S. 109ff.), das Kapitel „Die Dämonin Lilith" sein 3. Kapitel (S. 27ff.).
134 In unserer Umgangssprache kann es sich auch um einen Pferdefuß handeln.
135 Die Königin aus sabäischem Land, dem heutigen Jemen mit Einflusssphären nach Äthiopien; die Sphinx direkt aus Äthiopien.
136 Vgl. Beyer 1987, S. 113f. mit Belegen.
137 Vgl. oben S. 61ff.
138 Von der Behaarung ihrer Beine ist (vermutlich taktvollerweise) in Sure 27 nicht die Rede.
139 Die Dämonen befürchten von der Heirat der beiden, dass „sie ihm einen Sohn gebären (wird) und wir werden unsere Sklaverei niemals los" (vgl. für die islamische Tradition Daum 1988, S. 86).
140 Ben Sira (Sohn des Sira) ist ein jüdischer Name. „Pseudo" hat die Wissenschaft vor seinen Namen gesetzt, weil die Schrift sich nach ihm nennt, ohne dass Verfasser und Hauptperson der Schrift Ben Sira selbst ist. Zur Schrift siehe A. Klein-Franke in Daum 1988, S. 108f. und ebd. Anm. 11.
141 Ein wenig wiederholt sich hier das Machtspiel, das Salomo bei seiner „Einladung" der Königin im Targum Scheni mit ihr spielt. Hier sind die Rollen allerdings vertauscht: Ben Sira als Pendant Salomos ist Nebukadnezar gegenüber in der Lage der Königin von Saba, Nebukadnezar als Pendant von Sabas Königin ist in der Rolle des im Targum Scheni so mächtigen Salomo: er zitiert herbei und droht mit Gewalt und Ben Sira muss kommen!
142 Während die Zeit Salomos und die der sabäischen Königreiche historisch noch relativ nah beieinander liegen, so trennen Salomos und Nebukadnezars Zeit fast vier Jahrhunderte. Das spielt für beide Erzählungen aber offenbar keine Rolle.
143 Die Mitbringsel der Königin sind hier nicht als freie Geschenke einer gleichberechtigten Königin, sondern als Tribut einer Abhängigen bezeichnet, das Machtgefälle spiegelnd, das umgekehrt zwischen Ben Sira und Nebukadnezar bestand.
144 Auch hier: sie stellt nicht souverän ihre Fragen, sondern lauscht ehrfurchtsvoll seinen Worten!
145 Anders als in 1. Könige 10 wird hier nichts angedeutet, sondern klipp und klar erklärt: „er wünschte, Geschlechtsverkehr mit ihr zu haben".
146 In einer Handschrift des Ben-Sira-Textes ist es Salomo selbst, der die herbeigeschafften Ingredienzen durchsiebt.
147 Das Subjekt und der Vorgang des Einbalsamierens werden nicht ausdrücklich benannt.
148 Die in der vorletzten Anmerkung genannte Handschrift lässt die Königin noch „ein schönes Bad" nehmen, bevor all ihre unwillkommenen Haare verschwunden sind.
149 Ben Sira scheint sich hier bewusst auf eine Aussage des Propheten Amos zu beziehen und sie ironisch umzukehren. Der Priester Amazja hatte im 8. Jahrhundert vor Christus Amos aus dem königlichen Heiligtum in Bethel vertreiben wollen, weil er gegen den König zum Aufruhr predige; als Hausherr des Heiligtums hatte Amazja das Recht, über die am Heiligtum tätigen Propheten zu bestimmen. Amos aber erklärt, dass er kein am Kultort angestellter Heilsprophet, sondern Schafhirte und Sykomorenzüchter und also prophetisch „ehrenamtlich" tätig sei. Deshalb antwortete er Amazja: „Ich bin kein Prophet und kein Prophetenschüler" (Amos 7,14), denn er versteht sich nicht als am Kultort bestallter Heilsprophet; das macht ihn unabhängig von den Weisungen des Priesters und von der Hörigkeit dem König gegenüber. Ben Sira spielt mit dieser biblischen Tradition, indem er die Aussage selbst in ihr Gegenteil verkehrt, dabei aber eine eigene Situation ironisch kommentiert.
150 Vgl. Bamberger Chorgestühl oben S. 92f u. a. Jetzt gehören auch die (Männer verführenden) Haare des Hauptes dazu!
151 Lilith erscheint in der Geschichte sowohl als Eigenname einer Dämonin als auch als Gattungsbezeichnung für eine weibliche Dämonengruppe.
152 Lassner 1993, S. 24–35.
153 Richter 4,21 und 5,24–26, vgl. Lassner 1993, S. 24–26.
154 Richter 4f., vgl. Lassner 1993, S. 26f.
155 Delilah überlistete Simson zweimal. Einmal bei der Rätselwette in der Hochzeitswoche, als sie ihm unter Tränen die Lösung ent-

lockte und ihn anschließend durch Verraten der Lösung an seine Gäste vor ihnen blamierte. Zum anderen, als sie ihn drängte, ihr als seiner Geliebten „im Vertrauen" seinen schwachen Punkt zu verraten; da führte er sie zwar erst dreimal hinters Licht, verriet ihr aber schließlich, was ihn stark macht: es waren seine langen Haare! Als sie, während er schlief, abgeschnitten wurden, wurde er schwach und konnte von den Philistern, denen Delilah das Geheimnis ihres Mannes gegen eine große Summe Geld verraten hatte, besiegt werden (Richter 16,4–31, vgl. Lassner 1993, S. 27f.). Sie, die Fremde, hatte Israels starken Mann verführt und hereingelegt; genauso wird nun Sabas Königin in ihrem Verhalten Salomo gegenüber interpretiert, obwohl selbst bei Ben Sira es am Anfang Salomo war, der sie begehrte. Das Ergebnis war in beiden Fällen der Tod: bei Delilah für Simson selbst und bei Sabas Königin für den Tempel in Jerusalem und für viele Israeliten, beide vernichtet durch Nebukadnezar, den gemeinsamen Sohn der Königin von Saba und Salomos.

156 Isebel war eine sidonische Königstochter aus der reichen kanaanäischen Hafenstadt Tyros. König Ahab von Israel hat sie geheiratet. Als Frau des Königs ließ sie in Israel Jahwes Propheten ausrotten, sorgte für den Bau von Baaltempeln und drohte, den Propheten Elia umzubringen, nachdem er die Baalspriester besiegt hatte (1. Könige 16,19–19,3); außerdem veranlasste sie Ahab zu dem sozialen Verbrechen, Naboth seinen Weinberg zu nehmen, wobei sie sich falscher Zeugen bediente, um Naboth ermorden zu lassen (1. Könige 21,1–26). Die Königin von Saba war einst ihr positives Gegenbild gewesen; jetzt aber, in der mittelalterlichen Tradition, rückt sie an ihre Seite!

157 Athalja ist ein Sprössling der Dynastie Omris und eine Nachfahrin Ahabs und Isebels. Sie ist vorübergehend Königin in Israel; im 2. Königsbuch wird sie wie zuvor Ahab und Isebel negativ beurteilt (vgl. 2. Könige 8,18.26 und Lassner 1993, S. 28–30). Wie Vasti und Semiramis gilt sie als bemerkenswerte, einem Mann vergleichbar mächtige Frau; bezeichnenderweise wird Esther nicht dazugezählt, obwohl sie entscheidenden Einfluss auf ihren Mann, König Ahasveros, hatte – anders als Athalja, Vasti und Semiramis erfüllte sie nämlich die ihr zugedachte Rolle als Frau und bewahrte Israel vor einem Genozid (vgl. Esther 4f. und Lassner 1993, S. 32).

158 Vasti erfüllte die ihr von König Ahasver, ihrem Mann, zugeteilte Rolle als Vorzeigefrau nicht; sie wurde deshalb von ihm verstoßen, weil andernfalls wegen ihres Verhaltens die gültige Geschlechterordnung außer Kraft gesetzt würde und angeblich das Chaos drohe (vgl. Esther 1,1–22 und vorige Anmerkung). Was in 1. Könige 10 als beeindruckend erschien, nämlich das selbstbewusste eigenständige Handeln der Königin von Saba, wird nun als Unbotmäßigkeit angesehen und – wie Vastis Verhalten aus der Sicht ihres Mannes Ahasveros – verurteilt. Wie selbstverständlich kehrt sich die mittelalterliche jüdische Interpretation gegen die Tendenz der eigenen biblischen Geschichte; die Interpretation fällt zurück in die alten orientalisch-patrarchalen Muster und übernimmt die Perspektive des Ahasveros!

159 Sie ist die Fremde, die die Männer vom rechten Weg abbringt und verführt, vgl. Sprüche 2,10–19; 5,3–16;7,5. Umgekehrt lockt die Torheit genau dorthin zur fremden Frau (Sprüche 9,13–18)! In den Intentionen dieser Texte, liest man sie nicht nur als Metapher, vermischen sich bürgerliche Moral, weisheitliche Erfahrung und religiöser Anspruch.

160 Zu den Parallelen zwischen Semiramis und der Königin von Saba vgl. Beyer 1987, S. 121–126. Beyer beschreibt Ähnlichkeiten zwischen beiden in ihrem Bild als Kriegerin, ihrer Herkunft, ihrer Geburtsgeschichte, bei der Schilderung ihres Thronantritts, als Baumeisterinnen, in ihrer Lokalisierung, ihrer Beziehung zu Nebukadnezar, ihrer Kleidung, ihrer Religion und in ihrem Tod, so dass für ihn „beide Königinnen nach einem gemeinsamen ‚Frauentypus' gestaltet wurden", „ein Bild der Frau ... das ‚weibliches' Selbstbewusstsein ausstrahlte" (S. 126).

161 Sie war im 3. Jahrhundert n. Chr. Königin in Palmyra, der Oasenstadt mitten in der syrischen Wüste, und galt als Bedrohung für die römische Weltmacht. In Palmyra zeigt man heute noch das Grab der Königin von Saba beziehungsweise Liliths!

162 Ihre in der Nachwelt immer verlockender gestaltete Rolle als verführerische Frau, die mit römischen Kaisern und Kaiseranwärtern und anderen mächtigen Männern spielte, ist vergleichbar der Rolle, die Sabas Königin gegenüber Salomo im Mittelalter und in der Neuzeit spielt.

163 Die einflussreiche byzantinische Kaiserin, deren Spuren noch heute in Istanbul zu sehen sind (Irenenkirche neben der Topkapi-Palastanlage und goldenes Mosaik in der Hagia Sophia) und die aus jüdischer Sicht nicht in positivem Licht erscheint, wird bei Lassner 1993, S. 30 ebenfalls genannt.

164 Vgl. die Sprüche der Väter und die Biographien über den Mönch Antonius (die Vita Antonii des Athanasius), über Simeon den Styliten und die Nachrichten über Johannes Climacus (vgl. Ulfrid Kleinert und Rolf Kühn, … und sie zogen aus in ein wüstes Land. Auf den Spuren der Bibel durch den Sinai, Darmstadt 2011, S. 114–123), in denen Dämonen die Wüstenväter in ihrer Einsamkeit bedrohen und diese sich gerade gegenüber den Dämonen zu bewähren haben.

165 Matthäus 4,1ff.

166 Edom führte sich auf Esau, den Zwillingsbruder Jakobs/Israels, zurück. Es hatte sich östlich von Israel im heutigen Nordjordanien angesiedelt.

167 Wobei man Edoms Strafe wohl nicht als Folge im Tun-Ergehen-Zusammenhang zu sehen hat (wenn ich mich schlecht anderen gegenüber verhalte, dann wird es mir schlecht gehen, wenn gut, dann kommt mir das wieder zugute), sondern als Strafhandeln Gottes verstehen muss (so nach Jesaja 34,6).

168 Die Gründe des Strafgerichts werden in Jesaja 34 nicht ausdrücklich genannt. Walter Dietrich nennt (im Art. „Edom", in: RGG4, Bd. 2, Sp. 1062) als Grund die biblischen Belege für eine Beteiligung der Edomiter in babylonischer Zeit an Repressalien gegen Juda und an der Zerstörung Jerusalems. Der babylonische König Nabonid habe später ab 553 bei seinen Araberfeldzügen Edom ausgelöscht; darauf blicke Jesaja 34 ohne Mitleid zurück. Mehr noch: Jesaja 34 sieht den militärischen Erfolg Babylons gegen Edom als Gottes Strafgericht.

169 Übersetzung von Hans Wildberger in seinem Jesajakommentar, (Wildberger 1979, S. 1325); den Kommentar habe ich im Folgenden zusammen mit Gershom Scholems Artikel „Lilith und die Königin von Saba" (in: Daum 1988, S. 162–168) sowie Rolf Beyers (Beyer 1987, S. 27–41) und Jacob Lassners Ausführungen (Lassner 1993, S. 33) genutzt.

170 Vgl. Scholem 1988, S. 163. Scholem sieht in Palmyra nicht nur die räumliche Verbindung von Sabas Königin und Lilith, sondern auch von ihr und Zenobia (siehe Anm. 161). Eine Belegstelle in den Erzählungen von 1001 Nacht nennt Scholem freilich nicht; ich selbst habe in den mir vorliegenden Ausgaben keine gefunden.

171 Beyer 1987, S. 32. Beyer verweist als Beleg dafür auf die Schott-Ausgabe des Gilgamesch-Epos, S. 118. Dort wird unter dem Titel „Gilgamesch, Enkidu und die Unterwelt" über eine sumerische Fassung des Epos berichtet, in der der Baum der Inanna von ihr nicht abgeschlagen werden konnte, „weil in seinen Wurzeln eine durch Zauber nicht zu bezwingende Schlange Wohnung genommen hatte, in seinem Wipfel aber der göttliche Sturmvogel Anzu und im Stamm die Dämonin Kiskililla." Gilgamesch hat dann Inanna mit einer 425 Pfund schweren Axt geholfen; mit ihr „erschlug er die gewaltige Schlange in den Wurzeln des Baumes. Daraufhin flohen der Anzu-Vogel und die Dämonin Kiskililla." Kiskililla wird mit Lilitu = Lilith identifiziert.

172 Vgl. auch die bei Wildberger 1979, S. 1347 erwähnte ebenfalls über vier Jahrtausende alte sumerische Königsliste, in der ein lillu als Vater des Gilgamesch genannt wird. Wildberger weist auch auf eine Vorstufe des Gilgamesch-Epos hin, in der angeblich Lilith in den Bergen ihr Haus gebaut habe, „das dann Gilgamesch und seine Gefährten zerstören". Bruno Meissner, Babylonien und Assyrien, Bd. 2, Heidelberg 1925, nennt in seinem Kapitel zur Magie bei Babyloniern und Assyrern S. 201 die Trias „Lilu", „Lilitur" und die „Magd der Lilu" (Ardat Lili), die ursprünglich Sturmdämonen gewesen seien, aber „aus einer falschen Etymologie heraus schließlich als Nachtgespenster angesehen wurden"… „noch die Rabbinen erzählen von ihrer Schönheit und ihren nächtlichen Zügen, die besonders die Kinder gefährdeten".

173 Vgl. Beyer 1987, S. 32. Beyer 1987, S. 33 vermutet in dem Hinweis auf Smaragd eine Erinnerung an die für Juden traumatische Eroberung der heute in Usbekistan liegenden Seidenstraßen-Handelsstadt Samarkand (= Smaragd) im Jahre 709/712 durch Muslime. Diese Eroberung aus dem 8. nachchristlichen Jahrhundert werde auf die Königin von Saba zurückgeführt – was insofern einen Anhaltspunkt in der himjarisch-jemenitischen Tradition hat, als nach dieser ein Nachfahre der Königin von Saba namens Semmer „auf seinen Kriegszügen bis nach Samarkand vorgedrungen sein soll".

174 Ihr Name schon legt beides nahe: im Sumerischen ist lil der Wind, im Akkadischen ist liliatu, im Hebräischen laila das Wort für die Nacht vgl. Wildberger 1979, S. 1347.

175 Insbesondere mit Diphtherie wird sie in Verbindung gebracht (Scholem 1988, S. 162).

176 Zu der Aufzählung insgesamt vgl. Wildberger 1979, S. 1348f. und Beyer 1987, S. 36f.

177 Wildberger 1979, S. 1348f. ruft dieses Faustzitat in Erinnerung. Mephisto nimmt

Liliths Haare ganz anders wahr als Salomo die der Königin, selbstverständlich auch deshalb, weil der Ort des Haarwuchses für ihn ein anderer ist: während Salomo die Haare der Frau stören, sind sie bei Mephisto gerade ihr verführerischer Reiz; in der biblischen Geschichte hat der Mann Simson die langen Haare; sie verleihen ihm seine Macht, solange sie nicht abgeschnitten werden.

178 Es sind die Darstellungen der Priesterschrift in Genesis 1,1–2,4a einerseits und einer Schrift, die den Gottesnamen Jahwe gebraucht, in Genesis 2,4bff andererseits. In beiden Darstellungen geht es um den gleichen Gegenstand: die Erschaffung der Welt und des Menschen. Der Redakteur des 1. Mosesbuchs hat die aus unterschiedlichen Zeiten von unterschiedlichen Autoren stammenden und die Schöpfung unterschiedlich darstellenden Texte bewusst gleichberechtigt nebeneinander gestellt, nicht um ein Nacheinander zu schildern, sondern um die verschiedenen Sichtweisen des Glaubens auf denselben Gegenstand zu zeigen. Gemeinsam ist beiden Texten, dass sie die Schöpfung von Welt und Mensch auf Gottes Wirken beziehen und so einen Vertrauensraum für das Leben aufzeigen. Die Abfolge der Schöpfungsereignisse ist dem nachgeordnet und kann, ebenso wie die Frage der Zeiträume, verschieden beziehungsweise symbolisch gesehen werden (gegen seltsame aktuelle fundamentalistische und atheistische Erklärungen im Evolutionismusstreit).

179 Logischerweise müssten nach dieser Version nicht nur zwei verschiedene Frauen, sondern auch zwei verschiedene Männer geschaffen worden sein: einmal in Genesis 1,27 der mit der Frau gleichzeitig und gleichwertig geschaffene Mann, zum anderen nach Genesis 2,7 und 19–24 der einsam geschaffene Mann, aus dessen Rippe später Eva entsteht, weil er sich nicht selbst genügt und auch die Pflanzen und Tiere ihm als Partner nicht genügen. Die Version zwei Frauen / ein Mann lässt sich dadurch erklären, dass das hebräische Wort adam in missverständlicher Weise in beiden Schöpfungsgeschichten verwendet wird: einmal heißt adam ‚Mensch', dann ist adam = Mann und schließlich wird es als ‚Adam' zum männlichen Eigennamen; so kann der eine Mann in beiden Schöpfungsgeschichten derselbe bleiben, obwohl die eine Frau in zwei verschiedene Personen aufgespalten wird.

180 Der Kampf hatte im Alphabet des Ben Sira sogar zwei Stufen: Ursprünglich war der erste Mensch ein doppelgeschlechtliches Wesen mit zwei Hälften, in einer Rücken-an-Rücken-Einheit. Gott musste diese Einheit trennen , weil die beiden Seiten sich nicht einig wurden, welcher Teil bestimmen konnte, was zu tun sei. Die Trennung nutzte aber nichts: die Menschen stritten sich weiter. Ganz anders sieht die Geschichte in Platons Symposion aus; dort wurde der – kugelförmig gestaltete – zweigeschlechtliche Mensch den Göttern übermächtig, so dass er entmachtet und in zwei Personen geteilt werden musste; wo die beiden zueinander gehörenden Teile wieder zusammenfinden – in der erotischen Begegnung –, entfaltet der Mensch seine alte, den Göttern unheimliche Macht (Platon, Symposion, 189–191).

181 Bekanntlich sprechen Juden den Gottesnamen nicht aus, um einem Missbrauch des Namens vorzubeugen.

182 Da sie diese Macht destruktiv einsetzen kann, ist es für werdende Mütter und ihre Neugeborenen fortan nötig, sich mit einem Amulett vor Liliths lebensbedrohender Macht zu schützen (vgl. Abb. S. 93); männliche Säuglinge konnte Lilith in den ersten acht Tagen töten (danach gelten sie offensichtlich als durch ihre Beschneidung geschützt), Mädchen bis zum 20. Lebenstag.

183 In einer Tradition begleitet sie dabei ihren Gevatter Luzifer, der die Gestalt der Schlange annimmt, in einer anderen Tradition verwandelt sich Lilith selbst in die Schlange, die Eva verführt; umstritten ist, ob der weibliche Kopf in den mittelalterlichen und neuzeitlichen Darstellungen der Schlange durchgängig auf die Lilithgestalt verweist, oder ob damit nur der weibliche Charakter der Schlange ausgedrückt werden soll (vgl. die unterschiedliche Interpretation der Abb. S. 43 von der Darstellung des Essens der verbotenen Frucht in einem Glasfenster der Marburger Elisabethkirche, vgl. auch Michelangelo in der Sixtinischen Kapelle und Raphael in den Stenzen im Vatikan).

184 Vgl. die Darstellung bei Beyer 1987, S. 39f.

185 Vgl. die verschiedenen Fassungen des Medea-Stoffs aus der Argonautensage bei Euripides, Christa Wolf u. a.

186 Auch wenn sie z. B. bei Thalabi körperliche Kennzeichen der Lilith aufweist (vgl. Rösch 1880, S. 549–552).

187 Während Salomo alle Dschinnen, gute wie böse, beherrscht, gehört Sabas Königin in islamischen Überlieferungen von ihrer Abstammung her selbst zu den Dschinnen, aber selbstverständlich zu den guten. Das gilt auch da, wo sie zur Mörderin ihres königlichen Ehemannes wird, den durch sie seine gerechte Strafe ereilt (vgl. Beyer 1987, S. 59f. zum „gerechten Tyrannenmord"). Auch wo das königliche Paar menschliche, aber verwerfliche Wünsche hat, bleibt es

188 Dabei verzichte ich ihrer überbordenden Vielfalt und Fülle wegen auf Vollständigkeit aller für eine „Biografie" infrage kommenden Aussagen. Allah nahe, weil es diese Wünsche nicht versteckt, sondern offenbart und ihnen so ihre zerstörerische Macht nimmt (vgl. oben S. 56f. und Beyer 1987, S. 56f.).
189 Zu ihm vgl. Rösch 1880, S. 527, 531, 566; Daum 1988, S. 83–88; Mandel, S. 49f.; Beyer 1987, S. 90.
190 Vgl. Lassner 1993, S. 48f., 64–87, 187–202; Rösch 1880, S. 527, 538f., 542, 550, 566; Daum 1988, S. 88–91; Watt in Pritchard 1974, S. 95ff., Beyer 1987, S. 53,59–61.
191 Vgl. Daum 1988, S. 95, Watt in: Pritchard, S. 102f., Beyer 1987, S. 57f.
192 Daum 1988, S. 83 transkribiert bei Al-Tabari „Jalmaqa" statt „Balmaqa".
193 So Watt in Pritchard 1974, S. 100f. Vgl. zur Diskussion des Namens bei Rösch 1880, S. 565–570, der im Namen eine Venusgestalt findet, und Stiegner 1979, S. 117–148.
194 Watt in: Pritchard 1974, S. 101. Wie oben dargestellt, heißt die Königin bei Josephus Nikaulis. Vgl. Rösch 1880, S. 568 und Stiegner 1979, S. 123f.
195 Vgl. Daum 1988, S. 91. Auch eine zweite Version, wie Bilqis' Eltern zusammenfanden, berichtet Daum nach Ibn al-Athir; in dieser Version rettet Bilqis' Vater eine weiße Schlange vor einer schwarzen. Die weiße Schlange entpuppt sich als junger Dschinn-Mann; der Dschinn-Mann will seinem Retter als Dank Reichtum oder Heilkunst schenken; der Retter aber schlägt beides aus und wünscht sich stattdessen vom Geretteten dessen Tochter (nach anderer Version dessen Schwester) als Ehefrau; durch die Erfüllung des Wunsches kommt es zur Hochzeit von Bilqis' Eltern.
Rösch 1880, S. 528–534 berichtet von drei verschiedenen Versionen zu der Frage, wer genau Bilqis' Vater war; die Versionen führen zu einem himjarischen König oder zu einem himjarischen Wesir. Wie es im Detail zur Verbindung von Vater und Mutter kam, welche Bedingungen dabei zu erfüllen waren und wie die beiden lebten, erzählt Rösch aufgrund der mittelalterlichen Quellen (S. 535–538). Nach einer Lesart sei Bilqis von einer Geisteramme aufgezogen worden. Bemerkenswert ist die Erwähnung von Mareb als Herkunftsort von Bilqis' Mutter, der Dschinnin; die historische Königsstadt des sabäischen und des himjarischen Reiches wird so in eine mythische Geisterstadt verwandelt (Rösch 1880, S. 536). Himjaren und Sabäer sind insoweit mit Recht zusammen gesehen, als die Himjaren historisch-politisch die Nachfolge der Sabäer angetreten haben.
196 S. 92 stellt Daum 1988 dar, dass Bilqis' Eltern sich trennen mussten, weil der Vater nicht schwieg zu scheinbar grausamen Taten der Mutter, die sich in Wirklichkeit aber als hilfreich und lebensrettend erwiesen. So schüttete ihre Mutter beispielsweise während einer Wüstenwanderung alles mitgenommene lebenswichtige Wasser aus; später stellte sich heraus, dass der Wesir das Wasser vergiftet hatte.
197 Vgl. Rösch 1880, S. 540–545, Daum 1988, S. 92.
198 Nach Ibn al-Athir war es der Sohn eines Bruders des Verstorbenen, also Bilqis' Vetter.
199 So die Wiedergabe bei Rösch 1880, S. 540. Rösch 1880, S. 541 macht deutlich, dass Bilqis hier dem Vorbild ihrer jüdischen „Schwester" Judith folgt und sich ähnlich verhält wie Judith gegenüber Holofernes; Judith hatte den starken und grausamen Holfernes ebenfalls enthauptet, während er schlief. Nach einer anderen, bei Rösch 1880, S. 540 berichteten Version, die von Ibn al-Athir überliefert wird, wollte sich der Wüstling auch über seine Base Bilqis hermachen, wurde dabei aber von zwei durch Bilqis vorher vorausschauend gedungene Männer ermordet. Bilqis ließ dann durch die Wesire einen neuen König wählen, und die Wahl fiel auf sie.
200 Beziehungsweise, so bei Al-Tabari, nach einem Kriegszug vgl. Daum 1988, S. 83f.
201 Vgl. zur gesamten Schilderung der Darstellung Al-Thalabis Daum 1988, S. 88f. Der folgende Text zeichnet Daums Wiedergabe Al-Thalabis (Daum 1988, S. 90f.) und Al-Tabaris (Daum 1988, S. 85–87) nach.
202 Das Geschlechterrätsel wird bei diesem Fernrätselwettbewerb dadurch erschwert, dass Jungen und Mädchen nicht nur gleich aussehen, sondern sich auch noch stimmlich ins andere Geschlecht verwandeln: die von Bilqis geschickten Knaben sollen „schön und angenehm" zu Salomo reden, „so wie die Frauen sprechen", und die Mädchen „mit harter Rede und roh", „so wie die Männer sprechen".
203 Der Versuch der Dämonen, eine Ehe zwischen Salomo und der Königin von Saba zu verhindern, scheitert also daran, dass Salomo das für ihn bestehende Hindernis erfolgreich zu beseitigen trachtet. In einer anderen Version des gescheiterten Versuchs der Eheverhinderung verleumden die Dämonen Bilqis vor Salomo, indem sie

Bilqis einen Eselsfuß andichten. Der (Wild-)Esel aber ist nach dem Physiologus Nr. 45 (S. 86f.) der Teufel, der zur Tag- und Nachtgleiche zwölfmal schreit, und den Salomo natürlich zu meiden hat. Zum Glück für Salomo offenbart der Glaspalast aber nur ein Behaarungsproblem, und das ist, wie sich zeigt, lösbar! Bei Al-Thalabi heißt es (nach Beyer 1987, S. 53): Als Bilqis angesichts des Glasbodens ihre Waden entblößte, gab es keinen teuflischen Eselsfuß zu sehen, sondern „da waren ihre Füße und Waden gerade so schön wie die der übrigen Menschen, nur war sie an den Waden stark behaart." Wir finden hier eine deutliche Kritik an der Dämonisierung der Königin in der jüdischen Überlieferung.
204 Nach dem, was Bilqis fühlt und denkt, wird gar nicht gefragt. Es wird als selbstverständlich vorausgesetzt, dass auch sie die Haare entfernt sehen möchte, dass sie die Behandlung mit der Paste akzeptiert und dass auch sie Salomo heiraten will.
205 Vgl. Lassner 1993, S. 101.
206 Rösch 1880, S. 551 mit Nachweisen. In Tadmor begegnen sich die beiden sozusagen fast auf halbem Wege, jedenfalls müssen beide reisen.
207 Vgl. unten S. 106ff den Abschnitt zu safawidischen Miniaturen von Salomo und der Königin.
208 Lassner 1993, S. 101.
209 2. Chronik 8,4.
210 Vgl. oben das Kapitel zur Figur der Lilith S. 85ff sowie Rösch 1880, S. 551.
211 Vgl. Rösch 1880, S. 551.
212 Rösch 1880, S. 551 bringt Zenobia als Judenfeindin in Verbindung mit Lilith.
213 Wie fromm sie gewesen sein soll, zeigt der berühmte seldschukische Mystiker Rumi im Buch IV seines Hauptwerks Masnawi-ye manawi (ein poetischer Korankommentar). Bilqis wird bei Rumi zum Bild jeder Seele, die der Welt entsagt. Süßer als 200 Königreiche sei die Gottesverehrung, deshalb kann Bilqis ihrer politischen Macht ohne Zögern entsagen. Gärten, Paläste und Gewässer gelten ihr nur noch als ein Haufen Dung. Ihr Glaube hat nichts mehr mit dem Genuss irdischer Freuden zu tun. Vgl. Beyer 1987, S. 58, Lassner 1993, S. 102 und einen Textauszug von Rumis „Mathnavi" in deutscher Übersetzung bei Diederichs 1987, S. 81–86.
214 Aschura ist das höchste Fest der Schiiten, gefeiert zum Gedenken an die Niederlage und Ermordung des 3. Imams Hussein in der Schlacht bei Kerbela. Nach Daum 1988, S. 95 soll das Königspaar seinen ersten Ausflug, also seine Hochzeitsreise, nach Kerbela unternommen haben. Bei Kerbela war in der Schlacht, die Imam Hussein das Leben kostete, auch sein Neffe Qasim umgekommen, der kurz zuvor eine glückliche Hochzeit mit Husseins Tochter gefeiert hatte. Mit diesem Paar identifizieren sich Bilqis und Salomo, indem sie Kerbela zum Ziel ihrer Hochzeitsreise machen.
215 Zitiert bei Rösch 1880, S. 545. Die Heimlichkeit des Begräbnisses soll der Glaubwürdigkeit der Ortsangabe des Begräbnisses dienen: der Ort war so viele Jahrhunderte lang nicht allgemein bekannt, weil es kein öffentliches Begräbnis gab. Das Ereignis selbst wird dadurch freilich historisch unglaubwürdiger; aus welchen Gründen sollte die Frau des berühmten Königs heimlich bestattet worden sein?
216 Die Ruinen des Klosters sind erhalten und nahe der Stadt Nossen (etwa 30 km von Freiberg entfernt) zu besichtigen. Die Freiberger Marienkirche unterstand damals dem Patronat des Klosters Altzella (vgl. Magirius 1977, S. 17).
217 Die zwischen Tympanon und erster Skulpturen-Archivolte verlaufende geringelte und über der Himmelskönigin Maria sich zu einem (gottväterlich-?)dreieckigen Dach formende Säule, die wie der überdimensional dicke Schwanz des ziemlich friedlichen, vom Löwen in Schach gehaltenen Drachen erscheint, soll hier wenigstens erwähnt, wenn auch nicht weiter erörtert werden.
218 Es ist so etwas wie die Umkehrung des Verhältnisses von Jesus und Maria aus dem Tympanon.
219 Der Thron Abrahams ist nicht ganz so groß und prächtig wie der der Himmelskönigin Maria, nach der der Freiberger Dom ursprünglich (nämlich „Marienkirche") genannt war.
220 Zur Bildwelt der dritten Archivolte nur so viel: in ihr huldigen – wie in der zweiten Archivolte: umgeben von Aposteln – zwei Engel der Taube, die den heiligen Geist verkörpert; die Taube ist deshalb auch mit Nimbus versehen.
221 Also auf der Seite, von der die drei Könige kommen, auf der Maria gekrönt wird und wo der thronende Abraham die verfolgten Seelen in seinen Schoß aufnimmt!
222 Vgl. dazu die biblische Geschichte von Daniel in der Löwengrube (Daniel 6).
223 Er steht – wie ihm gegenüber Aaron – unter der Archivolte der Auferstandenen.
224 Die Botschaft aus der Ferne verbindet Daniel und die Königin von Saba. Magirius sieht auch hier plausiblerweise eine Zentrierung auf Maria, der Namensgeberin

der Kirche, weil er Daniel (von Daniel 2 her) in Beziehung zur Jungfräulichkeit Marias interpretiert.
225 Bei dieser Sichtweise gehe ich selbstverständlich davon aus, dass hier theologische Absicht vorliegt, nicht ein die Gesamtkonzeption insgesamt entscheidend betreffender Fehler in der künstlerischen Ausführung (der z. B. dadurch entstanden sein könnte, dass die Königin von Saba in derselben Blickrichtung wie Bathseba gearbeitet worden ist; stünde sie auf der anderen Seite des Portals, so würde sie wie Bathseba zum Tympanon blicken).
226 Die rechte Hand hält die Schriftrolle allerdings scheinbar ungeschützt. Leider gibt es keine Hinweise darauf, was auf dem Schriftband gestanden haben kann. Wenn es eine Zeile aus dem Hohenlied Salomos gewesen sein sollte, wird dies sicher nicht in dem Sinne eines profanen Liebesliedes gemeint gewesen sein, in dem sie ihren Partner besingt, sondern im Sinne der Beziehung zwischen der Seele bzw. der Kirche und Christus, wie das Hohelied z. B. von Bernhard von Clairvaux, dem geistigen Vater der Zisterzienser jener Zeit und berühmten Kommentator des Hohenliedes, verstanden worden ist.
227 Dass unter der Königin als Hinweis auf ihre Herkunft ein Affe abgebildet ist, kann als Argument für eine afrikanische, d. h. äthiopische Herkunft der Königin angeführt werden – vorausgesetzt, die Freiberger Steinmetze kannten nicht nur die Anatomie der Affen, sondern wussten auch von ihrer afrikanischen, nicht sübarabischen Herkunft. Dann böte Freiberg einen Beleg dafür, dass im 13. Jahrhundert in Europa von einer äthiopischen Herkunft der Königin ausgegangen wurde. Die Frage, ob die Tatsache, dass der Affe sich die Ohren zuhält, eine tiefere Bedeutung hat und gegebenenfalls welche, weiß ich nicht zu beantworten.
Der Kopf über der Königin wird von Magirius u. a. als Kopf eines Stifters der Pforte interpretiert.
228 In älteren Deutungen wurde die Figur des Evangelisten Johannes oft für Nahum gehalten. Das gekrönte Haupt unter seinen Füßen könnte den römischen Kaiser Domitian darstellen, der zur Zeit der Offenbarung des Johannes als Verfolger der kleinasiatischen Christen galt; wird hier von einer Identität des Evangelisten Johannes und des Verfassers der Offenbarung ausgegangen?
229 Die Trauben sind die Frucht der Reben. Jesus selbst bezeichnet sich im Johannesevangelium als Weinstock (vgl. Johannes 15,1–8). Magirius 1977, S. 18 deutet die Trauben auch auf die Eucharistie, die in der Kirche gefeiert wird.
230 Vgl. Matthäus 12,42.
231 Es wird bei Büchsel als Hiob-Salomo-Portal bezeichnet, bei Beyer als Annenportal.
232 Die Figur ist damals als Mohr verstanden und gestaltet worden, darum verwende ich hier diesen Begriff; es handelt sich um die Darstellung eines schwarzen afrikanischen Menschen.
233 Vgl. Numeri (4. Mose) 22–24.
234 Ebenso am Nordportal von Notre-Dame in Amiens.
235 Büchsel 1995, S. 64 meint sogar: „Die Königin von Saba scheint Salomo etwas zu sagen. Ihr Mund ist halb geöffnet."
236 Auch er ein Hinweis auf afrikanische Herkunft der Königin! Im Übrigen ist dadurch, dass die Königin mit ihrer linken Hand ihr Kleid ein wenig rafft – fast wie im gläsernen Palast Salomos! – auf der linken Schulter des Mohren ein Schuh der Königin sichtbar geworden – als Nachweis ihrer nicht-teuflischen Herkunft?
237 Büchsel 1995, S. 65 nennt sie „höfisch". Er zitiert Anm. 21 Lore Ritgen zustimmend mit den Worten: „Der feine Stoff fällt ins Auge, und die Kostbarkeit von Gürtel und Borten. Unter dem Kleid wird am Halsausschnitt die ‚chainse', ein hemdartiges Untergewand aus feinstem Stoff, sichtbar. Sie ist am obersten Rand mit einem Fürspan in vielen Falten zusammengenommen."
238 So Büchsel 1995, S. 54f., 64f., 74–77, 89.
239 Büchsel 1995, S. 81 und S. 91.
240 Büchsel 1995, S. 101.
241 Es handelt sich um die schlichte Form eines Mantels aus Wolle (oder Seide), der durch Tasseln (Quasten) zusammengehalten wird.
242 Büchsel 1995, S. 102.
243 Rode 1974, S. 50f. Nach Rode ist das Fenster vermutlich im Rheinland entstanden.
244 Jahreszahlen nach Rode 1974, S. 56.
245 Das sind 1. Salomo mit der Königin von Saba (AT) und die Anbetung der drei Könige (NT), darunter 2. das Paar Moses am Dornbusch (AT) und Geburt Christi (NT), 3. Jona wird aus dem Wal an Land gespieen (AT) und die Auferstehung Christi (NT) und darüber 4. als von unten gezählt vorletztes beziehungsweise drittletztes Paar des Fensters die Himmelfahrt des Elia (AT) und die Himmelfahrt Christi (NT).
246 Vgl. die Tafeln bei Rode 1974, S. 49 und 84. Als Einzelmotiv ohne gleiche Entsprechung tauchen in beiden Fenstern auf: Verkündigung an Maria (AT-Entsprechung

Werbung um Rebecca beim älteren Bibelfenster, Gideon mit Vließ beim jüngeren Fenster), Taufe Christi (AT-Entsprechungen Arche Noah beziehungsweise Naamans Reinigung), Abendmahl (AT-Entsprechungen Gastmahl Abrahams beziehungsweise Abraham und Melchisedek), Kreuzigung Christi (AT-Entsprechungen Opferung Isaaks beziehungsweise Moses und die eherne Schlange), Thronender Christus beziehungsweise Christus als Salvator (Entsprechungen, in diesem einzigen Fall nicht alttestamentlich: Thronende Muttergottes mit Kind beziehungsweise Maria orans).

247 Beim älteren Bibelfenster sind das 1. die Erschaffung Evas (AT) und Geburt Mariens sowie 2. die Aufopferung Samuels (AT) und Darstellung im Tempel (NT), beim jüngeren Bibelfenster handelt es sich um 1. Achior an den Baum gebunden (AT) und die Geißelung Christi (NT) und 2. die Entgegennahme der Gesetzestafeln durch Moses (AT) und die Sendung des Heiligen Geistes (NT).

248 Zu den Bibliae Pauperum vgl. Alfred Weckwerth, Art. „Armenbibel", in: TRE, Bd. 4, S. 8–10. Armenbibeln waren keine Bilderbibeln für Arme und Analphabeten, sondern bildeten eine Arbeitsvorlage und ein Hilfsmittel für Prediger (pauperes waren Männer und Frauen, die in apostolischer Armut leben wollten, hier insbesondere Mönchsorden, aus deren Kreisen die Bibeln stammten). Als Beispiel präsentiert Daum 1988, S. 57 fol. 49a der Biblia Pauperum von Benediktbeuren aus dem 13. Jahrhundert. Darauf sind rechts die Königin von Saba und König Salomo, links David und Abner und in der Mitte die Szene mit der Anbetung des auf dem Schoß seiner Mutter Maria sitzenden Jesuskindes durch die Könige zu sehen. Vgl. auch Daum 1988, S. 118, wo aus der Biblia Pauperum vom Tegernsee (um 1340) rechts neben David und Abner (Abner führt David nach 2. Samuel 3,20 die Israeliten zu) die Königin von Saba und Salomo abgebildet sind – auch hier als heilsgeschichtliches Vorbild der Anbetung des Jesuskindes durch die Könige. Die Mettener Bibel von 1414/1415 mit einer feinen Federzeichnung der königlichen Begegnung zeigt Daum 1988, S. 208.

249 Fast scheint es so, als müsse Salomo mit seinem vorsichtigen Blick entscheiden, ob ihm die Königin selbst oder das von ihr mitgebrachte goldene Gefäß wichtiger erscheint; dem Betrachter ist aber klar, dass es um die erste behutsame Begegnung der beiden königlichen Personen geht.

250 Ist es ein Spielzeug, ohne besondere Bedeutung, oder ein unauffälliger Hinweis auf das Blut, das das Kind am Kreuz vergießen wird zur Vergebung der Sünden?

251 Heutige Blicke sehen in der Segenshand womöglich eine Schwurhand. Auch dies kann einen Sinn ergeben: König und Kind werden nun lebenslang miteinander verbunden bleiben.

252 Matthäus 2, 1–12.

253 Zum ersten Mal bezeugt durch die Pilgerin Egeria um 384 n. Chr. (vgl. Johann Schneider, Art. „Kreuzerhöhung", in: RGG4, Bd. 4, Sp. 1756).

254 Vgl. Christel Meier-Staubach, Art. „Hildegard von Bingen", in: RGG4, Bd. 3, Sp. 1733f. beziehungsweise Iris Geyer, Art. „Beginen/Begharden", in: RGG4, Bd. 1, Sp. 1214. Zu den Beginen gehörte z. B. Mechthild von Magdeburg.

255 Vgl. Beyer 1987, S. 213–216. S. 216 stellt Beyer fest, dass erst seit dem 12. Jahrhundert eine Rolle von Sabas Königin in der Kreuzauffindungslegende belegt ist.

256 Im Folgenden fasse ich S. 349–358 der Legenda aurea zusammen.

257 Von 5500 Jahren ist die Rede. Nimmt man die Anmerkung Legenda aurea, S. 350 ernst, dass von Adam bis Christus 5199 Jahre vergangen seien; dann müsste dieses Öl seit 301 n. Chr. zur Verfügung stehen. Was damit gemeint ist, bleibt unklar, es könnte evtl. auf heilsames Öl verweisen, das im 4. Jh. n. Chr. Pilger aus Jerusalem mitbrachten.

258 Adams Grab scheint diesem Bericht zufolge auf dem Libanon vorgestellt zu sein. Dort muss Salomo dann den inzwischen zum Baum gewordenen Zweig gefällt haben.

259 Jacobus de Voragine fügt an dieser Stelle S. 350 hinzu: „Ob dieses aber wahr sei oder nicht, lassen wir bei des Lesers Urteil, denn in keiner bewährten Historie oder Chronik finden wir es geschrieben."

260 Andere Versionen dieser Erzählung reden hier statt vom Bau eines Waldhauses vom Bau des Tempels.

261 Hier wie auch in anderen mittelalterlichen Texten finden sich unverkennbar antijudaistische Züge.

262 Vgl. Johannes 5, 2–9.

263 Wobei sie gegenüber dem Juden Judas, der den Ort der Kreuzigung kennt und schließlich die Kreuze Jesu und der beiden Schächer ausgräbt, sich erschreckender Weise des Arsenals mittelalterlicher Folter bedient. Juden, die „ihr den Ort nicht weisen", werden „alle mit Feuer" verbrannt; sie lässt Judas „in einen trockenen Brunnen werfen, dass er darin Hunger litte"; nach sechs

263. Tagen ohne Speise ist er zur Kooperation bereit; später, nachdem Judas die Wunder wahrgenommen hat, die Jesu Kreuz bewirkt, lässt er sich taufen, wird Bischof von Jerusalem und als solcher unter dem Christen verfolgenden Kaiser Julianus Apostata zum Märtyrer; der Teufel erkennt in ihm das Gegenbild des Judas, der Jesus verraten hat.
264. Der Ort war in der Zwischenzeit von Hadrian durch einen Venustempel überbaut worden, um Besuche von Christen dort zu unterbinden.
265. Tote, die auf die drei Kreuze gelegt werden, werden auf Christi Kreuz wieder lebendig! Als eine andere Identifikationsmöglichkeit wird die Kreuzesinschrift des Pilatus genannt.
266. Das 614 geraubte Kreuz brachte Heraklius für ein Jahrzehnt nach Jerusalem zurück. Nach der islamisch-arabischen Eroberung Jerusalems 638 n. Chr. wurde dann die Hagia Sophia ersatzweise zum Zentrum der liturgischen Verehrung des Kreuzes. Das Kreuz galt dabei wie bei Konstantin – anders als für die Königin von Saba – als Siegeszeichen (Sieg über den Feind, den Tod), nicht als Zeichen des Leidens und Sterbens Jesu. In den Wirren der Kreuzzüge scheinen die Spuren des „wahren" Kreuzes Jesu verloren gegangen zu sein.
267. Albert Gerhards formuliert (Art. „Kreuzesfeste", in: RGG4, Bd. 4, Sp.1757): „Das Holz des Kreuzes ist der neue Paradiesbaum, in dem durch den Gehorsam Christi die Folgen des Ungehorsams Adams überwunden werden."
268. In vielfältiger Gestalt wird seit dem frühen Mittelalter gezeigt, wie Jesus vom Kreuz herab in die Hölle steigt und Adam und Eva an seinen Händen aus der Unterwelt ins Leben führt. In Äthiopiens neuem Jerusalem in Lalibela liegt Golgatha genau über Adams Grab. Das Blut Christi fließt vom Kreuz herab, um Adam zu erlösen.
269. Krauss 1902, S. 124 führt das Sibyllentum der Königin von Saba „mindestens bis auf Epiphainios zurück"; Krauss meint vermutlich entweder Epiphanios von Salamis (315–403) oder, wahrscheinlicher, aus dem 6. Jahrhundert Epiphanios von Konstantinopel beziehungsweise Epiphanios Scholastikos.
270. Krauss 1902 verweist S. 120 besonders auf Georgios Monachus (alias Hamartolos).
271. Bei Pausanias heißt die Sibylla Sabba, bei Suidas Sambethe.
272. Es sei hier auf den einschlägigen Artikel von Samuel Krauss (Krauss 1902) und seine Aufnahme und Weiterführung bei Beyer 1987, S. 222–249 verwiesen.
273. Vgl. Beyer 1987, S. 243 mit Verweis auf eine Augsburger Schrift vom Ende des 12. Jahrhunderts. Zur Verbindung der Kreuzprophetin mit der Sibylle bei „der Morgenlande Königin" von Saba vgl. auch das deutsche Gedicht „Legende vom Heiligen Kreuz" von ca. 1275, das Heinrich von Freiberg zugeschrieben wird und im Anhang S. 167 nachzulesen ist.
274. Äthiopiens Christen achten den Sabbat, folgen den zehn Geboten und alttestamentlichen Reinheitsvorschriften, sie essen kein Schweinefleisch, ihre Jungen werden am achten Tag beschnitten, große Teile des Jahres sind Fastenzeit. Ihre Herkunft aus und ihr bleibender Zusammenhang mit dem Judentum, auch ihre frühere Beziehung zu den Faladscha (Äthiopiens Juden, die erst in den letzten Jahrzehnten nach Israel ausgewandert sind) ist bisher nach meiner Kenntnis nicht genauer untersucht.
275. Tatsächlich ist der im Kebra Negast ausgedrückte Geschichtsglaube der äthiopischen Kirche für sie mindestens genauso wichtig wie ihr Monophysitismus, das Merkmal, das von den Kirchen des Konzils von Chalcedon ihr gegenüber genannt wird; weil die Äthiopier wie die Kopten Ägyptens, die Syrisch-orthodoxen des Tur Abdin und die armenischen Orthodoxen die Beschlüsse des Konzils von Chalcedon 451 n. Chr. nicht anerkennen, gelten sie als Monophysiten, für die Jesu menschliche Natur in seiner göttlichen aufgegangen ist, er also nicht, wie in Chalcedon beschlossen, eine göttliche und eine menschliche Natur habe..
276. In Kapitel 10 schwört Gott bei „Zion, meiner Bundeslade" den Bund mit Noah. Für „Zion", für die Bundes- und Gesetzeslade Gottes, gründet Gott zudem „zuerst im Himmel […] und hat geruht, dass sie (scil. die Bundeslade U.K.) auf Erden der Wohnsitz seiner Herrlichkeit werde". Die Lade wurde von Moses gefertigt, er legte in sie die beiden Tafeln des Bundesgesetzes; außerdem befinden sich in ihr „ein goldenes Gomer, vollgemessen mit Manna, das vom Himmel herabgekommen ist, und der Stab Aarons, nachdem er verdorrt war, wieder grün wurde" (Kebra Negast, Kapitel 17). Die Geschichte Salomos, der Königin von Saba und ihres gemeinsamen Sohnes wird in den Kapiteln 10f., 17, 21–63, 84–92, 104 und 113–117 erzählt.
277. Als letzter ‚Fremder' soll sie ein armenischer Bischof im 19. Jahrhundert gesehen haben. Zur Geschichte der Lade vgl. unten den ihr thematisch gewidmeten Exkurs S. 128f.
278. Er sorgte auch für die bis heute gültige Ausdehnung Äthiopiens nach Süden und

gründete mit Addis Abeba die neue Metropole des Landes.
279 Beziehungsweise in der Verfassung von 1955 in Artikel II.
280 Die Reihenfolge „Sohn des Königs ... und der Königin" von 1931 wurde in der Verfassung von 1955 selbstbewusst umgekehrt: Menelik I. war nun „Sohn der Königin ... und des Königs", Salomo wird also 1955 auf die zweite Stelle platziert.
281 Matthäus 12,42 und Lukas 11,32 siehe oben S. 44ff. zur Vorbildfunktion der ‚Königin des Südens'.
282 Vgl. Kebra Negast, Kapitel 21.
283 Was im Alten Testament durch ein Gerücht ausgelöst wird und in nachbiblischer Zeit durch Auerhahn oder Wiedehopf, besorgt wird, erledigt hier der Kaufmann Tamrin als Mittler zwischen Salomo und der Königin. Historisch sind für viele Jahrhunderte Kaufleute die natürlichen Boten zwischen den Kulturen gewesen – bis andere Fachleute gezielt diese Rolle übernahmen.
284 Vgl. Kebra Negast, Kapitel 22.
285 Kebra Negast, Kapitel 23.
286 Siehe den Auszug im Anhang S. 168f.
287 Kebra Negast, Kapitel 24. Im ganzen Kebra Negast geht es um die Verbreitung der Weisheit und die Korrektur beziehungsweise Vertiefung des Glaubens.
288 Kebra Negast, Kapitel 25.
289 Kebra Negast, Kapitel 26.
290 Ausdrücklich erklärt Kapitel 28 daraufhin, dass Salomos Beziehungen zu vielen Frauen keine Sünde war, weil für ihn ja die alte Abrahamsverheißung galt, dass sein Same viel sei „wie die Sterne des Himmels und der Sand des Meeres". Um zu verhindern, dass andere Männer Salomo in dieser Hinsicht als Vorbild sehen, fügt das Kebra Negast hinzu: „Denen nach Christo aber ward es gegeben, dass sie mit einer einzigen Frau lebten nach dem Gesetz der Ehe".
291 Noch bis zu Haile Selassies Zeiten saßen Äthiopiens Könige bei den großen Festmählern gesondert, so dass sie – wie Makeda bei Salomos Fest – „alles sehen und beobachten und erkennen" konnten, aber selbst nicht gesehen wurden.
292 Kebra Negast, Kapitel 30.
293 Kebra Negast, Kapitel 31–63, 84–95.
294 In Kapitel 63 wandte Salomo „sein Herz von der Liebe zu Gott ab und verlernte seine Weisheit wegen der Fülle von Liebe zu den Weibern". Diese „Fülle von Liebe" war dann nicht mehr nach dem Willen des Gottes Israel.
295 Die Ge'ez-Übersetzung der von Jesus im Matthäus- und Lukasevangelium gebrauchten Bezeichnung „Königin des Südens" lautet nämlich etiye azieb.
296 Beyer 1987, S. 175f. nennt speziell eine eritreische Tradition, nach der der Ursprung dieses Mythos schon bei Adam und Eva zu finden ist. Der Mythos erzählt, dass beide nach dem Essen der verbotenen Frucht „einander erkannt" haben in sexueller Vereinigung, Eva ging, nachdem sie „sich niedergelegt" und geschlafen haben, am nächsten Morgen zum Baden in den nahe gelegenen Fluss; dort wurde sie auch noch schwanger vom Samen eines riesigen Schlangendrachen, der in der Nacht zuvor im Fluss das Wasser mit seinem Samen „getrübt habe". Neun Monate danach gebar sie Zwillinge: eine Tochter von Adams Samen und einen Drachen von des Drachen Samen. Dem Drachen mussten die Menschen vierhundert Jahre lang Tribut zahlen – bis endlich Agabus, Makedas Vater, den Drachen töten konnte.
297 Je nach Version wird Etiye Azieb alias Makeda durch eine autoritative Entscheidung ihres sterbenden Vaters Königin oder aber dadurch, dass der von Agabus besiegte Drache wieder aufersteht und noch einmal – diesmal von ihr - besiegt werden muss. Übrigens erscheint im Zusammenhang der Drachentötung eine spezifisch äthiopische Version zum verformten Fuß der Königin: ihr sei ein Tropfen Drachenblut bei dessen Tötung auf den Fuß gefallen, so dass sie fortan hinkte – ein teuflisches Zeichen auch hier, aber eins des Sieges über den Drachenteufel!
Zum Ganzen vgl. außer Beyer 1987, S. 175–179 auch Biasio 2006, S. 68–75. Erwähnt sei, dass es nach Kebra Negast, Kapitel 87, so aussieht, als habe es erst seit Menelik eine fortlaufende männliche Linie äthiopischer Könige gegeben, während die Zeit vorher von einem Matriarchat bestimmt war. Makeda selbst lässt die Würdenträger Äthiopiens nämlich bei der Thronübergabe an Menelik „bei der himmlischen Zion schwören, dass auf dem Throne des Reichs Äthiopien nicht (mehr) ein Weib herrschen lasset, sondern nur einen männlichen Nachkommen Davids, des Sohnes des Königs Salomo, ewiglich; aber ein Weib sollt ihr in Ewigkeit nicht mehr herrschen lassen".
298 Vgl. Maria Harmers insbesondere auf Mutabaruka bezogenen Artikel „Ein Aufschrei – Rastafari", in: Publik Forum 20/2013, S. 49–51 und den Exkurs bei Katrin Hildemann und Martin Fitzenreiter, Reisehandbuch Äthiopien, 3. Auflage, Bielefeld 2004, S. 232f.

299 Anders als die alttestamentlichen Texte weiß es aber von einer Präexistenz der Bundeslade bei Gott bereits in der Schöpfungszeit.
300 Vgl. Numeri (4. Mose) 10,33–36.
301 Die Engel stehen zunächst auf dem Deckel der Lade (vgl. für Ägypten den Sarg Tutench-amuns), später umgeben sie im Tempel die Lade. Zum Aussehen der Lade zu Zeiten des Tempels vgl. die späte Darstellung in Exodus 25,10–22.
302 Vgl. den fast wie eine gottesdienstliche Liturgie beschriebenen Durchzug durch den Jordan in Josua 3,3 – 5,1 (besonders Josua 3,4.11.13.17; 4,3.11.15.18; 5,1) mit Exodus 14.
303 Vgl. Josua 6.
304 Vgl. 1. Samuel 3–4, insbesondere 4,1b–22. Später wird die Niederlage gegen die Philister in Psalm 78,56–64 kommentiert.
305 1. Samuel 5, besonders Verse 1–5, 7–9 und 10–12 sowie Psalm 78,65f.
306 Dabei tanzt er selbstvergessen begeistert vor der Lade her – zur Empörung seiner Frau Michal, die ihn dafür verachtet; für ihre Verachtung wird Michal mit Kinderlosigkeit bestraft (vgl. 1. Samuel 6,1–7,1, besonders 6,10–17 und 6,20 – 7,1).
307 Ob wegen ihrer furchterregenden Heiligkeit oder weil sie erneut in Vergessenheit geriet, ist nicht erkennbar.
308 Vgl. 1. Könige 8,1–66.
309 Vgl. Kebra Negast, Kapitel 36f., 39, 45f., 48–54, 56–63, 84f., 87–91, 94, (104) 113f.
310 Genauer gesagt handelt es sich um einen Debtera, der zu der Gruppe der Sänger und Tänzer im Gottesdienst gehört.
311 Das betrifft Ereignisse des Jahres 587 v. Chr. Bei späteren Entweihungen beziehungsweise Zerstörungen des Tempels 169 v. Chr. und 69 n. Chr. befindet sich die Lade offensichtlich nicht mehr im Tempel.
312 Auf die Endzeit als Zeit des Wiedersehens der Lade deutet auch die Offenbarung des Johannes hin: die Lade wird in Offenbarung 11,19 beim Schall der siebten Posaune im himmlischen Tempel Gottes sichtbar.
113 Man soll, spricht der Herr, „in jenen Tagen nicht mehr von der Bundeslade des Herrn reden, ihrer nicht mehr gedenken oder nach ihr fragen und sie nicht mehr vermissen, auch wird sie nicht wieder gemacht" (Jeremia 3,16).
314 Jeremia 3,17. Interessant ist, dass dieser Satz davon ausgeht, dass die Bundeslade als Gottes Thron galt. Sie war anfangs vermutlich nur ein an zwei Stangen durch die Wüste getragener Kasten (eine „Truhe", die zum transportablen Kultgegenstand wird, als „bewegliches Symbol göttlicher Macht und Präsenz", vgl. Siegfried Kreuzer, Art. „Lade Jahwes", in RGG4, Bd. 5, Sp.10); später finden die beiden Tafeln des Dekalog (vgl. Deuteronomium [5. Mose] 10,1–5 und 1. Könige 8,9), noch später das ganze Buch der Tora (Deuteronomium [5. Mose] 31,26), schließlich auch der Krug des Manna und der Stab Aarons (Hebräer 9,4) in ihr ihren Aufbewahrungsort. Die Lade erscheint als Schemel der Füße Gottes (Psalm 132,7) oder als sein Thron, auf dem er Platz nimmt, von zwei huldigend-schützenden Cheruben umgeben (vgl. Exodus 25,18–20 und 37,7–9).
315 Hebräer 9,1–10 geht die Funktion der Lade als Zeichen des Bundes und der Versöhnung zwischen Gott und Mensch auf Jesus Christus über.
316 Hinzuweisen ist auch auf andere Berichte über den „Heiligsten Kasten der Welt" (so Spiegel Geschichte, 3/2009, S. 70f.), die nicht zur biblischen und zur äthiopischen Tradition gehören. Insbesondere Tudor Parfitts waghalsige Hypothesen zu der jüdischen Volksgruppe der Lemba aus Südafrika und ihrer „Lade", deren Spuren nach Simbabwe führen, seien hier genannt.
317 Ein chinesisches Motiv. Persien lag ja an der Seidenstraße zwischen den großen Kulturen von Ost und West.
318 So Dorothea Duda in Daum 1988, S. 141.
319 Im georgischen Kachetien z. B. erzählt man sich in Gremi und Alaverdi ganz andere Geschichten davon, was der große Safawidenherrscher Schah Abbas (der Isfahan so herrlich gebaut hat) und was seine Truppen dort – ein Vierteljahrhundert nach der Entstehung unserer beiden Miniaturen – Anfang der 20er-Jahre des 17. Jahrhunderts angerichtet haben.
320 Im Film führt nicht ein Gerücht, auch nicht ein Vogel oder ein Kaufmann Salomo und Sabas Königin zusammen, sondern der Kampf der Großmächte um Land. Sabas Königin mischt dabei an der Seite Ägyptens mit – und trifft später auf den gerade inthronisierten Salomo mit seiner pazifistischen Haltung.
321 Der Film verwendet durchgängig für Israels Gott den Namen Jehova. Dieser Name ist entstanden aus einem Missverständnis: damit Juden den Namen ihres Gottes nicht versehentlich beim Lesen der Tora aussprechen, sind in ihren Schriften die Konsonanten seines Namens jahwäh mit den Vokalen der Gottesbezeichnung elohaj versehen worden, so dass nun das Unwort jehova gelesen werden kann.
322 Der Film weiß also um die mögliche Deutung der hebräischen Namen

„Salomo=Schelomo= Schalombringer= Friedensfürst" und „Jerusalem= Jeruschalem=Gründung-des-(Gottes)- Schalem/Schalom=Gründung des Friedens".

323 Das wäre zugleich ein Triumph für Adonia.
324 Jehova erhört ihr Gebet. Auch Abisags Vater kämpft selbstlos nach dem stellvertretenden Sühnetod seiner Tochter auf des geläuterten Salomo Seite gegen Adonia.
325 Wie sich zeigen wird, ist es am Ende freilich eine im Sinne der Abisag von Sunem geläuterte, entsagungsvolle Liebe, die siegt.
326 Eine Namenskonstruktion, die an den Philistergott Dagon und an Fruchtbarkeitskulte erinnert.
327 Der Film geht von äthiopischen Traditionen aus, nach denen die Königin aus dem Nachbarland Ägyptens kommt und die Königin schwanger von ihrem Besuch bei Salomo zurückkehrt. Mit ihrem Sohn (es wird selbstverständlich von einem Jungen ausgegangen, den sie gebiert, obwohl es damals noch keine stereotaktischen Untersuchungen gab) soll es erstmals einen Mann als König in Saba geben.
328 Salomo zitiert dabei an mehr oder weniger passenden Stellen aus den ihm in der Bibel zugeschriebenen Texten des Hohenliedes, des Predigers und der Sprüche.
329 Offensichtlich ist „Saba" hier wieder persönlicher Eigenname der Königin (s.o. S. 47f)
330 Es handelt sich um die „Acts of Appeals" von 1533 und die „Acts of Supremacy" von 1534.
331 Er ist vor den protestantischen deutschen und schweizerischen Bilderstürmern mit Erasmus von Rotterdams Unterstützung nach London ausgewichen, wo er am Königshof willkommen war. Schon 1533 hat er die Dekoration für Heinrichs Hochzeit mit Anna Boleyn entworfen. 1536 wird er zum Hofmaler des englischen Königs; seine ein Jahr zuvor gezeichnete „Königin von Saba vor Salomo" mit dem Porträt Heinrich VIII hat ihm dafür anscheinend genutzt, obwohl sie aus heutiger Sicht wie die Karikatur eines Macho wirkt.
332 Die halb vor hellem Hintergrund sich abhebende rechte Hand der „Königin" erinnert an die bekannte göttliche Schöpferhand, die Michelangelo wenige Jahre zuvor auf die Decke der Vatikanischen Kapelle gemalt hat und die von der Hand Adams berührt wird.
333 Unter dem Titel „Two riddles of the Queen of Sheba" in: Metropolitan Museum Journal 6/1972 S.73-96
334 „Although it is possible to follow closely its displacements from 1906 on, ist provenance and earlier history have yet to be established." a.a.O. S.73.
1906 wurde der Teppich in London im Burlington Fine Arts Club in einer Exhibition of Early German Art ausgestellt, danach von 1912-1916 als eine Leihgabe J.Piermont Morgans in New York. Nach Morgans Tod wurde er zusammen mit 40 anderen Teppichen von Morgans Sohn für 2 Millionen Dollar verkauft und gelangte in die Hände von W.Hinckle Smith aus Philadelphia, von dem er nach dessen Tod 1970 in den Besitz des Metropolitan-Museums kam.
335 Wilhelm Hertz Die Rätsel der Königin von Saba in: Gesammelte Abhandlungen hg. von Friedrich von der Leyen, Stuttgart/Berlin 1905 S. 413-455. Schon 1883 erschien der großflächige und weniger präzise Aufsatz von Franz Delitzsch „Der Gobelin von Krischkau" (richtig muss es heißen: von Kirschkau) in: Neue Christoterpe 1883 S. 354-365.
336 Vgl. Hertz S. 413
337 Der Vf. ist der Geschichte des Teppichs nachgegangen und fand in Kirschkau, Schleiz und Bugk niemanden, der von seiner für die Region ehrenvollen Existenz etwas wusste. Seine Mutmaßung, die auf dem Teppich links oben zu sehende Burg könnte der reußischen Burg Bugk entsprechen und der Teppich ein Produkt des 16. Jh von aus dem osmanischen Reich kommenden reußischen Webern sein, hat sich nicht bestätigt.
338 Das erste der beiden Rätsel war erstmals im Midrasch Mischle erwähnt (vgl. oben S. 79 mit Anm. 111f).
339 In dem Garten taucht links unvermittelt eine Burg auf (vgl. dazu die vorletzte Anmerkung).
340 Vgl. Hertz S. 414f. Hertz gibt S.414 eine genaue Bildbeschreibung, in der er in Anm. 1 darauf hinweist, dass die beiden Wappenschilde in den oberen Ecken des Bildes nicht mit Wappen übereinstimmen, die von den in Kirschkau damals ansässigen begüterten Adelsfamilien bekannt sind. Auch das deutet darauf hin, dass der Gobelin keine spezielle Anfertigung für Kirschkau war, sondern angekauft wurde.
341 A.a.O. S. 450f.
342 Der Teppich habe „das Kinderrätsel der orientalischen Märchen mit dem Blumenrätsel des Calderon vereinigt", meint Hertz a.a.O.
343 Hertz fährt S.454f abschließend fort: „Der Gegenstand muss im 16. und 17. Jahrhundert populär gewesen sein; das beweisen die Bildwerke. Aber für das Kinderrätsel, wenn

es nicht unmittelbar aus dem Midrasch entnommen ist, fehlt uns die nächste Quelle so gut wie für das Blumenrätsel, das außer Calderon nur auf den beiden Teppichen und dem Landshuter Wandbild vorkommt. Umsonst waren alle Nachforschungen in der Erzählungsliteratur des späteren Mittelalters und des 16. Jahrhunderts, in Historienbibeln, Legendarien, Weltchroniken und Sammlungen von Sagen, Anekdoten, Schwänken. Vielleicht findet auch hier der Absichtslose, was dem eifrig Suchenden versagt bleibt." Wir sind bis heute über die Erkenntnisse von Hertz nicht hinausgekommen.

344 Nach anderen Versionen ist es ein Menschenopfer – zumeist eine Jungfrau -, die der Drache zur Zähmung seiner Begierde jährlich vom Volk fordert. Hier ist es eine Ziege.

345 Die Magd wird auch einen Sohn von Salomo gebären. Der wird der Ahnherr der Zagwe-Dynastie, die im 12./13. Jh. von Roha/Lalibela aus für wenige Generationen Äthiopien regierte.

IV. Archäologische Spuren

1 Gerlach 2013 S.264f spricht von einer äthiopisch-sabäischen Kultursphäre, deren Zeugnisse sie bereits um 800 in Yeha findet.

2 Ebenfalls in unmittelbarer Nähe von Marib findet sich eine große Tempel- und Grabanlage, deren älteste Teile bis ins 7. Jh. v. Chr. reichen und die möglicherweise einen älteren Vorgängerbau verdrängt hat. Auch dieser von Amerikanern ausgegrabenen Awam("Zuflucht")-Tempel ist dem sabäischen Gott Almaqah geweiht und wird im Volksmund als Mahram Bilqis („Thronsaal der Bilqis") ebenfalls der islamischen Königin von Saba zugeschrieben. Simper/Brixel S. 345 halten mit Hadi Eckert für möglich, dass mit Almaqah nicht eine Gestirns(Mond)-Gottheit, sondern ein Wettergott („ein Gott, der tränkt"= Wasser spendet) gemeint sei.

3 Über einen das Tal verschließenden Damm wurde das Wasser bis zum Niveau von zwei Schleusen aufgestaut und von dort über das Kanalsystem auf die großen Flächen der Gärten von Marib verteilt.

4 Sie lautet – nach Simpel/Brixel S. 341: „Yathama, Sohn des Sana-Ali, hoch geehrter Herrscher von Saba, hat einen Tunnel durch den Berg Balak getrieben, um die Bewässerung zu verbessern."

5 Simpel/Brixel S. 341 nennen präzise – ohne Quellenangabe - das Jahr 575 n.Chr.

6 Vgl. Simper/Brixel S. 335 und 339-342. Sie sprechen S.340 beim alten Staudamm korrekt von einem „Überlauf- d.h. Wasserverteilungssystem". Zum Jemen als Land der Königin von Saba insgesamt vgl. meine Bilderreise „Die Stadt und das Land der Königin von Saba – Marib und der Jemen damals und heute" in: Ulfrid Kleinert Die Königin von Saba begegnet König Salomo, Radebeul 2007 S.93-104 und Abb. 16-55.

7 Vgl. Schnelle 2012 S.390

8 So die schriftliche Auskunft von I.Gerlach vom DAI.

9 Vgl. Gerlach 2013 S.265 und 267 (Fig. 14f und 19f). Der Monumentalbau heißt im Volksmund Grat Be`al Gebri.

10 Zu Nordäthiopien als Land der Königin von Saba vgl. das Tagebuch von Studienreisen Radebeul „Äthiopien-Land des `Löwen von Juda`", Radebeul 2011 mit vielen Fotos von Rolf Kühn

11 So schriftlich bestätigt am 27.6. 2014 von I.Gerlach in einer email an den Autor.